Станислав Чернышов

ALLONS-Y! O!

LOS GEHT



# ПОЕХАЛИ!

## РУССКИЙ ЯЗЫК ДЛЯ ВЗРОСЛЫХ

Начальный курс

3-е издание

Санкт-Петербург
«Liden & Denz»
«Златоуст»

2003

УДК 811.161.1

**Чернышов С.И.**

Поехали! Русский язык для взрослых. Начальный курс. — 3-е изд. — СПб: Liden & Denz, Златоуст, 2003. — 280 с.

ISBN 5-86547-317-4

Зав. редакцией: *А.В. Голубева*
Редактор: *Т.А. Григорьева*
Вёрстка: *Л.О. Пащук*
Художник: *М.В. Лукьянова*
Обложка: *Е.С. Дроздецкий*

Учебник предназначен для начинающих изучать русский язык. Курс рассчитан в среднем на 120 часов. Его задача — обеспечение быстрого усвоения разных аспектов языка и видов речевой деятельности. В учебнике совмещены грамматический и разговорные курсы. Словарь в конце пособия включает перевод на английский, немецкий и французский языки.

ISBN 5-86547-317-4



Подготовка оригинал-макета: издательство «Златоуст».
Подписано в печать 25.11.03. Формат 60×90/8. Печ. л. 17,5. Печать офсетная. Тираж 5000 экз. Заказ № 1100.
Код продукции: ОК 005-93-953005.

Лицензия на издательскую деятельность ЛР № 062426 от 23 апреля 1998 г.
Санитарно-эпидемиологическое заключение на продукцию издательства Государственной СЭС РФ № 78.01.07.953.П.003882.05.01 от 16.05.2001 г.

Издательство «Златоуст»: 197101, Санкт-Петербург, Каменноостровский пр., д. 24, кв. 24.
Тел. (7-812) 346-06-68, факс (7-812) 103-11-79, e-mail: sales@zlat.spb.ru, http://www.zlat.spb.ru

Отпечатано с готовых диапозитивов в ФГУП «Печатный двор» Министерства РФ по делам печати, телерадиовещания и средств массовых коммуникаций. 197110, Санкт-Петербург, Чкаловский пр., 15.

# Содержание

271

1. Ты купил Лене красивые цветы
2. Я подарил большую собаку маленькому мальчику
3. Мы дали кошке вкусную рыбу
4. Я подарил сестре новый компьютер
5. Ты показал другу новая подруга
6. Психолог объяснил пациенту проблема
7. Она подарила попугая маме
8. Жена обещала мужу сына

## Дорогие коллеги!

Учебник предназначен в первую очередь для начинающих изучать русский язык. Наличие дополнительных текстов повышенной сложности позволяет использовать его также в качестве корректировочного курса на более высоких уровнях, до Первого Сертификата ТРКИ включительно. Курс был разработан и апробирован на интенсивных курсах русского языка, как на групповых, так и на индивидуальных занятиях в центре «Лингва Консалт» (Liden & Denz) в Санкт-Петербурге, в течение 1998—2001 годов на занятиях со студентами преимущественно из Западной Европы и США, среди которых были бизнесмены, дипломатические работники, сотрудники международных компаний и организаций (Международный Красный Крест, Банк Реконструкции и Развития, Швейцарский Кредит и т.п.), работники сферы туризма, начинающие слависты, а также изучающие язык в качестве хобби.

Задача быстрого усвоения разных аспектов языка и видов речевой деятельности в аудитории, включающей преимущественно студентов европейского культурно-языкового мира, обусловила тесное совмещение **грамматического и разговорного** курсов, выразившееся в соответствии языкового материала упражнений и текстов **современному** русскому **речевому обиходу** и в возможности, опираясь на фрагменты текстов и упражнений, выйти на уровень обсуждения различных тем в классе или лингвострановедческого комментария к ним. Так, в грамматических упражнениях содержатся «намёки» на различные исторические события, культурные особенности, ситуации повседневной жизни и т.п. («Пётр Первый сказал: «Стройте город здесь!»), позволяющие, по желанию преподавателя, построить диалог или полилог. Прерывая подобным образом выполнение упражнения, можно разнообразить грамматическую работу и наглядно убедить студентов в реальной пользе отрабатываемых навыков в живом общении. За преподавателем остаётся право выбора частоты и пространности таких «отступлений», что важно в условиях сжатых сроков обучения и различной подготовленности и направленности интересов учащихся. Особое внимание преподавателей хочется обратить на предусмотренную возможность **диалога и полилога** в упражнениях вопросно-ответной структуры, поскольку по сложившейся традиции студентов зачастую обучают отвечать на вопросы из учебника, в то время как в реальности им гораздо чаще приходится **задавать вопросы** в устной форме.

С первых страниц учебного курса активно используется **интернациональная** и заимствованная **лексика**, что соответствует объективным языковым процессам и позволяет решить несколько важных на начальном этапе задач: **облегчить знакомство с буквами** нового алфавита; **преодолеть психологический барьер**, связанный с репутацией русского языка как «экзотического», «восточного» и, соответственно, «трудного»; значительно **расширить словарный запас**, в особенности пассивный; рельефно показать важные модели словоизменения, особенно ярко выступающие на фоне «знакомых» слов (так, важность употребления окончания Вин. п. ед. ч. ж. р. **-у** оказывается особенно убедительной при приведении примеров типа «Кока-Колу», «Фанту», «Миринду»; окончание Им. п. ед. ч. ж. р. **-а** запоминается в примерах типа «спортсменка», а отработка флексии Пр. п. ед. ч. **-е** очень эффективна при использовании общеизвестных географических названий: «в Лондоне».

С учётом изменений, произошедших в составе аудитории преподавания РКИ, можно рекомендовать использование в качестве дополнительных материалов иллюстрированных журналов, рекламы, — то есть того, что окружает учащегося в мире его повседневной жизни. При этом всё чаще перед преподавателем новый адресат курсов русского как иностранного — работник западной компании, международной организации, турист или работник туристической сферы. Раньше это по большей части был студент, приехавший с целью получить высшее образование из тех регионов мира, с которыми были интенсивные контакты в сфере образования, что и диктовало соответствующую ориентацию учебника. В связи с этим в части отбора лексики уменьшилось количество единиц ряда «общежитие, тетрадь, зачёт...». Их место заняли слова других тематических групп: герои принимают участие в конференциях, работают в офисе, отдыхают в ночных клубах, смотрят балет «Лебединое озеро». В то же время тексты и упражнения позволяют познакомить изучающих русский язык и с элементами культурного контекста современной российской жизни, от телепрограммы и известных исторических фигур до отдыха в деревне и работы продовольственных магазинов.

Порядок представления **грамматического материала** является в целом традиционным для современных интенсивных курсов. Он может считаться и психологически оправданным: сначала усваивается операция опознавания — называния («Кто это? — Это Иван.»), затем — обозначение действий (глаголы — «Что он делает?»), после чего — описание статического расположения (Пр. п — «Где он?»), перемещения в пространстве (глаголы движения) и т.д. Из отличительных особенностей следует отметить специальные уроки, посвящённые повелительному наклонению и сравнительной степени, а также отдельные задания на:

— **чередования согласных** в глаголах 2 спряжения;

— спряжение глаголов с суффиксом **-ова-/-ева-**;

— спряжение глаголов типа «да**ва**ть», «вста**ва**ть»;

— употребление предлогов **в/на** с Пр. п.;

— употребление предлогов **из/с** с Р.п. (Откуда?);

— использование **временных конструкций** с предлогами **на, за, через, назад**, а также без предлогов;

— различение глаголов восприятия **смотреть/видеть, слушать/слышать;**

— различение глаголов **понимать/помнить;**

— употребление глаголов **пойти, поехать** в прошедшем времени; и др.

В целом в процессе работы учитывались наиболее частотные ошибки и трудности, характерные для вышеназванной аудитории. Грамматический материал вводится строго последовательно, то есть до знакомства, например, с категорией вида и глаголами совершенного вида, эти глаголы в текстах и упражнениях не встречаются. Не встречаются, скажем, и формы будущего времени НСВ, поскольку после них переход к более частотным и коммуникативно важным формам буд. вр. СВ затруднён, а использование настоящего времени в значении будущего является вполне естественным для современной русской речи и позволяет форм «быть + инфинитив» избежать.

**Тексты** многих уроков, в особенности ближе к концу учебника, подразделяются на две группы сложности: с одной стороны, есть достаточно простые тексты, иллюстрирующие материал урока, а с другой — **тексты для чтения** повышенной сложности, которые можно использовать как в классе, так и для домашнего чтения, а можно и не использовать, если ограниченное время курса и уровень группы не позволяют уделять им внимание.

Курс рассчитан в среднем на **120 часов**, но может быть «сжат» до 80 или «продлён» по желанию с привлечением дополнительных материалов, выполнением всех «открытых» творческих заданий и при сочетании разных видов работы в классе (игровых, контрольных заданий и т.д.) В условиях **ещё более краткого курса** возможно два пути:

— исключить из активного усвоения формы склонения прилагательных и существительных во множественном числе, опустить тексты повышенной сложности, а также уроки с императивом (№ 27) и сравнительной степенью (№ 29), опустить значительную часть уроков 10—17;

— пройти последовательно уроки 1—20, пожертвовав полнотой знакомства с базовой грамматикой и дав учащимся возможность уверенно использовать в различных ситуациях повседневной жизни ограниченный набор простых моделей, также заложив фундамент для дальнейшего овладения языком.

**Аудиокассета** к учебнику содержит записи фонетического курса, а также текстов и диалогов. В зависимости от уровня группы можно прослушивать тексты либо перед чтением (что предпочтительно), либо после чтения (если текст труден для учащихся), либо, наконец, вместо чтения — в рамках корректировочного курса, если текст для студентов прост. Кроме того, предусмотренный выход многих упражнений в условно-коммуникативный вид работы (вопросно-ответный диалог) также способствует развитию **навыков аудирования**.

**Письмо** не является приоритетным видом работы, однако, согласно исследованиям психологов, может служить одной из **эффективных методик запоминания**. Исходя из этого, рекомендуется письменное выполнение «открытых» упражнений («Я люблю ...»), а также написание в качестве домашнего задания самостоятельно сочинённых текстов и текстов «о себе» по теме пройденного урока: скажем, «Мой город» после текста «Санкт-Петербург». **Индивидуально-творческая природа** подобных заданий обеспечивает отработку именно тех слов, выражений и конструкций из числа предложенных, которые склонен использовать сам студент исходя из своих **интересов и особенностей личности**, а не тех, которые отражают языковую личность преподавателя или автора. При этом имеет смысл задавать на дом письменно те творческие упражнения, которые уже были устно выполнены на уроке, что обеспечивает более прочное усвоение навыков и надёжный контроль усвоенного.

В текстах и упражнениях учащимся встретится русская семья и её друг из Швеции, а также Марсианин, с которым следует поделиться принятыми у нас нормами поведения, и другие персонажи, обеспечивающие тематическое единство учебника и оживляющие его элементами юмора и иронии. Значительное место среди тем занимают распространённые культурные стереотипы, дающие благодатную почву для обсуждения, особенно с теми, кто имеет опыт путешествий и знаком с различными культурами, а у изучающих сегодня русский язык такой опыт зачастую богат, и они с удовольствием им делятся на русском языке.

Учебник предназначен для носителей разных европейских языков. Он предполагает возможность использования языка-посредника, однако предпочтения какому-либо языку не отдается. Выбор методики объяснений предоставляется преподавателю, который может на основе имеющихся примеров и таблиц, а также исходя из своего опыта и предпочтений выбрать то, что соответствует запросам студента и задачам курса. Используемые при введении грамматического материала пояснительные сокращения соответствуют принятой в разных языках латинской терминологии (Accus. — Аккузатив, Винительный падеж), а **словарь** в конце учебника включает перевод на **английский, немецкий и французский** языки.

*С уважением, Станислав Чернышов*

## Условные обозначения

 — задание на прослушивание

 — задание повышенной сложности

 — задание выполняется письменно

 — задание выполняется в монологической форме

 — задание выполняется в парах

 — задание выполняется в группе

 — ввод новой информации в тексте или диалоге

## Сокращения

m. — мужской род
f. — женский род
n. — средний род
pl. — множественное число
auim. — одушевленный
inanim. — неодушевленный
inf. — инфинитив
pers. — лицо
imperf. — несовершенный вид

Nom. (Nominativ) — именительный падеж
Gen. (Genitiv) — родительный падеж
Dat. (Dativ) — дательный падеж
Accus. (Accusativ) — винительный падеж
Instrum. (Instrumentalis) — творительный падеж
Prep. (Prepositiv) — предложный падеж
compar. (comparativ) — сравнительная степень

## Русский алфавит

| | | | |
|---|---|---|---|
| А а | [ a ] | Р р | [ r ] |
| Б б | [ b ] | С с | [ s ] |
| В в | [ v ] | Т т | [ t ] |
| Г г | [ g ] | У у | [ u ] |
| Д д | [ d ] | Ф ф | [ f ] |
| Е е | [ je ] | Х х | [ h ] |
| Ё ё | [ jo ] | Ц ц | [ ts] |
| Ж ж | [ ž ] | Ч ч | [ ch ] **(chao)** |
| З з | [ z ] | Ш ш | [ sh ] |
| И и | [ i ] | Щ щ | [ shch] |
| Й й | [ j ] (yoga) | ъ | hard sign |
| К к | [ k ] | ы | special sound like open [ i ] |
| Л л | [ l ] | ь | soft sign |
| М м | [ m ] | Э э | [ e ] |
| Н н | [ n ] | Ю ю | [ ju ] |
| О о | [ o ] | Я я | [ ja ] |
| П п | [ p ] | | |

1) А = A; Е = E; К = K; М = M; О = O; Т = T
кот; такт; ата́ка; те́ма; коме́та; Том; тома́т

2) **Р** = R: теа́т**р**; **р**ок; со**р**т; ка́**р**та; мет**р**; мото́**р**; мет**р**о́; **р**аке́та
**С** = S: те**с**т, то**с**т, тек**с**т
**В** = V: Мос**кв**а́; со**в**е́т; **в**осто́к
**И** = I: То́к**и**о; такс**и́**; с**и**сте́ма; тр**и**; Аме́р**и**ка
**Н** = N: **н**о́та; со**н**а́та; моме́**н**т; се**н**а́тор; И**н**тер**н**е́т; **н**о́рма; рестора́**н**; ки**н**о́; ви**н**о́; вариа́**н**т; Веро́**н**а
**У** = U: ка́кт**у**с; т**у**ри́ст; комм**у́**на; мин**у́**та; инстит**у́**т; **у**ниверсите́т
**Х** = H: **Х**ироси́ма; мона́р**х**; **х**ара́ктер

3) **Б**: **б**анк; **б**рат; **б**анкно́та; **б**о́м**б**а; **б**ар; **Б**онн; авто́**б**ус
**Г**: **г**ита́ра; **г**имна́стика; **г**умани́ст; **г**имна́ст; **г**ормо́н; **г**и**г**а́нт; бумера́н**г**
**Д**: **д**анти́ст; мо́**д**а; **д**о́ктор; **д**емокра́т; мо**д**е́ль; **д**е́мон; во́**д**ка; ме́то**д**; ви́**д**ео; бан**д**и́т; ги**д**
**З**: ви́**з**а; ва́**з**а; ро́**з**а; **з**о́на; кази**н**о́
**Л**: **л**итр; **л**имо́н; ми**лл**ио́н; к**л**уб; ко**лл**е́га; инте**лл**е́кт; **л**егио́н; ба**л**е́т; ба**л**а́нс; ко**л**о́нна; ки**л**оме́тр; ки**л**огра́мм; те**л**еви́зор
**П**: **п**арк; **п**орт; ка**п**ита́н; а**пп**ара́т; **п**оликли́ника; **п**арла́мент; **п**ери́од
**Ф**: **ф**анта́стика; ко́**ф**е; **ф**анто́м; **ф**ило́со**ф**; **ф**инанси́ст; **ф**акс; теле**ф**о́н; **ф**ото́гра**ф**
**Э**: **э**коно́мика; **э**кономи́ст; **э**нтузиа́зм; **э**кза́мен; **э**ко́лог
**Ы**: банки́р**ы**, спортсме́н**ы**, теа́тр**ы** (plural); му́з**ы**ка; муз**ы**ка́нты

4) **Й**: ма**й**; **й**о́гурт; **Й**е́мен; **й**о́га
**Ё**: акт**ё**р; ман**ё**вр; Г**ё**те; репорт**ё**р
**Ю**: б**ю**ро́; **ю**мор; Нь**ю**-Йорк; **Ю**НЕ́СКО; и**ю**нь; и**ю**ль
**Я**: **я**гуа́р; **Я**по́ния; **я**нва́рь; **Я́**лта

5) **Ж**: **ж**урнали́ст; ре**ж**иссёр; **ж**юри́; ре**ж**и́м
**Ш**: **ш**ик; **ш**ампу́нь; кли**ш**е́; **ш**анс; **ш**ампа́нское; ма**ш**и́на
**Ч**: **ч**ек; **ч**емпио́н; **Ч**и́ли; мат**ч**
**Ц**: **ц**ирк; **ц**икл; **ц**ентр; **ц**арь

Б В Г Д З К Л М Н П Р С Т Ф Х

| | | |
|---|---|---|
| А | — | Я |
| У | — | Ю |
| О | — | Е / Ё |
| Ы | — | И |
| ∅ | — | Ь |

Ж, Ш, Ц
( ЖИ, ШИ )

Ч, Щ, Й
( ЧА, ЩА; ЧУ, ЩУ )

**А а, О о, У у, Э э**

а — э   а — о   о — у   а — э — у
э — а   о — а   у — о   а — о — у

а — э — о — у   у — о — а — э

**Д д, Т т, М м, Н н, Б б, П п, В в, Ф ф**

да, да́та, ад, туда́
да — дя   ду — дю   до — дё   дэ — де   ды — ди
дя́дя, де́мон, демокра́т, банди́т, студе́нт, де́ти
данти́ст — де́мон, дом — де́ло

э́та, тот, тут
та — тя   ту — тю   то — тё   тэ — те   ты — ти
те́ма, теа́тр, тётя, тип, институ́т
тури́ст — террори́ст, тост — текст, ата́ка — апте́ка

мы, дам, ум, дом, да́ма, до́ма, ма́ма, там, ду́ма, том, мо́да
ма — мя   му — мю   мо — мё   мэ — ме   мы — ми
коме́та, меха́ник, микроско́п, ми́нимум, Мю́нхен
март — метр, мото́р — метро́

он, Дон, дно, тон, но́та, то́нна, до́нна, Анна, Анто́н
Ом — он   том — тон   дом — Дон
на — ня   ну — ню   но — нё   нэ — не   ны — ни
Непа́л, Дне́пр, не́бо, ни́мфа, Нил
но́та — нет, но́рма — не́рвы

Бонн, бо́мба, бана́н, ба́ба
ба — бя   бу — бю   бо — бё   бэ — бе   бы — би
бюрокра́т, биле́т, беж, белору́с
банк — Берн, бар — бюро́

пуп, поп, па́па, пан   па́па — ба́ба   пот — бот
па — пя   пу — пю   по — пё   пэ — пе   пы — пи
Пеки́н, спекта́кль, пингви́н, пистоле́т
порт — Пётр, парк — пик

| [ а ] | [ о ] | [ а ] |
|---|---|---|
| да | он | она́ |
| там | дом | соба́ка |
| па́па | но́та | оно́ |
| ма́ма | тон | пото́м |

вода́, вот, два, ва́рвар, Москва́
ва — вя   ву — вю   во — вё   вэ — ве   вы — ви
ви́рус, Ви́ктор, ви́кинг, отве́т, приве́т
ва́за — ви́за, ва́нна — Ве́на

фо́то, Уфа́, фанто́м, факс, факт
фа — фя   фу — фю   фо — фё   фэ — фе   фы — фи
фи́ниш, ко́фе, фестива́ль
финн — фо́то, феноме́н — фонта́н, финанси́ст — фанта́ст

**он оná онó**
**Кто э́то? Что э́то?**
**Э́то телефо́н? — Да, э́то он.**
**Кто э́то? — Э́то Ива́н.**
**Кто он? — Он профе́ссор.**

**Здра́вствуйте! — До свида́ния!**
**Приве́т! — Пока́!**
**Спаси́бо! — Пожа́луйста!**

| m. | f. | n. | pl. |
|---|---|---|---|
| он | она́ | оно́ | они́ |

**Он:** телефо́н, дире́ктор, класс, стол, стул, компью́тер, музе́й, секрета́рь

! ко́фе

! па́па, де́душка, дя́дя; мужчи́на

! Ива́н — Ва́ня, Пётр — Пе́тя, Серге́й — Серёжа, Влади́мир — Воло́дя (Во́ва), Константи́н — Ко́стя, Дми́трий — Ди́ма, Васи́лий — Ва́ся

**Оно́:** окно́, письмо́, мо́ре, со́лнце, вино́

! вре́мя, и́мя

**Она́:** луна́, маши́на, же́нщина; пробле́ма; актри́са, су́мка, кни́га, семья́, гру́ппа, ночь

## Задание 1

**Он, оно́ или она́?**

| ОН | ОНО | ОНА |
|---|---|---|
| | | |

Кни́га, мо́ре, класс, телефо́н, актри́са, па́па, окно́, стол, су́мка, мужчи́на, музе́й, семья́, дом, студе́нтка, журна́л, письмо́, газе́та, бизнесме́н, ночь, парк, тури́ст, со́лнце, спортсме́нка, рестора́н, магази́н.

**Кто это?**

**Э́то музыка́нт**
**Э́то такси́ст**
**Э́то актри́са**
**Э́то студе́нтка**

**Что это?**

**Э́то гита́ра**
**Э́то маши́на**
**Э́то теа́тр**
**Э́то рестора́н**

## Задание 2

**Спра́шиваем и отвеча́ем:** Кто это? Что это?

Дом, окно́, студе́нт, актри́са, ко́фе, маши́на,

студе́нтка, дире́ктор, письмо́, со́лнце, стол, кни́га...

## Задание 3

**Спрашиваем:** «Кто это?» или «Что это?»

... — Это студе́нт.
**Кто это? — Это студе́нт.**

1) ... — Э́то секрета́рь. 2) ... — Э́то телефо́н. 3) ... — Э́то мужчи́на. 4) ... — Э́то маши́на. 5) ... — Э́то компью́тер. 6) ... — Э́то актри́са. 7) ... — Э́то со́лнце. 8) ... — Э́то дире́ктор. 9) ... — Э́то такси́ст. 10) ... — Э́то кни́га. 11) ... — Э́то музыка́нт. 12) ... — Э́то рестора́н.

## Задание 4

**Спра́шиваем и отвеча́ем:**

Где телефо́н? — **Вот он.**
Где кни́га? — **Вот она́.**

1) Где окно́? — ... 2) Где маши́на? — ... 3) Где студе́нт? — ... 4) Где пробле́ма? — ... 5) Где рестора́н? — ... 6) Где студе́нтка? — ... 7) Где Ива́н? — ... 8) Где дире́ктор? — ... 9) Где актри́са? — ... 10) Где письмо́? — ... 11) Где тури́ст? — ... 12) Где су́мка? — ... . 13) Где журна́л? — ... 14) Где газе́та? — ... 15) Где музе́й? — ...

## Задание 5

**Спра́шиваем и отвеча́ем:**
Э́то Оле́г? — Да, э́то Оле́г. (Нет, э́то не Оле́г.)
**Он журнали́ст? — Да, он журнали́ст. (Нет, он спортсме́н.)**

Э́то тури́ст? — Да, э́то тури́ст.
Э́то дире́ктор? — Нет, э́то секрета́рь.
Э́то студе́нт? — Нет, э́то профе́ссор.
Э́то стюарде́сса? — Нет, э́то актри́са.
Э́то Влади́мир? — Да, э́то он.
Он капита́н? — Нет, он био́лог.
Э́то Анна? — Нет, э́то не она́.

В группе: «Э́то ...?», «Он ...?» — «Да / Нет, э́то ...»

## Задание 6

**Кто э́то? — Э́то Ле́на.**
**Кто она́? — Она́ секрета́рь.**
**Кто э́то? — Э́то Ди́ма. Он студе́нт.**

В группе: «Кто это?», «Кто он / она́?»

Андре́й — солда́т; Анна — студе́нтка; Ви́ктор — футболи́ст, Серге́й — инжене́р, Мари́я — актри́са, Влади́мир — такси́ст, О́льга — гид, Анто́н — адвока́т, И́горь — музыка́нт, Ната́ша — журнали́стка, И́ра — экономи́ст, Ива́н — капита́н.

<table>
<tr><td>Студе́нт<br>Учи́тель<br>Спортсме́н<br>Журнали́ст<br>Актёр<br>Футболи́ст<br>Музыка́нт</td><td>Студе́нтка<br>Учи́тельница<br>Спортсме́нка<br>Журнали́стка<br>Актри́са<br>Футболи́стка<br>Музыка́нтка</td></tr>
<tr><td colspan="2">Гид<br>Адвока́т<br>Экономи́ст<br>Инжене́р<br>Солда́т<br>Такси́ст<br>Капита́н</td></tr>
</table>

а — о — у — ы  у — ы  бу — бы  му — мы  ту — ты
ы — и  мы — бы — ты — вы — ды — ры
бы — би  мы — ми  ды — ди  ты — ти  вы — ви

мы́ло — ми́лый  быт — бит  дым — Ди́ма  ры́ба — Ри́га
плыл — пи́во  вы́ход — ви́за  кры́ша — кри́зис  мы́ши — Ми́ша

у — о  у — ы  у — а  ы — а
ду́мать — дым  му́зыка — мы́ло  слу́шать — слы́шать
ду́ши — ды́шит
ту́ча — ты́сяча  вулка́н — вы́ход  суп — сын  муж — мышь
ру́ны — ры́нок

Кто это? — Э́то Ди́ма.
Кто это? — Э́то Ми́ша.
Что это? — Э́то Ри́га.

Что э́то? — Это дом.
Что э́то? — Это мы́ло.
Что э́то? — Это Крым.

**тА́**

где  стол
нет  стул
гид  класс
да  кто
дом  что
ночь

**тА́ та**

вре́мя  па́па
и́мя  гру́ппа
кни́га  мо́ре
дя́дя  ко́фе
су́мка

**та тА́**

актёр  теа́тр
вино́  такси́ст
окно́  тури́ст
журна́л  Пока́!
музе́й  Приве́т!

**та тА́ та**

актри́са  маши́на
газе́та  мужчи́на
гита́ра  пробле́ма
дире́ктор  профе́ссор
компью́тер

**та та тА́**

журнали́ст  адвока́т
инжене́р  магази́н
телефо́н  музыка́нт
капита́н  секрета́рь
рестора́н

**Что ты де́лаешь?**
**Что вы говори́те?**
**Как вас зову́т?**
**Меня́ зову́т Ле́на.**

| I гру́ппа: знать (-е- ... -ю-) | | II гру́ппа: говори́ть (-и- ... -я-) | |
|---|---|---|---|
| **я зна́Ю** | **мы зна́Ем** | **я говорЮ́** | **мы говорИ́м** |
| **ты зна́Ешь** | **вы зна́Ете** | **ты говорИ́шь** | **вы говорИ́те** |
| **он/она́ зна́Ет** | **они́ зна́Ют** | **он/она́ говорИ́т** | **они́ говорЯ́т** |

**I** знать, де́лать, игра́ть, ду́мать, рабо́тать, слу́шать, понима́ть, повторя́ть, чита́ть, спра́шивать, отвеча́ть, отдыха́ть, изуча́ть, гуля́ть, за́втракать (— за́втрак), обе́дать (— обе́д), у́жинать (— у́жин).

**II** говори́ть, кури́ть, смотре́ть, по́мнить, спеши́ть (спешу́, спеши́шь ... спеша́т)

Я .....................   МЫ .......................
ТЫ ...................   ВЫ .......................
ОН/ОНА́ ...............   ОНИ́ .....................

## Задание 7

**Выбираем:** я, ты, он, она́, мы, вы, они́

....... спра́шиваем ....... спра́шиваешь ....... спра́шивает ....... спра́шиваю ....... спра́шивают ....... спра́шиваете

....... обе́дает ....... обе́даю ....... обе́даешь ....... обе́дают ....... обе́даете ....... обе́даем

....... повторя́ют ........ повторя́ем ........ повторя́ете ........ повторя́ю ........повторя́ет ........ повторя́ешь

....... у́жинаешь ........ у́жинаете ....... у́жинаем ....... у́жинают .......у́жинаю ....... у́жинает

....... слу́шаете ....... слу́шаем ........ слу́шаю ....... слу́шает ....... слу́шаешь ....... слу́шают

....... отвеча́ешь ....... отвеча́ют ....... отвеча́ю ....... отвеча́ем .......отвеча́ете ....... отвеча́ет

....... говори́т ....... говорю́ ....... говори́шь ....... говори́те ....... говоря́т ....... говори́м

....... смо́трят ....... смо́трим ....... смо́тришь ....... смотрю́ ....... смо́трите ....... смо́трит

....... по́мните ....... по́мнят ....... по́мню ....... по́мним ....... по́мнит ....... по́мнишь

....... спешу́ ....... спеша́т ....... спеши́м ....... спеши́т ....... спеши́шь ....... спеши́те

## Задание 8

**Говори́м в гру́ппе друг о дру́ге:**

— Я ду́маю, что Джон мно́го зна́ет, ма́ло ку́рит и не рабо́тает.
**— Да, э́то пра́вда. / Нет, э́то непра́вда. Я мно́го рабо́таю и не курю́.**

## Задание 9

Мы говор... — **Мы говори́м.**

1) Я слу́ша... . 2) Она́ не отвеча́... . 3) Мы игра́... . 4) Ты не слу́ша... . 5) Я ду́ма... , что э́то стол. 6) Они́ сейча́с отдыха́... . 7) Что вы де́ла... ? 8) Что ты изуча́...? 9) Я не за́втрака... . 10) Мы у́жина... . 11) Что он спра́шива... ? 12) Я повторя́... ! 13) Они́ не рабо́та... . 14) Что ты сейча́с

де́ла... ? 15) Мы э́то понима́... . 16) Что ты говор... ? 17) Я не по́мн... , кто это. 18) Они́ ку́р... . 19) Что вы смо́тр... ? — Мы смо́тр... кино́. 20) Вы по́мн... , кто я? — Я не зна́... , кто вы!

### Задание 10

— Что вы сейча́с (де́лать)? — Я сейча́с (чита́ть).
**—Что вы сейча́с де́лаете? — Я сейча́с чита́ю.**

1) Ты (знать), кто э́то? 2) Я (спра́шивать), а вы (отвеча́ть). 3) Он не (слу́шать). 4) Они́ сейча́с (за́втракать). 5) Ты сейча́с (рабо́тать)? — Нет, я сейча́с (отдыха́ть). 6) Он не (понима́ть). 7) Что вы (де́лать)? — Я (ду́мать). 8) Ты сейча́с (рабо́тать), а мы (обе́дать). 9) Они́ (говори́ть), а мы (слу́шать). 10) Вы (смотре́ть) телевизор? — Да, мы (смотре́ть) футбол. 11) Ты (по́мнить), что э́то? — А ты (ду́мать), что я не (по́мнить)? 12) Вы (отдыха́ть)? — Нет, мы (кури́ть) и (говори́ть). 13) Ты не (кури́ть)? — Ты (знать), что я не (кури́ть). 14) Что ты (де́лать)? — Я (спеши́ть), а ты не (спеши́ть)?

### Задание 11

**Покажи́те:** игра́ть, ду́мать, рабо́тать, слу́шать, чита́ть, отдыха́ть, гуля́ть, обе́дать, кури́ть, говори́ть, смотре́ть, спеши́ть...

**В гру́ппе спра́шиваем и отвеча́ем:** «Вы понима́ете, что он/она́ де́лает?» «Вы зна́ете, что он/она́ де́лает?» «Что вы де́лаете?»

**Пото́м:** «Вы по́мните, что он/она́ де́лает?»

| | |
|---|---|
| Я — МЕНЯ́ | МЫ — НАС |
| ТЫ — ТЕБЯ́ | ВЫ — ВАС |
| ОН — ЕГО́ | |
| ОНА́ — ЕЁ | ОНИ́ — ИХ |

— Как тебя́ зову́т?
— Меня́ зову́т А́ня.
— А меня́ Ви́тя.
— Я студе́нтка. А ты кто?
— А я футболи́ст.

— Здра́вствуйте! Как вас зову́т?
— Меня́ зову́т Анто́н. А вас?
— А меня́ Ната́ша. Вы музыка́нт?
— Нет, я адвока́т. А вы?
— А я экономи́ст.

## Зада́ние 12

**Игра́ем диало́ги:**

Андре́й — спортсме́н, Ле́на — журнали́стка, Ко́ля — студе́нт, Ве́ра — стюарде́сса...

## Зада́ние 13

**— Как Вас зову́т?**
**— Меня́ зовут Сла́ва. А Вас?**
**— А меня́ Ле́на.**
**— О́чень прия́тно.**

В гру́ппе: Познако́мимся!

## Зада́ние 14

Вы (я) не слу́шаете. — **Вы меня́ не слу́шаете.**

1) Алло́! Я (вы) слу́шаю. 2) Ты (я) понима́ешь? 3) Кто э́то? Я (он) не зна́ю... 4) Я (ты) спра́шиваю! 5) Ты (мы) зна́ешь? 6) Как (она́) зову́т? 7) Я (они́) не понима́ю. 8) Я (вы) сейча́с не спра́шиваю. 9) Ты (я) по́мнишь? — Да, я (ты) по́мню. 10) Как (он) зову́т? — Я не по́мню, как (он) зову́т. 11) Вы (она́) по́мните? — Да, (она) зову́т Анна. 12) Ты говори́шь, что ты (они́) зна́ешь?

## Зада́ние 15

**Понима́ть или по́мнить?**

Вы ... , что я говорю́? — **Вы понима́ете, что я говорю́?**
Вы её ... ? Э́то О́ля. — **Вы её по́мните? Э́то О́ля.**

1) Я вас слу́шаю и ... 2) Вы меня́ ...? Я Ва́ся. 3) Ты его́ ...? Его́ зову́т Анто́н. 4) Что они́ говоря́т? Я их не .... 5) Я его́ ..., он дире́ктор. 6) Э́то дире́ктор. Он нас не .... 7) Я не ... , как её зову́т. 8) Я ... , что вы спра́шиваете. 9) Я не ... , они́ рабо́тают или отдыха́ют? 10) Я не ... , э́то И́ра или Ка́тя?

## Задание 16

Э́то Ва́ся. Я ... зна́ю.
**Э́то Ва́ся. Я его́ зна́ю.**

1) Э́то актри́са. Я ... зна́ю. 2) Э́то Ва́ня. Я ... зна́ю. 3) Э́то кни́га. Мы ... чита́ем. 4) Вы профе́ссор? Я ... не понима́ю. 6) Э́то рабо́та. Ты ... де́лаешь. 7) Я актри́са. Вы ... зна́ете? 7) Что они́ де́лают? Я ... не зна́ю. 8) Вы зна́ете, кто мы? Вы ... слу́шаете? 9) Музыка́нт игра́ет. Мы ... слу́шаем. 10) Ты студе́нт? Я ... по́мню! 11) Я кло́ун. Вы ... по́мните? 12) Кто они́? Кто ... зна́ет?

— Здра́вствуйте!
— Здра́вствуйте!
— Меня́ зову́т Сла́ва. А вас?
— А меня́ Хеле́на.
— О́чень прия́тно.
— Вы рабо́таете?
— Я экономи́ст. Но сейча́с я не рабо́таю. Я отдыха́ю. А вы кто?
— Я студе́нтка. Я изуча́ю ру́сский язы́к.
— А что вы сейча́с де́лаете?
— Сейча́с я гуля́ю.
— Вот кафе́. Я сейча́с обе́даю. Обе́даем вме́сте?
— Нет, спаси́бо. Пока́!
— Пока́!

— Здра́вствуйте! Вы меня́ по́мните?
— Да, ду́маю, я вас зна́ю. Вы — Сла́ва.
— Да, я Сла́ва. Вы спеши́те?
— Нет, не спешу́. А э́то кто?
— Серге́й. Вы его́ зна́ете? Он музыка́нт. Вот рестора́н. Он там рабо́тает, игра́ет.
— Я его́ по́мню.
— Вы ку́рите?
— Спаси́бо, нет. Я спортсме́нка.

**Выбира́ем ро́ли и игра́ем диало́ги.**

## Задание 17

Кто э́то ? Вы его́ зна́ете? — **Коне́чно, зна́ю. Это Влади́мир Черно́в. Он дире́ктор.**

Кто она́? Вы её не зна́ете? — **Коне́чно, зна́ю. А вы не зна́ете? Э́то Ната́ша. Она́ актри́са.**

Рабо́та в гру́ппе или с карти́нками:
**Спра́шиваем и отвеча́ем:** Кто э́то? Вы его́ / её зна́ете? Как его́/её зову́т? Кто он/она́? — ...

| | |
|---|---|
| Здесь | Там |

**Где стол? — Он здесь.**
**Где со́лнце? — Оно́ там.**

## Задание 18

**Выбира́ем глаго́лы и фо́рмы:**

1) Э́то парк. Здесь мы ... . 2) Э́то рестора́н. Здесь вы ... , ... и ... . 3) Э́то библиоте́ка. Там я ... . 4) Э́то тури́ст. Он ... . 5) Вот де́ти. Они́ ... . 6) Он инжене́р. Он ... . 7) Э́то актёр, а э́то журнали́ст. Журнали́ст ... , а актёр ... . 8) Я его́ ... . Он адвока́т. 9) Вот клуб. Там мы ... .

**(за́втракаете, зна́ю, чита́ю, у́жинаете, рабо́тает, гуля́ем, обе́даете, спра́шивает, игра́ют, отвеча́ет, отдыха́ем, гуля́ет)**

## Задание 19

**Отвеча́ем на вопро́сы:**

Э́то парк. Что вы здесь де́лаете?
Э́то библиоте́ка. Что вы здесь де́лаете?
Э́то кафе́. Что вы здесь де́лаете?
Э́то класс. Что вы здесь де́лаете?
Э́то цирк. Что вы здесь де́лаете?
Э́то рестора́н. Что вы здесь де́лаете?
Э́то теа́тр. Что вы здесь де́лаете? А что де́лают актёры?

## Задание 20

Э́то рестора́н. Здесь обе́дает актёр.

**Кто здесь обе́дает? — Здесь обе́дает актёр./ Актёр.**
**Где обе́дает актёр? — Актёр обе́дает здесь./ Здесь.**
**Что здесь де́лает актёр? — Актёр здесь обе́дает./ Обе́дает.**

1) Э́то проспе́кт. Мы здесь гуля́ем. 2) Вот теа́тр. Там игра́ют актёры. 3) Э́то библиоте́ка. Здесь мы чита́ем. 4) А вот парк. Здесь игра́ют де́ти. 5) Э́то магази́н. Здесь рабо́тает Ира. 6) Э́то цирк. Здесь мы отдыха́ем, а кло́ун рабо́тает.

## Задание 21

**Спра́шиваем и отвеча́ем:** «Кто?», «Что?», «Что де́лает?»

**— Извини́те, вы не зна́ете, кто это?**
**— Э́то Ка́тя.**
**— А кто она́?**
**— Она́ спортсме́нка.**
**— Что она́ де́лает?**
**— Я ду́маю, она́ отдыха́ет.**

1) Сла́ва — музыка́нт — игра́ть.
2) Влади́мир — такси́ст — обе́дать.
3) Ива́н — профе́ссор — чита́ть.
4) О́льга — гид — гуля́ть.
5) Серге́й — инжене́р — рабо́тать.
6) Мари́я — актри́са — за́втракать.
7) Ди́ма — студе́нт — у́жинать.
8) Ка́тя — журнали́стка — кури́ть.

**Ии, ы**

и — Ива́н — иду́ — идём — То́кио

Это па́па и ма́ма. Па́па и ма́ма до́ма. Э́то он и она́. Э́то А́нна и Анто́н.

**С с, З з, К к, Г г, Х х, Р р**

са — ся   су — сю   со — сё   сэ — се   сы — си

ста — сто — сту   сва — сво — сву   сна — сно — сну

суп — систе́ма, со́ус — спаси́бо, су́мка — такси́

за — зя   зу — зю   зо — зё   зэ — зе   зы — зи

зва — зво — зву   зна — зно — зну

зо́на — зе́бра, ви́за — визи́т

Э́то ва́за. Э́то суп. Э́то мост. Э́то ро́за. Ро́за тут. Такси́ там. Вот ви́за.

Год [ т ]. Ад [ т ]. Э́то сад [ т ]. Там за́пад [ т ]. Э́то гид [ т ].

Э́то клуб [ п ]. Э́то хлеб [ п ]. Э́то дуб [ п ]. Он сноб [ п ].

Э́то глаз [ с ]. Э́то расска́з [ с ]. Э́то прика́з [ с ]. Э́то газ [ с ].

суп — зуб   вас — ва́за   сон — зо́на   сад — зад

ка   ку   ко   ке   ки

ка́рта, Ку́ба, ко́мплекс, раке́та, киломе́тр

су́мка — су́мки

га   гу   го   ге   ги

гара́ж, гу́ру, го́род, геро́й, гимна́ст

кни́га — кни́ги

Э́то друг [ к ]. Э́то враг [ к ]. Э́то флаг [ к ].

ха   ху   хо   хе   хи

хара́ктер, хулига́н, хор, Хемингуэ́й, хи́мик

дух — духи́

хара́ктер, уро́к, за́в[ ф ]тра

ра — ря   ру — рю   ро — рё   рэ — ре   ры — ри

ра́дио — ря́дом, ру́ки — брю́ки, ры́ба — река́, рок — тури́ст

**Э́то стол. Э́то столы́.**
**Э́то маши́на. Э́то маши́ны.**
**Э́то окно́. Э́то о́кна.**

Plural

| ОН -ы / -и | ОНО́ -а / -я | ОНА́ -ы / -и |
|---|---|---|
| магази́н — магази́ны<br>секретáрь — секретари́<br>парк — пáрки<br>врач — врачи́<br>музе́й — музе́и | сло́во — слова́<br>мо́ре — моря́ | маши́на — маши́ны<br>семья́ — се́мьи<br>кни́га — кни́ги<br>ночь — но́чи |
| (к, г, х) + И<br>(ч, ш, ж, щ) + И | (к, г, х) + И<br>(ч, ш, ж, щ) + И | |

! сосе́д — сосе́ди, чёрт — че́рти

! дома́, города́, берега́, леса́, острова́, поезда́, глаза́, вечера́; учителя́, профессора́, мастера́, доктора́, повара́

! брат — бра́тья, сын — сыновья́, друг — друзья́, муж — мужья́, де́рево — дере́вья, лист — ли́стья, стул — сту́лья

! мать — ма́тери, дочь — до́чери

! сестра́ — сёстры, жена́ — жёны

! челове́к — лю́ди, ребёнок — де́ти

! и́мя — имена́, вре́мя — времена́

**Они́:** роди́тели, часы́, очки́, де́ньги, брю́ки, джи́нсы.

**домá, городá, берегá, лесá, островá, поездá, вечерá**

**брат — брáтья, сын — сыновья́, друг — друзья́, муж — мужья́, дéрево — дерéвья, лист — ли́стья, стул — сту́лья**

**Как по-ру́сски «taxi»? — Такси́!**
**Что зна́чит «такси́»? — Taxi.**

— Вы не зна́ете, как по-ру́сски «dictionary»?
— Слова́рь.

— Вы зна́ете, что зна́чит «семья́»?
— «Семья́» — э́то жена́, муж и де́ти.

## Задание 22

**друг — друзья́**

Го́род, у́лица, авто́бус, трамва́й, маши́на, дом, магази́н, кио́ск, музе́й, теа́тр, парк.

— Извини́те, где здесь кио́ски?
— Вот кио́ск.

— Каки́е ру́сские города́ ты зна́ешь?
— Я зна́ю ... .

Друг, подру́га, соба́ка, ко́шка, колле́га, фотогра́фия.

— Э́то твои́ друзья́?
— Да, э́то мой друг. Его́ зову́т Игорь. Э́то моя́ подру́га. Её зову́т О́льга.

Брат, муж, сын, сестра́, жена́, па́па, ма́ма, де́душка, ба́бушка, внук, вну́чка.

— Э́то твои́ сыновья́?
— Да, э́то мои́ сыновья́, а э́то моя́ жена́ и мой брат.

Журнали́ст, газе́та, журна́л, сло́во, слова́рь (m.), журнали́стка, бу́ква, текст.

— Вы журнали́ст?
— Да, я журнали́ст. Вот мой журна́л. Вы его́ чита́ете?

Студе́нт, студе́нтка, актёр, такси́ст, актри́са, секрета́рь, экономи́ст, журнали́стка, спортсме́н, инжене́р.

— Вы спортсме́ны?
— Нет, я инжене́р, а он такси́ст.

## Задание 23

Каки́е э́то слова́?

| | | | | | | | | |
|---|---|---|---|---|---|---|---|---|
| | | Т | Е | | З | Е | И | |
| А | В | Т | О | | О | С | К | И |
| М | А | Г | А | | Р | О | Д | А |
| | У | Л | И | | В | А | И | |
| | | К | И | | Б | У | С | Ы |
| | | М | У | | А | Т | Р | Ы |
| | | Г | О | | З | И | Н | Ы |
| Т | Р | А | М | | Ц | Ы | | |

Э́то слова́: **театры, ...**

## Задание 24

**А:** Э́то инжене́ры. Они́ рабо́та... . Они́ не спеш... .
**Это инжене́ры. Они́ рабо́тают. Они́ не спеша́т.**

1. Э́то музыка́нты. Они́ игра́..., а мы их слу́ша....
2. Э́то футболисты. Они́ игра́..., а мы смо́тр....
3. Э́то журнали́сты. Они́ ку́р... и говор... . Они́ вас спра́шива..., а вы отвеча́....
4. Э́то де́ти. Они́ игра́.... Э́то роди́тели. Они́ смо́тр..., что де́ла... де́ти.
5. Э́то друзья́. Они́ отдыха́.... Я их зна́... . Вы их по́мн...?
6. Э́то студе́нты. Они́ изуча́... ру́сский язы́к. Вот кафе́. Здесь студе́нты за́втрака... и обе́да....
7. Э́то профе́ссор. Он говор..., а студе́нты его́ слу́ша....
8. Э́то тури́сты. Они́ гуля́.... Они́ смо́тр... дома́.

**Б:** Э́то экономи́ст. Он рабо́тает. ...
**Э́то экономи́сты. Они́ рабо́тают. Я то́же рабо́таю.**

1) Э́то журнали́ст. Он чита́ет. ...
2) Э́то актри́са. Она́ игра́ет. ...
3) Э́то такси́ст. Он отдыха́ет. ...
4) Э́то гид. Он говори́т. ...
5) Э́то студе́нт. Он слу́шает. ...
6) Э́то студе́нтка. Она́ отвеча́ет. ...
7) Э́то капита́н. Он ку́рит. ...
8) Э́то друг. Он у́жинает. ...
9) Э́то брат. Он за́втракает. ...
10) Э́то спортсме́н. Он спеши́т. ...

## Задание 25

**А**

| | | | |
|---|---|---|---|
| | студе́нты | | говори́ть |
| | журнали́сты | | кури́ть |
| | солда́ты | | рабо́тать |
| | бизнесме́ны | мно́го | игра́ть |
| | де́ти | | ду́мать |
| Я зна́ю, что | же́нщины | ма́ло | отдыха́ть |
| Я ду́маю, что | мужчи́ны | | гуля́ть |
| | спортсме́ны | не | спеши́ть |
| | актёры / актри́сы | | за́втракать |
| | инжене́ры | | чита́ть |
| | преподава́тели | | смотре́ть телеви́зор |
| | поли́тики | | спра́шивать |

**Б Загада́йте профе́ссии и опиши́те их. Други́е студе́нты отга́дывают.**

— Они́ мно́го говоря́т и ма́ло де́лают. — Э́то поли́тики.

## Задание 26

Что здесь не так?

**Стол, стул, телефо́н, музе́й, окно́.**

1) города́, у́лицы, капита́ны, авто́бусы, магази́ны, кио́ски;

2) бра́тья, сёстры, де́ти, мужья́, сту́лья, жёны, до́чери, сыновья́;

3) такси́сты, экономи́сты, секретари́, компью́теры, ги́ды;

4) журна́лы, слова́, газе́ты, солда́ты, те́ксты.

## Задание 27

**Спра́шиваем и отвеча́ем.**

Где о́кна? — **Вот окно́.**

Где авто́бусы? Где магази́ны? Где пи́сьма? Где маши́ны? Где сту́лья? Где телефо́ны? Где словари́? Где музыка́нты? Где дома́? Где актри́сы? Где компью́теры? Где часы́? Где су́мки? Где рестора́ны? Где журнали́сты? Где кио́ски? Где кни́ги? Где студе́нты? Где тури́сты? Где студе́нтки? Где де́ньги? Где друзья́? Где столы́? Где журна́лы? Где газе́ты?

## Задание 28

Ва́ши ассоциа́ции:

Роди́тели...

**Роди́тели, бра́тья, сёстры, сыновья́, до́чери, ма́тери, ба́бушки, де́душки...**

**Кто бо́льше?**

Друзья́ ...
Маши́ны...
Сту́лья ...
Журна́лы...

## Задание 29

Э́то кни́г...

**Э́то кни́ги. — Э́то кни́га.**

Э́то су́мк... ; э́то рестора́н...; э́то пи́сьм...; э́то студе́нтк...; э́то тури́ст...; э́то студе́нт...; э́то актри́с...; э́то вну́к...; э́то газе́т...; э́то о́кн..., э́то журна́л...; э́то телефо́н...; э́то компьютер...; э́то журнали́стк...; э́то экономи́ст...; э́то ба́бушк...; э́то маши́н...; э́то магази́н...; э́то актёр...; э́то портре́т...; э́то дом...; э́то инжене́р...; э́то гру́пп... .

ай — ой — ей — уй — ый — ий

май, дай, мой, твой, свой, но́вый, ста́рый, хоро́ший, си́ний

Э́то твой ↗ дом? — Да, э́то мой дом ↘.

Э́то твой ↗ брат? — Да, э́то мой брат ↘.

Э́то ↗ твой план? — Да, э́то мой план ↘. = Да, мой ↘.

Э́то ↗ твой биле́т? — Да, э́то мой биле́т ↘. = Да, мой ↘.

Э́то Ива́н. Он мой брат.

Э́то Анто́н. Он мой друг.

Но́вый друг. Ста́рый дом. Хоро́ший план.

Кто э́то? — Э́то мой друг.

Кто э́то? — Э́то мой брат.

Кто э́то? — Э́то Ива́н.

| **тА́** | | **тА́ та** | | | |
|---|---|---|---|---|---|
| муж | дочь | де́ти | у́жин | го́род | ма́ма |
| мать | друг | ду́мать | бе́рег | бра́тья | ро́за |
| лес | брат | за́втрак | брю́ки | ко́шка | о́стров |
| сын | здесь | ру́сский | бу́ква | лю́ди | сло́во |
| текст | там | слу́шать | ве́чер | по́езд | по́мнить |

| **та тА́** | | | **тА́ та та** |
|---|---|---|---|
| гуля́ть | проспе́кт | слова́рь | у́жинать |
| игра́ть | чита́ть | сестра́ | спра́шивать |
| кафе́ | язы́к | портре́т | за́втракать |
| кури́ть | уже́ | сосе́д | у́лица |
| пото́м | трамва́й | часы́ | ба́бушка |

| **та тА́ та** | | **та та тА́** |
|---|---|---|
| рабо́тать | колле́га | говори́ть |
| профе́ссор | подру́га | изуча́ть |
| авто́бус | пробле́ма | отвеча́ть |
| коне́чно | ребёнок | повторя́ть |
| копе́йка | соба́ка | понима́ть |

**Чей э́то журна́л? — Э́то мой журна́л.**
**У меня́ есть семья́. Вот моя́ семья́.**
**У меня́ уже́ есть биле́т.**
**Я вас ещё не зна́ю.**

| КТО? | ЧЕЙ? | ЧЬЯ? | ЧЬЁ? | ЧЬИ? |
|---|---|---|---|---|
| Я | **Мой дом** | **Моя́ ма́ма** | **Моё окно́** | **Мои́ друзья́** |
| ТЫ | **Твой друг** | **Твоя́ кни́га** | **Твоё сло́во** | **Твои́ де́ти** |
| ОН/ОНО | **Его́ стул** | **Его́ сестра́** | **Его́ бюро́** | **Его́ колле́ги** |
| ОНА | **Её брат** | **Её су́мка** | **Её письмо́** | **Её роди́тели** |
| МЫ | **Наш класс** | **На́ша семья́** | **На́ше метро́** | **На́ши лю́ди** |
| ВЫ | **Ваш телефо́н** | **Ва́ша ча́шка** | **Ва́ше вино́** | **Ва́ши часы́** |
| ОНИ | **Их стол** | **Их маши́на** | **Их кафе́** | **Их де́ньги** |

## Задание 30

**Выбира́ем:** Чей?; Чья?; Чьё?; Чьи?

… э́то кни́га? … э́то слова́рь? … э́то письмо́? … э́то докуме́нты? … э́то роди́тели? … э́то компью́тер? … э́то гру́ппа? … э́то дом? … э́то стул? … э́то газе́ты? … э́то пробле́ма? … э́то су́мка? … э́то журна́л? … э́то вопро́с? … э́то часы́? … э́то де́ньги? … э́то сигаре́ты? … э́то иде́я? … э́то ко́фе? … э́то вино́? … э́то сын? … э́то маши́на? … э́то кафе́?

## Зада́ние 31

Иде́я — **Чья э́то иде́я? — Э́то моя́ иде́я!**

Мой: вопро́с, газе́та, журна́лы, письмо́.

Твой: друг, подру́га, соба́ка, ко́шка, фотогра́фия.

Наш: су́мка, докуме́нты, бюро́, гид.

Ваш: теа́тр, гру́ппа, дома́, кафе́.

**Пока́зываем карти́нки и предме́ты в гру́ппе.**

«Что э́то?» — «Э́то дом.» — «Чей э́то дом?» ...

## Зада́ние 32

Э́то (я) дом. — **Э́то мой дом.**
Э́то (я) дома́. — **Э́то мои́ дома́.**

1) Э́то (я) друзья́. Ты их по́мнишь?

2) Э́то (я) друг. Ты его́ по́мнишь?

3) Э́то (ты) брат. Я его́ зна́ю.

4) Э́то (ты) бра́тья. Я их зна́ю.

5) Э́то (я) сын. Я его́ не понима́ю.

6) Э́то (я) сыновья́. Я их не понима́ю.

7) Э́то (ты) роди́тели. Ты их слу́шаешь?

8) Э́то (ты) студе́нт. Ты его́ понима́ешь?

9) Э́то (ты) студе́нты. Ты их понима́ешь?

## Задание 33

1) **мой — моя́ — моё — мои́**

Меня́ зову́т И́ра. И́ра — э́то **моё** имя. **Моя́** фами́лия — Орло́ва, **моё** о́тчество — Макси́мовна. Ири́на Макси́мовна Орло́ва. Э́то **моя́** семья́: ... муж, ... сын, ... дочь, ... брат, ... сестра́, ... па́па, ... ба́бушка и де́душка. Э́то ... дом и ... соба́ка.

2) **твой — твоя́ — твоё — твои́**

Ты секрета́рь.

— Это ... стол.

... письмо́, ... телефо́н, ... факс, ... докуме́нты, ... компью́тер, ... ла́мпа, ... часы́, ... слова́рь.

3) **наш — на́ша — на́ше — на́ши**

Мы журнали́сты. ...

... журна́л, ... газе́та, ... компью́тер, ... но́вости, ... де́ньги, ... сигаре́ты.

4) **ваш — ва́ша — ва́ше — ва́ши**

Вы дире́ктор. ...

... де́ньги, ... секрета́рь, ... часы́, ... газе́та, ... маши́на, ... телефо́ны, ... иде́я.

**ОН — ЕГО́** Э́то И́горь. Э́то его́ дом, его́ маши́на, его́ окно́, его́ де́ньги.

**ОНА́ — ЕЁ** Э́то О́льга. Э́то её муж, её су́мка, её письмо́, её часы́.

**ОНИ́ — ИХ** Э́то капита́ны. Э́то их стол, их ка́рта, их вино́, их ка́рты.

## Задание 34

**Выбира́ем:** его́, её, их.

Влади́мир и Ка́тя — муж и жена́.

Ка́тя ... жена́, а Влади́мир ... муж. А э́то ... дом, ... сад, ... де́ти, ... су́мка, ... телеви́зор, ... подру́га, ... телефо́н, ... кни́га, ... маши́на, ... докуме́нты, ... соба́ка, ... компью́тер, ... гита́ра, ... ро́за, ... ди́ски, ... журна́л, ... стол, ... часы́, ... костю́м, ... ка́рты, ... де́ньги, ... друг, ... буты́лка, ... фотогра́фия.

## Задание 35

**В гру́ппе: кладём на стол ра́зные ве́щи и спра́шиваем:**

Э́то ваш журна́л? Чей э́то журна́л? ...

Чьи э́то часы́? Э́то его́ часы́? — Нет, э́то не его́ часы́. Э́то мои́ часы́.

Э́то мои́ де́ньги! — Нет, э́то не твои́ де́ньги, э́то её де́ньги!

Э́то на́ши места́? — Да, на́ши. Э́то ва́ша сестра́? — Да, э́то она́.

Вот мой друг. Его́ зову́т Бори́с. Он журнали́ст.

Вот ... подру́га. Её зову́т ... . Она́ ... .

Вот ... сосе́д/ка. .... Вот ... соба́ка/ко́шка. ...Вот ... класс. Э́то... преподава́тель. А э́то... .

| | | | |
|---|---|---|---|
| я — **у меня́** | | мы — **у нас** | |
| ты — **у тебя́** | **+ ЕСТЬ...** | вы — **у вас** | **+ ЕСТЬ...** |
| он — **у него́** | | | |
| она́ — **у неё** | | они́ — **у них** | |

### Задание 36

**Что у вас есть?** У меня́ есть....
У тебя́ есть ....

### Задание 37

**У меня́ есть па́па. Его́ зову́т Пётр. Он врач.**
**У меня́ есть сын. Его́ зову́т Ди́ма. Он шко́льник.**
**А у вас?**

### Задание 38

**А.** У меня́ есть вопро́с. **Вот мой вопро́с.**

1) У меня́ есть друг. 2) У меня́ есть де́ти. 3) У нас есть маши́на. 4) У них есть сын. 5) У вас есть сту́лья. 6) У неё есть семья́. 7) У меня́ есть су́мка. 8) У тебя́ есть журна́л.

**Б.** У вас есть докуме́нты? — **Вот мои́ докуме́нты.**

1) У вас есть вопро́с? 2) У тебя́ есть подру́га? 3) У вас есть соба́ка? 4) У неё есть телефо́н? 5) У него́ есть сестра́? 6) У тебя́ есть семья́? 7) У них есть сын? 8) У вас есть маши́на? 9) У неё есть брат? 10) У тебя́ есть газе́та? 11) У него́ есть слова́рь? 12) У вас есть часы́?

### Задание 39

У (я) есть вопро́с. — **У меня́ есть вопро́с.**

1) У (вы) есть де́ньги. 2) У (он) есть брат. 3) У (ты) есть биле́т? 4) У (мы) есть вре́мя. 5) У (я) есть иде́я. 6) У (она́) есть соба́ка. 7) У (мы) есть ко́шка. 8) У (они́) есть маши́на. 9) У (ты) есть семья́. 10) У (она́) есть су́мка. 11) У (мы) есть сту́лья. 12) У (она́) есть ро́за.

## Задание 40

**В гру́ппе говори́м, что у нас есть, и отга́дываем, что пра́вда, а что — нет.**

— У меня́ есть подру́га. У неё есть муж. — **Э́то пра́вда.**
— У меня́ есть подру́га. У неё есть пингви́н. — **Э́то непра́вда.**

## Задание 41

мы, кни́ги — **У НАС есть кни́ги. Это НА́ШИ кни́ги.**

я, вопро́с У меня есть вопрос. Это мой вопрос ✓
ты, де́ньги У тебя есть деньги ✓ Это твой деньги ✓
они́, де́ти У них есть дети, это их дети ✓
он, маши́на У него есть машина, это его машина. ✓
она́, друг У неё есть друг. Это её друг. ✓
мы, вре́мя (ex) У нас есть время. Это наша время ✓
я, иде́я У меня есть идея. Это моя идея ✓
она́, брат У неё есть брат. Это её брат ✓
вы, стол У вас есть стол. Это ваш стол. ✓
ты, дом У тебя есть дом. Это твой дом ✓
он, компью́тер У него есть компьютер. Это его компьютер ✓
вы, пробле́ма У вас есть проблема. Это ваша проблема. ✓
она́, соба́ка У неё есть собака, это её собака. ✓
он, дочь У него есть дочь. Это его дочь. ✓
она́, муж У неё есть муж. Это её муж. ✓
он, жена́ У него есть жена. Это его жена ✓
он, рабо́та У него есть работа. Это его работа ✓
ты, подру́га (girlfriend) У тебя есть подруга, это твоя подруга ✓
они́, ко́шка У них есть кошка. Это их кошка. ✓

I have already got a ticket

**уже́ ≠ ещё**

**У меня́ уже́ есть биле́т. — А у меня́ ещё нет.**

**Вы меня́ уже́ зна́ете? А я вас ещё не зна́ю!**

## Зада́ние 42

**Уже́ или ещё?**

1) Оле́г уже́ до́ма? — Нет, он ... гуля́ет.
2) Ты сейча́с рабо́таешь? — Нет, я ... отдыха́ю.
3) Ты у́жинаешь? — Да, я ... у́жинаю.
4) Ты ... обе́даешь? — Нет, я ... за́втракаю.
5) Она́ его́ зна́ет? — Я ду́маю, она́ его ... зна́ет.
6) Кто вы? Я вас ... не зна́ю!
7) Све́та — студе́нтка? — Нет, она́ ... рабо́тает.
8) У вас есть рабо́та? — Я ... не рабо́таю, я студе́нт.
9) Ты э́то ... по́мнишь? — Нет, ... не по́мню.
10) У вас есть де́ньги? — Да, спаси́бо, .... есть.

**то́же =  /  ещё +**

**Э́то студе́нт, э́то то́же студе́нт.**
**У меня́ есть брат, а ещё у меня́ есть сестра́.**

## Зада́ние 43

**то́же и́ли ещё?**

1) Что де́лают де́ти? — Они́ гуля́ют. ..... они́ игра́ют. Мы ....... гуля́ем.

2) У неё есть де́душка. А ... у неё есть ба́бушка.

3) Я чита́ю. Ты ........ чита́ешь? — Да, я ............ чита́ю. ............ я тебя́ слу́шаю.

4) Я чита́ю газе́ты. А ... я слу́шаю ра́дио.

5) Э́то актёр, а э́то кто? — Э́то ........ актёр. А ......... здесь есть актри́са.

6) Вот кни́га, вот ....... журна́лы и газе́ты. — У меня́ есть журна́лы. У неё ......... есть журна́лы.

7) Вы не ку́рите? Я ... не курю́.

8) Э́то журнали́стка. Это ........ журнали́стка.

9) Э́то наш дире́ктор. А ... он мой друг.

10) Он футболи́ст. А ........ он студе́нт.

11) Я смотрю́ телеви́зор. А что ты де́лаешь? — Я ... смотрю́ телеви́зор.

12) У вас есть пробле́ма? У меня́ ........... есть пробле́ма. — А что ........ у вас есть?

### Моя́ семья́

Э́то О́льга Владисла́вовна. Она́ за́втракает.

Э́то её сын. Его́ зову́т Ди́ма. Он игра́ет.

Э́то его́ па́па. Его́ зову́т И́горь. Он отдыха́ет.

Э́то его́ брат. Его́ зову́т Влади́мир. Он у́жинает.

Э́то его́ жена́. Её зову́т Ка́тя. Она́ чита́ет.

Э́то его́ ма́ма. Её зову́т Светла́на Гео́ргиевна. Она́ смо́трит телеви́зор.

Э́то её муж, Пётр Ильи́ч. Он гуля́ет.

Э́то их внук, Ди́ма. Он игра́ет.

Э́то его́ де́душка и ба́бушка, а Влади́мир и Ка́тя — его́ дя́дя и тётя.

### Задание 44

Э́то ма́ма и ........

**Э́то ма́ма и па́па.**

Э́то муж и .........

Э́то сестра́ и ..........

Э́то вну́чка и ............

Э́то ба́бушка и ................

Э́то сын и ...........

Э́то тётя и ...........

## Зада́ние 45

**Пише́м 3—4 и́мени чле́нов семьи́ и меня́емся листо́чками с партнёром.**

Ро́нальд
Вирджи́ния
Джоа́нна

**Спра́шиваем:** Э́то он и́ли она́? Кто он? Он музыка́нт? Э́то твой де́душка?

Здра́вствуйте! Меня́ зову́т Игорь. Э́то моё и́мя. Я био́лог. Я мно́го чита́ю и ма́ло отдыха́ю. У меня́ есть жена́. Её зову́т О́льга. Она́ экономи́ст. Она́ мно́го рабо́тает. У нас есть сын. Его́ зову́т Ди́ма. Он шко́льник. Я ду́маю, он ма́ло чита́ет и мно́го смо́трит телеви́зор. Я его́ не понима́ю. Ещё у меня́ есть брат. Его́ зову́т Влади́мир. Мой брат — капита́н. Он мно́го ку́рит, а я не курю́. У нас есть па́па. Его́ зову́т Пётр Ильи́ч. Наш па́па врач. Он то́же ку́рит и мно́го чита́ет. Он рабо́тает. Ещё у нас есть ма́ма. Её зову́т Светла́на Гео́ргиевна. На́ша ма́ма уже́ не рабо́тает.

## Задание 46

Здра́вствуйте! Вы меня́ уже́ зна́ете. Меня́ зову́т И́горь, И́горь Петро́вич Ду́бов. М........ фами́лия — Ду́бов, м........ и́мя — И́горь, м........ о́тчество — Петро́вич. Я био́лог. Э́то зоопа́рк. Здесь я рабо́та........ Э́то м........ жена́, О́льга Владисла́вовна. Она́ экономи́ст. Я ду́ма........ , сейча́с она́ ещё рабо́та........ , а я уже́ до́ма, отдыха́........ . У нас есть сын. ........ зову́т Ди́ма. Его́ ............ — то́же Ду́бов, а его́ ............ — И́горевич. Э́то ........ ма́ма и па́па. Мой па́па — врач. Его́ ... Петр Ильи́ч. Он ещё рабо́та........, а моя́ ма́ма уже́ не рабо́та........ ........ зову́т Светла́на Гео́ргиевна. У меня́ есть брат. ........ зову́т Влади́мир. Он капита́н. У ........ есть жена́. ........ зову́т Ка́тя. Она́ журнали́стка.

Вот н........ дом, а там парк, где мы гуля́........ . Там игра́........ н........ сын Ди́ма.

Меня́ зову́т Пётр Ильи́ч. Моя́ ............ Ду́бов. Я ........ . У меня́ есть ........ . Её ........ Све́та. У ........ есть де́ти. ........ зову́т И́горь и Влади́мир. И́горь — био́лог, а Влади́мир — капита́н. Ещё у меня́ есть ............ . ........ зову́т Ди́ма.

Меня́ зову́т Ди́ма. Э́то ........ па́па и ма́ма. У меня́ есть ............ ............ зову́т Светла́на Гео́ргиевна. Ещё у ........ есть де́душка, Пётр Ильи́ч. А Влади́мир и Ка́тя — мои́ дя́дя и тётя. А э́то ........ ко́шка. Её зову́т Му́ра.

Меня́ зову́т Влади́мир. Я ............ . ............ фами́лия — Ду́бов, а моё ............ — Петро́вич. У меня́ есть ............ ............ Зову́т Ка́тя. Она́ ............ . А э́то Игорь, мой ............ .

## Задание 47

| | | | | | |
|---|---|---|---|---|---|
| | | с | е | м | ЬЯ |
| | | | у | | |
| | | | а | | |
| | | | | з | |
| | ы | | | | |

сын, муж, друг, брат

## Задание 48

**А.** Расска́з «Моя́ семья́»

У меня́ есть … .
… зову́т… .
Он / она́ … .

**Б. Спра́шиваем и отвеча́ем, а пото́м рису́ем семе́йное дре́во сосе́да в кла́ссе.**

Э́то тигр-па́па, тигр-ма́ма и тигр — их сын.
— А где ба́бушка На́стя?

## Задание 49

**— До́брый день, я журнали́ст Дми́трий Ти́хонов, телекана́л «Санкт-Петербу́рг». Как вы ду́маете, кто э́то? Э́то футболи́ст Андре́й Бегуно́в.**

**— Андре́й, э́то ва́ша семья́? Э́то ва́ша жена́, а э́то ваш сын? Э́то ва́ши меда́ли? Э́то ва́ша кома́нда? Э́то ваш тре́нер? Э́то ва́ша маши́на? Э́то ваш авто́граф?**

**— Да.**

**— Спаси́бо за интервью́!**

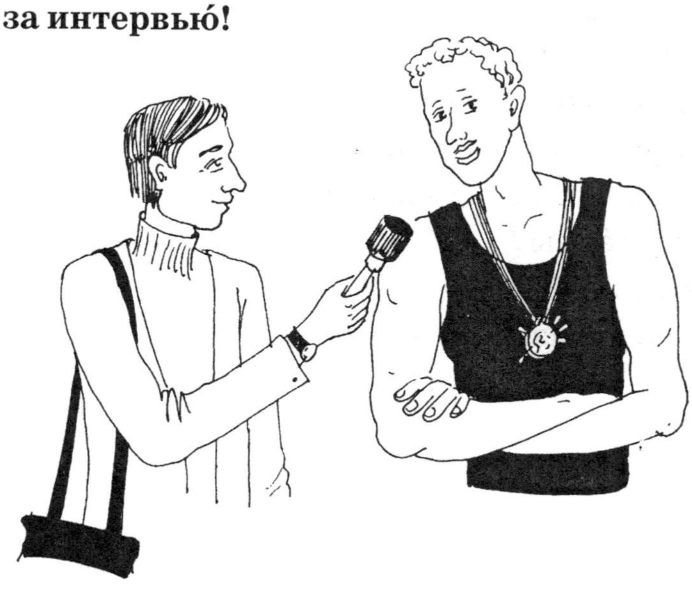

**В гру́ппе: выбира́ем ро́ли и берём «интервью́»** — актри́са, музыка́нт, дире́ктор …

## Задание 50

### А. Ско́лько здесь слов?

| | | | | | | | | | | |
|---|---|---|---|---|---|---|---|---|---|---|
| г | и | д | а | м | а | м | а | р | к | а |
| о | к | о | п | а | п | а | р | к | и | д |
| р | а | д | о | ч | ь | б | м | и | р | а |
| о | м | о | р | е | д | р | у | з | ь | я |
| д | о | ч | е | р | и | а | ж | ё | н | ы |
| о | р | ь | л | и | с | т | ь | я | м | а |
| м | с | ы | н | о | в | ь | я | р | о | к |
| а | у | с | е | м | ь | я | в | н | у | к |

### Б. Где здесь оши́бки (14)?

1) Она́ есть спортсме́н, а он — музыка́нт.
2) Что э́то? — Э́то такси́ст.
3) Где письмо́? — Вот она́.
4) Ты зна́ете, кто она́?
5) Э́то Пе́тя. Я её зна́ю.
6) Они́ говори́ть, что вы не рабо́тать.
7) Мы не говори́м, мы де́лать.
8) У меня́ есть маши́на, де́ньги и до́мы.
9) Чей э́то докуме́нты?
10) Ты есть компью́тер.
11) Мой муж есть бизнесме́н.
12) Э́то Во́ва, а э́то её соба́ка.

| | | |
|---|---|---|
| стол — столы́ | сад [ т ] — сады́ | ры́ба — ры́бы |
| телефо́н — телефо́ны | расска́з [ с ] — расска́зы | ка́рта — ка́рты |
| фи́льм — фи́льмы | клуб [ п ] — клу́бы | ва́за — ва́зы |
| флаг [ к ] — фла́ги | кни́га — кни́ги | уро́к — уро́ки |

| **Я я [ йа ]** | **Е е [ йэ ]** | **Ё ё [ йо ]** | **Ю ю [ йу ]** |
|---|---|---|---|
| я | ем | её | юг |
| моя́ | ест | моё | ю́мор |
| Я́лта | е́ду | твоё | Югосла́вия |

| | | |
|---|---|---|
| мой — моя́ — моё | твой — твоя́ — твоё | свой — своя́ — своё |
| Э́то мой дом. | Э́то твой стол. | У меня́ свой стол. |
| Э́то моя́ маши́на. | Э́то твоя́ су́мка. | У меня́ своя́ су́мка. |
| Э́то моё окно́. | Э́то твоё письмо́. | У него́ своё окно́. |

Э́то твой дом? — Да, мой.
Э́то твоя́ иде́я? — Да, моя́.
Э́то твоё письмо́? — Да, моё.

А́нна ↗ до́ма? — Да ↘, она́ до́↘ма.
↗ А́нна до́↘ма? — ↘ Нет, не она́↘.
Анто́н гу↗ля́ет? — ↘ Да, Анто́н гуля́↘ет.
Ан↗то́н гуля́↘ет? — ↘ Нет, э́то не он↘.
Ты чи↗та́ешь? — ↘ Да, я чита́↘ю.
↗ Ты чи↘та́ешь? — ↘ Нет, не я↘.

Вы иг↗ра́ете? — ↘ Да, я игра́↘ю.
↗ Вы игра́↘ете? — ↘ Нет, не ↘ я.

Вы его́ ↗ зна́ете? — ↘ Нет, не зна́↘ю.
↗ Вы его́ зна́↘ете? — ↘ Нет, не я↘.

| | | | |
|---|---|---|---|
| я встаю́ | мы встаём | я даю́ | мы даём |
| ты встаёшь | вы встаёте | ты даёшь | вы даёте |
| он/она́ встаёт | они́ встаю́т | он/она́ даёт | они́ даю́т |

**Где мои́ докуме́нты? — Они́ на столе́.**
**Я живу́ в Росси́и, в Петербу́рге.**
**Где ты был? — Я был в Парагва́е.**
**Что ты де́лал? — Я отдыха́л.**

**Чи́сла:**

| | |
|---|---|
| **0 — ноль** | **6 — шесть** |
| **1 — оди́н** | **7 — семь** |
| **2 — два** | **8 — во́семь** |
| **3 — три** | **9 — де́вять** |
| **4 — четы́ре** | **10 — де́сять** |
| **5 — пять** | **+ — плюс; — — ми́нус** |

## Задание 51

**Чита́ем и счита́ем:**

**8 — 1 = ...7 — Во́семь ми́нус оди́н — семь.**

**8 — 4 = ; 3 + 4 = ; 2 + 1 = ; 5 — 2 = ; 10 — 4 = ; 7 + 2 = ; 4 — 2 = ; 6 + 1 = ; 5 + 4 = ; 10 — 8 = ; 1 + 4 = .**

**оди́н + НАДЦАТЬ**

| | | |
|---|---|---|
| **11 — оди́ннадцать;** | **14 — четы́рнадцать;** | **17 — семна́дцать;** |
| **12 — двЕна́дцать;** | **15 — пятна́дцать;** | **18 — восемна́дцать;** |
| **13 — трина́дцать;** | **16 — шестна́дцать;** | **19 — девятна́дцать.** |

**!!! 12 / 19**

## Задание 52

**Пишем:**

15, 17, 2, 14, 13, 12, 18, 16, 11

| | | | | | | | | | | | | | | |
|---|---|---|---|---|---|---|---|---|---|---|---|---|---|---|
| | | | | | М | | | | | | | | | |
| | | | | | А | | | | | | | | | |
| | | | | | Т | | | | | | | | | |
| | | | | | Е | | | | | | | | | |
| | | | | | М | | | | | | | | | |
| | | | | | А | | | | | | | | | |
| | | | | | Т | | | | | | | | | |
| | | | | | И | | | | | | | | | |
| | | | | С | К | О | Л | Ь | К | О | | | | |
| | | | | | А | | | | | | | | | |

**20 — два́дцать; 30 — три́дцать;**

**40 — со́рок;**

**50 — пятьдеся́т; 60 — шестьдеся́т; 70 — се́мьдесят; 80 — во́семьдесят;**

**90 — девяно́сто; 100 — сто**

## Задание 53

Оди́н студе́нт дикту́ет, а друго́й пи́шет. Оди́н пи́шет, а друго́й чита́ет.

7, 10, 9, 11, 17, 12, 19, 40, 50, 15, 90, ...

**Игра́ем в лото́!**

Студе́нты пи́шут любы́е ци́фры от 1 до 20. Преподава́тель чита́ет, и студе́нты зачёркивают ци́фры. Кто пе́рвый зачёркивает всё, тот вы́игрывает.

| | | | |
|---|---|---|---|
| 13 | | | |
| | | | |
| | | | |
| | | | |

## Задание 54

В гру́ппе — спра́шиваем и отвеча́ем:

> **— Извини́те, (пожа́луйста), ско́лько вре́мени?**
> **— Уже́ семь три́дцать.**
> **— Ещё во́семь пятна́дцать. У нас ещё есть вре́мя.**

## Задание 55

Оди́н студе́нт дикту́ет, а друго́й пи́шет. Оди́н пи́шет, а друго́й чита́ет.

**6.00 7.40 9.10 11.50 12.20 17.15 19.45 20.35**
**22.05 23.00 1.30 ...**

## ГДЕ?

**Здесь / тут — там; спра́ва — сле́ва, до́ма.**

### Задание 56

**Спра́шиваем и отвеча́ем:**

Где рестора́н? Где кафе́? Где авто́бус? Где кино́? Где парк? Где музе́й? Где теа́тр? Где такси́?

**В кла́ссе:**

**Кто / что у вас спра́ва? Кто /что у вас сле́ва?**

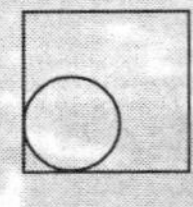 В НА 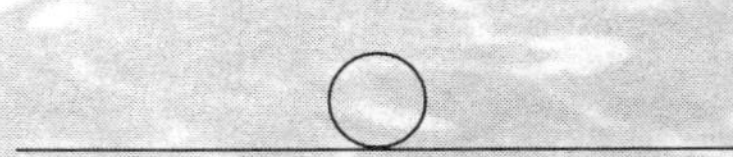

в столе́ / на столе́, в чемода́не / на чемода́не, в голове́ / на голове́

**Диало́г:**

— Где мои́ биле́ты?
— Они́ в ку́ртке.
— А моя́ ку́ртка где?
— Она́ в чемода́не.
— А где чемода́н?
— Я ду́маю, он в маши́не.
— А, вот они́, у меня́ в су́мочке.

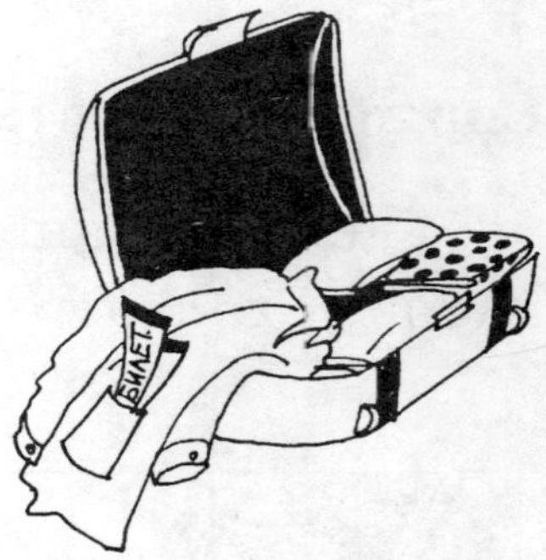


Где? (Prep.)

| m. | n. | f. |
|---|---|---|
| -Е / -И | -Е / -И | -Е / -И |
| Петербу́рг — в Петербу́рге<br><br>сцена́рий — в сцена́рии | письмо́ — в письме́<br><br>упражне́ние — в упражне́нии | Москва́ — в Москве́<br>Тверь — в Твери́<br>пло́щадь — на пло́щади<br>а́рмия — в а́рмии<br>Росси́я — в Росси́и |

! метро́ — в метро́, кафе́ — в кафе́, бюро́ — в бюро́

лес — в лесу́
пол — на полу́
у́гол — в / на углу́
бе́рег — на берегу́

шкаф — в шкафу́
Крым — в Крыму́
сад — в саду́
мост — на мосту́
порт — в порту́

## Зада́ние 57

Где мои́ де́ньги? — Они́ в (банк).
**Где мои́ де́ньги? — Они́ в ба́нке.**

1) Где сейча́с дире́ктор? — Он в (о́фис). 2) Где твой брат? — Он в (Москва́). 3) Где вы за́втракаете? — В (рестора́н). 4) Где ва́ша маши́на? — В (гара́ж). 5) Где твой па́спорт? — В (су́мка). 6) Где ва́ша ко́шка? — Она гуля́ет на (у́лица). 7) Твоя́ до́чка до́ма? — Нет, она́ сейча́с в (шко́ла). 8) А где тури́сты? — Они́ в (музе́й). 9) Где у вас телефо́н? — Там, на (стол). 10) Где ва́ше интервью́? — Здесь, в (журна́л). 11) Где И́горь? — Он сейча́с на (рабо́та). 12) Где он рабо́тает? — В (институ́т).



## Зада́ние 58

| | | |
|---|---|---|
| Где Пари́ж? | Аме́рика | |
| Где Ло́ндон? | А́нглия | |
| Где Берли́н? | Ита́лия | |
| Где Мадри́д? | Фра́нция | Во Фра́нции. |
| Где Рим? | Росси́я | |
| Где Москва́? | Испа́ния | |
| Где Вашингто́н?... | Герма́ния | |

Где сейча́с вы? Где ваш муж / ва́ша жена́? Где ва́ши де́ти? Где ва́ши друзья́? Что они́ сейча́с де́лают?

## Зада́ние 59

**Где моя́ ша́пка? — Она́ у тебя́ на голове́.**

**Продолжа́ем:**

| | |
|---|---|
| Биле́ты | у меня́ в ко́мнате |
| Ключи́ | у тебя́ в су́мке |
| Слова́рь | у неё до́ма |
| Пи́сьма | у него́ в о́фисе |
| Докуме́нты | у нас в библиоте́ке |
| Де́ньги | у них в се́йфе |
| Чемода́н | у вас на столе́ |

## Задание 60

Где мой стул? — Он в (у́гол).
**Где мой стул? — Он в углу́.**

1) Мы гуля́ем в (лес). 2) Они́ отдыха́ют в (Крым). 3) Капита́н сейча́с в (порт). 4) Де́ти игра́ют в (сад). 5) Тури́сты сейча́с на (мост). 6) Моя́ ку́ртка в (шкаф). 7) Пило́т сейча́с в (аэропо́рт). 8) Мы отдыха́ем на (бе́рег). 9) Твой чемода́н на (пол).

**жить**

| | |
|---|---|
| **я живу́** | **мы живём** |
| **ты живёшь** | **вы живёте** |
| **он/она́ живёт** | **они́ живу́т** |

## Задание 61

**Где живёт А́нна? — Она́ живёт в Ирку́тске.**

1) Где ......... Оле́г? (Но́вгород) 2) Где ......... Светла́на? (Ки́ев) 3) Где вы ..........? — Мы .......... (Му́рманск) 4) Где они́ ..........? (Минск) 5) Где ты ..........? Я .......... (Москва́).

**Спра́шиваем и отвеча́ем:** А где живёте вы / он / она́?

## Задание 62

Где живёт Лю́двиг? (Голла́ндия, Амстерда́м)
**Где живёт Лю́двиг? — Он живёт в Голла́ндии, в Амстерда́ме.**

1) Где живёт Норико́? (Япо́ния, О́сака) 2) Где живу́т Мари́я и Джова́нни? (Ита́лия, Мила́н) 3) Где живёт Пе́дро? (Брази́лия) 4) Где живёт Во́льфганг? (А́встрия, За́льцбург) 5) Где живёт Жак Дюва́ль? (Фра́нция, Пари́ж) 6) Где живёт Ка́рин? (Швейца́рия, Берн) 7) Где живёт То́рбен? (Да́ния, Копенга́ген) 8) Где живёт Хе́льга? (Герма́ния, Берли́н).

**быть — бы-ть — бы + л + о / а / и**

**он был   она́ была́   оно́ было́   они́ бы́ли**

| | | | |
|---|---|---|---|
| игра́ть — | он игра́л | она́ ............. | они́ ................ |
| ду́мать — | он ............. | она́ ............. | они́ ................ |
| чита́ть — | он ............. | она́ ............. | они́ ................ |
| говори́ть — | он ............. | она́ ............. | они́ ................ |

## Задание 63

Сего́дня я вас зна́ю. **Вчера́ я вас не зна́ла.**
Сейча́с я живу́ здесь. **Ра́ньше я жил там.**

1) Сего́дня я отдыха́ю. Вчера́ я то́же .................... .

2) Сего́дня я чита́ю рома́н «Идио́т». Вчера́ я ............ журна́л «Экономи́ст».

3) Сейча́с я живу́ в Петербу́рге. Ра́ньше я ............ в Москве́.

4) Мы игра́ем в футбо́л. Зимо́й мы ............ в хокке́й.

5) Сейча́с мы отдыха́ем в Ита́лии. Ра́ньше мы ............ в Испа́нии.

6) Сего́дня мы у́жинаем до́ма. Вчера́ мы ............ в рестора́не.

7) Она́ гуля́ет в па́рке. Вчера́ она́ ............... в лесу́.

8) Сейча́с вы меня́ понима́ете, а ра́ньше не ............. .

9) Сего́дня я смотрю́ футбо́л, а вчера́ ............. кино́.

10) Сего́дня он за́втракает в кафе́, а вчера́ .................... до́ма.

11) Сейча́с они́ вас слу́шают, а ра́ньше не ................. .

12) Сейча́с Андре́й не ку́рит, а ра́ньше ............... .

13) Сейча́с они́ живу́т в Дре́здене, а ра́ньше ............ в Шту́ттгарте.

14) Сего́дня мы в Ми́нске, а вчера́ ............ в Ки́еве.

15) Ба́бушка сейча́с не рабо́тает, а ра́ньше ............. в шко́ле. Сейча́с она́ живёт в Краснода́ре, а ра́ньше ............. в Воро́неже.

16) Де́душка рабо́тает в институ́те, а ра́ньше .............. в кли́нике. Сейча́с он живёт в Петербу́рге, а ра́ньше ........... в Но́вгороде.

17) О́льга сейча́с то́же живёт в Петербу́рге. Ра́ньше она́ ............ в Во́логде. Она́ рабо́тает в ци́рке, а ра́ньше .............. на заво́де.

18) Ка́тя — журнали́стка. Сейча́с она́ живёт в Петербу́рге и рабо́тает на ра́дио. Ра́ньше она́ ............ в Москве́ и .............. в газе́те.

## Задание 64

**Спра́шиваем и отвеча́ем:**

Где вы бы́ли? — Я был в Гре́ции.
Что вы там де́лали? — Я там отдыха́л.

## Задание 65

Ты уже́ обе́дал? — **Нет, ещё не обе́дал.**

1) Ты уже́ смотре́л фильм «Брат»? — нет, ещё не смотрел фильм
2) Ты уже́ за́втракал? — нет, ещё не завтракал
3) Ты уже́ чита́л рома́н «А́нна Каре́нина»? — нет, еще не читал роман "Анная"
4) Вы уже́ слу́шали конце́рт? — нет, ещё не слушали концерт.
5) Вы уже́ кури́ли? — нет, ещё не курили
6) Вы уже́ спра́шивали, что э́то? — нет, ещё не спрашивали, что это
7) Вы уже́ отдыха́ли? — нет, ещё не отдыхали
8) Они́ уже́ гуля́ли? — нет, ещё не гуляли.
9) Вы уже́ говори́ли? — нет, еще не говорили
10) Она́ здесь уже́ рабо́тала? — нет, ещё не работала.

## Задание 66

Где жил Плато́н?— **Плато́н жил в Гре́ции.**

1) Где жил Достое́вский? Достоевский жил в России
2) Где жил Шекспи́р? шекспир жил в Британия
3) Где жил Гёте? гёте жил в германии
4) Где жил Толсто́й? толстой жил в россии
5) Где жил Бетхо́вен? Бетховен жил в Австрии германия
6) Где жил Джек Ло́ндон? джек лондон жил Америке
7) Где жил Форд? форд жил в америке
8) Где жил Да́нте? данте жил в италии
9) Где жил Мо́царт? моцарт жил в германии австрия
10) Где жил Гага́рин? гагарин жил в россии

(Росси́я, Герма́ния, А́встрия, Аме́рика, Ита́лия, Брита́ния)

## Задание 67

**Игра́ем!** Вы рабо́таете в Росси́и на ра́дио. Вы чита́ете:

**В Ло́ндоне ми́нус три.**

Пого́да на за́втра

Москва́ –14; Санкт–Петербу́рг –11; Владивосто́к –9; Волгогра́д –15, снег; Воро́неж –17; Екатеринбу́рг –14; Ирку́тск –22; Краснода́р 0, дождь; Красноя́рск –17, снег; Новосиби́рск –18; Омск –21, я́сно; Росто́в –7; Сама́ра –23; Уфа́ –19; Челя́бинск –14; Астана́ – 9; Ви́льнюс –8; Ки́ев –12, со́лнце ; Минск –10; Ри́га – 8, я́сно; Та́ллин –11; Кишинёв –13; Ташке́нт –6; Ерева́н –4, со́лнце.

| | |
|---|---|
| **—30** | **Сего́дня о́чень хо́лодно.** |
| **+14** | **Сего́дня тепло́.** |
| **+32** | **Сего́дня жа́рко.** |

| | | | | |
|---|---|---|---|---|
| | зима́ | весна́ | ле́то | о́сень |
| Когда́? | зимо́й | весно́й | ле́том | о́сенью |
| | дека́брь | март | ию́нь | сентя́брь |
| месяцы | янва́рь | апре́ль | ию́ль | октя́брь |
| в + prep | февра́ль | май | а́вгуст | ноя́брь |
| Когда́? | в декабре́ | в ма́рте | в ию́не | в сентябре́ |

## Задание 68

Кругосве́тное путеше́ствие

В январе́ Во́льфганг Кук был в Герма́нии. ... В ма́рте он был в И́ндии. ... В ию́ле он был в Аме́рике. ... В октябре́ Кук был в А́фрике. ... В январе́ он сно́ва был в Герма́нии.

Когда́ он был в Брази́лии, Испа́нии, Кана́де, Кита́е, Ме́ксике, Росси́и, Фра́нции, Япо́нии?

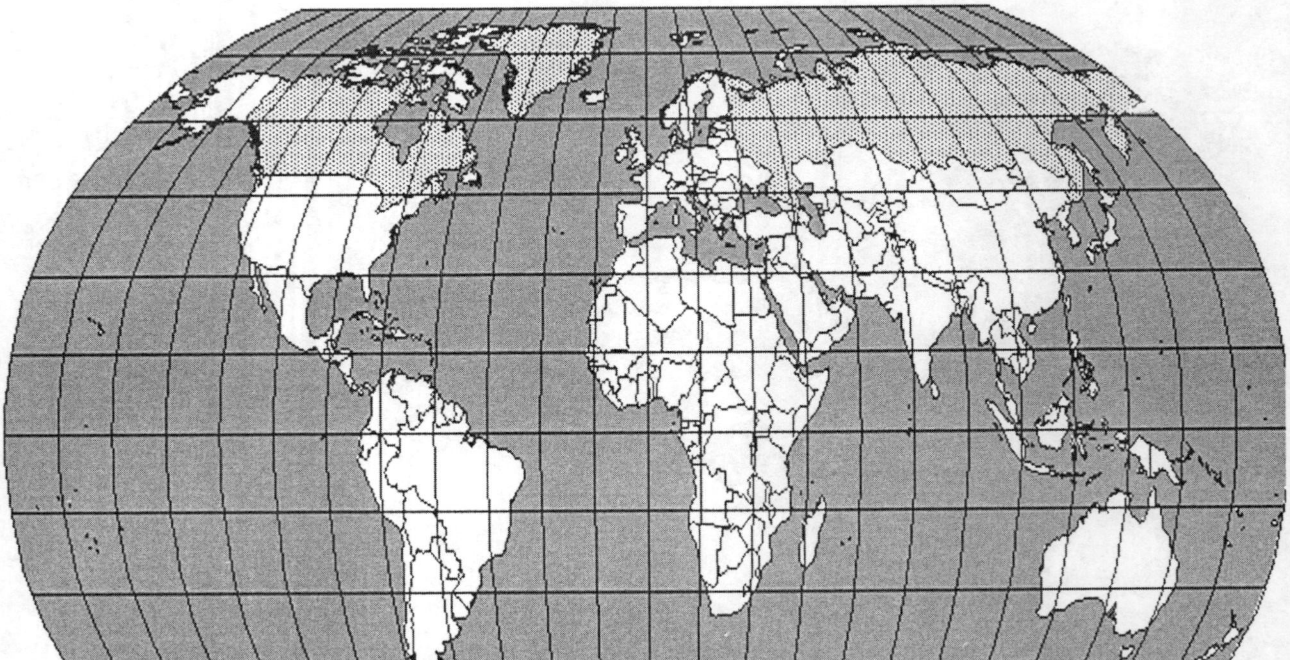

**Слу́шаем и проверя́ем.**

## Задание 69

Каки́е э́то ме́сяцы?

| | | | | | | | | | |
|---|---|---|---|---|---|---|---|---|---|
| | | | | В | | | Ь | | |
| | | | | Е | | | | | Ь |
| | | | | С | | | | | |
| | | | | Н | | | | | |
| | | | | А | | | | | |

| | | | | | | | | | | |
|---|---|---|---|---|---|---|---|---|---|---|
| | | | О | | | | Ь | | | |
| | | | С | | | | | | | Ь |
| | | | Е | | | | | Ь | | |
| | | | Н | | | | | | | |
| | | | Ь | | | | | | | |

Пингви́ны живу́т в Антаркти́де. Там всегда́ о́чень хо́лодно.
Кенгуру́ живу́т в Австра́лии. Я ду́маю, там о́чень жа́рко.

**Я живу́ в Росси́и, в Петербу́рге.**
**Зимо́й у нас хо́лодно: ми́нус 10 — ми́нус 25, снег.**
**Весно́й, в апре́ле и в ма́е, у нас тепло́: +5 — +15.**
**Ле́том здесь не о́чень жа́рко: +10 — +25, со́лнце.**
**О́сенью у нас в Петербу́рге 0 — ми́нус 7, ве́тер и дождь.**

## Задание 70

**Спра́шиваем и отвеча́ем:** А где вы живёте? Зимо́й у вас хо́лодно? Весно́й у вас жа́рко? Когда́ у вас снег? И т.д.

**В июле я отдыха́ю. В январе́ я игра́ю в хокке́й . А вы?**

брат — брать быть — бить рад — ря́дом гора́ — геро́й
том — те́ма сад — сядь блу́зка — блюз сталь — стиль

**Ч ч**

чи — ча — чо — че — чу
чи — чи чи́стый, чита́ть, число́
ча — ча чай, ча́сто, Чарльз
чо — чо чёрный, чёрт, о чём
че — че чей, честь, учéбник
чу — чу хочу́, учу́, лечу́
ру́чка, то́чка, до́чка, бо́чка, ка́рточка
Чей э́то чай? — Это мой чай.
Чьё э́то письмо́? — Я не зна́ю, чьё.
Чья э́то ру́чка? — Это твоя́ ру́чка.
Чьи э́то часы́? — Я не зна́ю, чьи часы́.

**Л л**

ла — ля лу — лю ло — лё лэ — ле лы — ли
ла́мпа — гуля́ть, клуб — лю́бит, пло́хо — полёт, лы́жи — блин
был — бы́ли, бил — би́ли, плыл — плы́ли, пил — пи́ли, жи́ли — бы́ли
писа́тель, чита́тель, учи́тель, слу́шатель, строи́тель, роди́тели

**Ц ц**

ац — оц — уц цы — ца — цо цы — цу — це цы — це — цо
цирк, центр, оте́ц — отцы́, у́лица — у́лицы, столи́ца, ста́нция, организа́ция

| **тА́** | **тА́ та** | **та тА́** | **тА́ та та** |
|---|---|---|---|
| диск | ка́рта | уже́ | о́тчество |
| тигр | ла́мпа | ещё | ра́дио |
| факс | ро́за | костю́м | но́вости |

| **та тА́ та** | **та та тА́** |
|---|---|
| био́лог | докуме́нт |
| подру́га | зоопа́рк |
| кома́нда | интервью́ |

**Вчера́ ве́чером мы бы́ли в теа́тре на бале́те.**
**У́тром я рабо́таю, а ве́чером игра́ю на гита́ре.**

| В 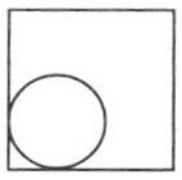 | НА 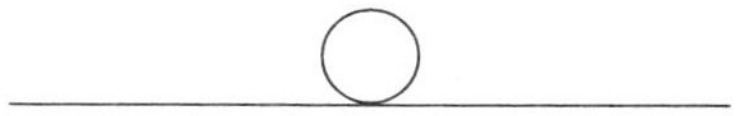 |
|---|---|
| В го́роде, в стране́ | На се́вере, на восто́ке, на ю́ге, на за́паде; на о́строве |
| Ры́бы живу́т в мо́ре, в реке́, в о́зере (в воде́) | Мы отдыха́ем на мо́ре, на реке́, на о́зере (на берегу́) |
| | На у́лице, на проспе́кте, на бульва́ре, на пло́щади |
| В ба́нке, в институ́те | На фа́брике, на заво́де На по́чте, на ста́нции, на вокза́ле |
| В теа́тре | На бале́те |
| В шко́ле | На уро́ке |
| В университе́те | На экза́мене |
| В министе́рстве | На рабо́те |
| В музе́е | На экску́рсии |
| В по́езде | На по́езде |

## Зада́ние 71

**В или НА?**

1) Ле́том мы отдыха́ли ... ю́ге. Мы жи́ли ... Я́лте ... до́ме ... мо́ре.
2) Ди́ма был ... шко́ле ... уро́ке.

3) Свен вчера́ был ... теа́тре ... бале́те.

4) Тури́сты сейча́с ... Петербу́рге. Они́ бы́ли ... Эрмита́же ... экску́рсии.

5) Экономи́ст был ... ба́нке ... рабо́те.

6) Мы гуля́ли ... па́рке и ... у́лице.

7) Аня была́ ... магази́не и ... вокза́ле.

8) Влади́мир жил ... Му́рманске, ... се́вере.

9) Ольга рабо́тает ... ци́рке, а ра́ньше рабо́тала ... заво́де.

10) Ва́ши сосе́ди ... по́чте? — Нет, они́ ... ба́ре и́ли ... мили́ции.

А где вы бы́ли вчера́? А ваш сосе́д?

## Задание 72

Где моя́ ку́ртка? — Она́ (стул, ко́мната). **Она́ на сту́лЕ в ко́мнатЕ.**

1) — А где ваш сын? — Он сейча́с (шко́ла, уро́к).
2) — Где твои́ роди́тели? — Они́ (теа́тр, о́пера).
3) — Где ва́ша дочь? — Она́ (экза́мен, институ́т).
4) — Где твоя́ соба́ка? — Она́ гуля́ет (у́лица) и́ли (парк).
5) — Где вы сего́дня обе́даете? — Я ду́маю, (рестора́н, пло́щадь).
6) — Где сего́дня ва́ши друзья́? — Они́ (музе́й, экску́рсия).
7) — Где твой оте́ц? — Он (рабо́та, о́фис).
8) — Где ва́ша жена́? — Она́ сего́дня (филармо́ния, конце́рт).

## Задание 73

— Анна сейча́с в Москве́? (Петербу́рг)
**— Нет, она́ в Петербу́рге.**

1) Алло́! Ты на рабо́те? (рестора́н) 2) Ты рабо́таешь на заво́де? (министе́рство) 3) Они́ отдыха́ют в лесу́? (мо́ре) 4) Тури́сты сейча́с в музе́е? (конце́рт) 5) Робинзо́н живёт в го́роде? (о́стров) 6) Де́ньги у тебя́ в карма́не? (банк) 7) Докуме́нты в се́йфе? (стол) 8) Она́ сейча́с на

экза́мене? (экску́рсия) 9) Де́ти игра́ют на стадио́не? (у́лица) 10) Ты живёшь на восто́ке? (се́вер) 11) Капита́н сейча́с в порту́? (бале́т) 12) Ди́ма чита́ет в библиоте́ке? (шко́ла)

### Задание 74

1) Оле́г (жить) в (Ту́ла). Он ма́стер. Он (рабо́тать) в (гара́ж).

2) А́нна (жить) в (Москва́). Она акроба́тка. Она́ (рабо́тать) в (цирк).

3) Я программи́ст. Я (жить) в (Ирку́тск). Я (рабо́тать) в (фи́рма) «Плюс».

4) Ты музыка́нт. Ты (жить) в (Петербу́рг) и (игра́ть) на (гита́ра) в (гру́ппа) «Зоопа́рк».

5) Мы де́ти. Мы (гуля́ть) в (парк).

6) Это милиционе́ры. Они́ (рабо́тать) на (у́лица).

7) Вы спортсме́ны. Вы (игра́ть) в футбо́л на (стадио́н).

8) Влади́мир — капита́н. Он сейча́с в (порт)? Нет, он (отдыха́ть) в (лес).

**А вы кто? Что вы де́лаете и где? А ваш сосе́д?**

### Задание 75

Марсиа́нин не зна́ет, **где что** де́лать.

Он гуля́ет на рабо́те, обе́дает на у́лице, чита́ет на бале́те, у́жинает в лесу́, за́втракает на конце́рте, отдыха́ет в ба́нке, слу́шает конце́рты в аэропорту́, игра́ет в футбо́л в музе́е.

Вы то́же **так** де́лаете?

| | | | | | |
|---|---|---|---|---|---|
| | | те́ннис | | | пиани́но |
| | | футбо́л | | | гита́ре |
| **Игра́ть** | **В** | хокке́й | **Игра́ть** | **НА** | скри́пке |
| | | ша́хматы | | | фле́йте |
| | | ка́рты | | | саксофо́не |
| | | баскетбо́л | | | бараба́не |

**Задание 76**

**В или НА?**

1) Кто игра́ет ... саксофо́не?
2) Мы игра́ем ... гольф.
3) Они́ игра́ют ... футбо́л.
4) Алла игра́ет ... пиани́но.
5) Бори́с и Ива́н игра́ют ... ка́рты.
6) Та́ня игра́ет ... фле́йте.
7) Вы игра́ете ... гита́ре?
8) Зимо́й мы игра́ем ... хокке́й.
9) Друзья́ игра́ют ... ша́хматы.
10) Ты игра́ешь ... те́ннис.

**Я игра́ю на гита́ре. Я не игра́ю в ка́рты. А вы ? А ваш сосе́д?**

| - ста - | - да - | |
|---|---|---|
| **вставАть** | **даВАть** | **продаВАть** |
| я встаю́ | ______ | ______ |
| ты встаёшь | ______ | ______ |
| он/она́ встаёт | ______ | ______ |
| мы встаём | ______ | ______ |
| вы встаёте | ______ | ______ |
| они встаю́т | ______ | ______ |

**принима́ть:** душ, ва́нну, табле́тки, госте́й

## Задание 77

**встава́ть, дава́ть, продава́ть, принима́ть**

1) У́тром снача́ла ............. И́горь и О́льга, а пото́м ........... Ди́ма.
2) Они́ ............ в 7.00, а он в 7.30.
3) Анто́н рабо́тает в магази́не. Он ............... телеви́зоры.
4) Банк ........... креди́ты.
5) Фи́рма ................. гара́нтии.
6) Я ................. душ у́тром и ве́чером.
7) Ты не ................. табле́тки?
8) Ве́чером Ка́тя ................ ва́нну.
9) Ты ................. дом?
10) Они́ ................ компью́теры.
11) Я ............... в 7. А когда́ ты ............... ?
12) У́тром я ............ и ............ душ.

| Что ? | Когда́? |
|---|---|
| у́тро | у́тром |
| день | днём |
| ве́чер | ве́чером |
| ночь | но́чью |
| по́лдень | в по́лдень |
| по́лночь | в по́лночь |

## Задание 78

1) Когда́ вы обе́даете, у́тром или днём?
2) Когда́ вы начина́ете рабо́тать, в по́лночь или у́тром?
3) Когда́ вы у́жинаете, днём или ве́чером?
4) Когда́ вы отдыха́ете, у́тром или ве́чером?
5) Когда́ мы гуля́ем, ве́чером или в по́лночь?
6) Когда́ вы за́втракаете, у́тром или но́чью?
7) Когда́ вы чита́ете газе́ты, днём или но́чью?
8) Когда́ вы рабо́таете, но́чью или днём?
9) Когда́ вы встаёте, у́тром или ве́чером?
10) Когда́ они игра́ют в футбо́л, днём или но́чью?

## Задание 79

**Снача́ла я ду́маю, пото́м говорю́.**
**Что вы де́лаете снача́ла, а что пото́м?**

1) Снача́ла я .............. , а пото́м ............ . (принима́ть душ / встава́ть)

2) У́тром я снача́ла .............. , пото́м ............... . (принима́ть душ / за́втракать)

3) Я снача́ла ............. , а пото́м ................ . (обе́дать / за́втракать)

4) Снача́ла я .............. , а пото́м ................ . (рабо́тать / отдыха́ть)

5) Я снача́ла ............... , пото́м ............... . (у́жинать / за́втракать)

6) Снача́ла я .............. , а пото́м вы .............. . (спра́шивать / отвеча́ть)

7) Снача́ла она́ ................ , а пото́м .............. . (говори́ть / слу́шать)

8) Снача́ла он ................ , а пото́м .............. . (понима́ть / слу́шать)

**всегда́ — ка́ждый день — ча́сто — иногда́ — ре́дко — никогда́**

### Задание 80

**Вы ча́сто де́лаете глу́пости? — Нет, никогда́ не де́лаю.**

Игра́ть в ка́рты / в те́ннис ..., у́жинать в рестора́не, чита́ть газе́ты, слу́шать конце́рты, гуля́ть в лесу́, рабо́тать но́чью, встава́ть в по́лдень, обе́дать до́ма, принима́ть ва́нну, отдыха́ть на мо́ре, игра́ть на пиани́но, смотре́ть бале́т, продава́ть маши́ны, де́лать сюрпри́зы, гуля́ть в по́лночь, дава́ть де́ньги, за́втракать в кафе́, смо́треть телеви́зор, говори́ть глу́пости.

**Что всегда́ де́лают / никогда́ не де́лают** роди́тели, де́ти, банки́ры, поли́тики, журнали́сты, мужчи́ны, же́нщины, преподава́тели, студе́нты, актри́сы, мужья́, жёны? А вы?

### Мой день

Я — поэ́т. Обы́чно я встаю в по́лдень. Я принима́ю ва́нну, за́втракаю и чита́ю, и ду́маю. Пото́м я гуля́ю в па́рке. Ве́чером я у́жинаю в рестора́не, игра́ю в билья́рд, а в по́лночь начина́ю писа́ть.

Я — бухга́лтер. Я рабо́таю в ба́нке. Я встаю́ в 6:30 и принима́ю душ, а в 9:00 я уже́ в ба́нке на рабо́те. Я счита́ю де́ньги, в час обе́даю в кафе́, а пото́м сно́ва рабо́таю. Ве́чером я игра́ю в те́ннис в па́рке. Там гуля́ют де́ти и иногда́ оди́н поэ́т. Я у́жинаю до́ма, отдыха́ю и ду́маю, что де́лать за́втра.

## Задание 81

А когда́ вы встаёте? Что вы де́лаете у́тром? Когда́ вы за́втракаете? Что у вас на за́втрак? Где вы рабо́таете? Когда́ вы начина́ете рабо́тать? Что вы де́лаете на рабо́те? Где и когда́ вы обе́даете? Когда́ и где вы у́жинаете? Что у вас на у́жин? Что вы де́лаете ве́чером?

А что вы обы́чно де́лали ра́ньше?

## Задание 82

Марсиа́нин не зна́ет, **когда́ что** де́лать.

Он за́втракает ве́чером, обе́дает у́тром, чита́ет газе́ты в по́лночь, у́жинает в по́лдень, игра́ет в футбо́л но́чью, встаёт ве́чером.

Вы то́же **так** де́лаете?

| | | |
|---|---|---|
| Ты был | Мы бы́ли | Вы бы́ли |
| Ты плыл | Мы плы́ли | Вы плы́ли |
| Ты жил | Мы жи́ли | Вы жи́ли |
| Ты мыл | Мы мы́ли | Вы мы́ли |

Где вы бы́ли? — Мы бы́ли на ры́нке.
Где вы бы́ли? — Мы бы́ли в Ки́еве.
Где ты был? — Я был на ры́нке.
Где ты был? — Я был в Ки́еве.
Где вы бы́ли? — Мы бы́ли на вы́ставке.
Где вы бы́ли? — Мы бы́ли в Кита́е.
Где ты был? — Я был на вы́ставке.
Где ты был? — Я был в Кита́е.

| | | |
|---|---|---|
| но́вый ры́нок | ⟷ | ста́рый ры́нок |
| но́вые часы́ | ⟷ | ста́рые часы́ |
| после́дний день | ⟷ | после́дняя мину́та |
| после́днее ме́сто | ⟷ | после́дние дни |
| ру́сская му́зыка | ⟷ | ру́сские кни́ги |
| ру́сская ку́хня | ⟷ | ру́сский фильм |
| хоро́шая маши́на | ⟷ | хоро́шие маши́ны |
| больша́я оши́бка | ⟷ | больши́е оши́бки |

| **тА́** | | **татА́** | | **тА́та** | |
|---|---|---|---|---|---|
| два | банк | оди́н | восто́к | ве́чер | ре́дко |
| три | бар | бале́т | всегда́ | у́тро | ва́нна |
| пять | день | банки́р | дава́ть | у́тром | глу́пость |
| шесть | ночь | бульва́р | встава́ть | но́чью | за́пад |
| семь | юг | билья́рд | поэ́т | ча́сто | се́вер |

| **тататА́** | **татА́та** | **тА́тата** |
|---|---|---|
| никогда́ | обы́чно | ша́хматы |
| иногда́ | экза́мен | фа́брика |
| принима́ть | снача́ла | ве́чером |
| продава́ть | бухга́лтер | ста́нция |
| программи́ст | поли́тик | о́пера |

**Како́й э́то уро́к? — Э́то тру́дный уро́к.**
**Кака́я э́то кни́га? — Э́то интере́сная кни́га.**
**Как вы говори́те? — Мы говори́м хорошо́, но ме́дленно.**

| m. | n. | f. | pl. |
|---|---|---|---|
| -ЫЙ / -ИЙ<br>-ОЙ | -ОЕ / -ЕЕ | -АЯ / -ЯЯ | -ЫЕ / -ИЕ |

| КАКОЙ? | КАКОЕ? | КАКАЯ? | КАКИЕ? |
|---|---|---|---|
| но́вый дом | но́вое сло́во | но́вая иде́я | но́вые друзья́ |
| после́дний день | после́днее сло́во | после́дняя мину́та | после́дние дни |
| хоро́ший вопро́с<br><br>(ч, ш, ж, щ + И) | хоро́шее сло́во<br><br>(ч, ш, ж, щ + Е) | хоро́шая иде́я | хоро́шие но́вости<br>( ч, ш, ж, щ + И) |
| ру́сский язы́к<br>(к, г, х + И) | ру́сское сло́во | ру́сская иде́я | ру́сские друзья́<br>(к, г, х + И) |
| Большо́й теа́тр | большо́е о́зеро | больша́я пробле́ма | больши́е пробле́мы |

хоро́ший — плохо́й
пе́рвый — после́дний
но́вый — ста́рый
молодо́й — ста́рый
дорого́й — дешёвый
бога́тый — бе́дный
КРАСИВЫЙ — НЕКРАСИВЫЙ
beautiful - not beautiful

большо́й — ма́ленький
горя́чий — холо́дный
лёгкий — тру́дный
интере́сный — ску́чный
све́тлый — тёмный
дли́нный — коро́ткий

## Задание 83

холо́дн… снег, холо́дн… пи́во, холо́дн… зима́, холо́дн… дни
**холо́дный снег, холо́дное пи́во, холо́дная зима́, холо́дные дни**

ста́р… дом, ста́р… сло́во, ста́р… кни́га, ста́р… друзья́
после́дн… час, после́дн… письмо́, после́дн… секу́нда, после́дн… слова́
лёгк… чемода́н, лёгк….. вино́, лёгк… рабо́та, лёгк… су́мки
дорог… биле́т, дорог… кафе́, дорог… маши́на, дорог… друзья́
хоро́ш… теа́тр, хоро́ш… ле́то, хоро́ш… пого́да, хоро́ш… иде́и
больш… музе́й, больш… мо́ре, больш… гру́ппа, больш… дома́
све́тл… день, све́тл… пи́во, све́тл… иде́я , све́тл… ко́мнаты
тёмн… ве́чер, тёмн… пи́во, тёмн… ночь, тёмн… но́чи

## Задание 84

**Како́й? Како́е? Кака́я? Каки́е?**

Э́то дом. **Како́й э́то дом?**

1) Э́то рестора́н. … 2) Э́то рабо́та. … 3) Э́то страна́. … 4) Э́то кафе́. … 5) Э́то дождь. … 6) Э́то су́мка. … 7) Э́то пло́щадь. … 8) Э́то у́лица. … 9) Э́то слова́рь. … 10) Э́то фи́рма. … 11) Э́то мост. … 12) Э́то сло́во. … 13) Э́то музей. … 14) Э́то книга. …

## Задание 85

Э́то хоро́шая иде́я? — **Нет, э́то плоха́я иде́я.**

1) Э́то но́вый фильм?
2) Э́то интере́сная исто́рия?
3) Э́то холо́дный чай?
4) У вас плохи́е но́вости?
5) У вас дешёвый биле́т?
6) У них молода́я ко́шка?
7) Э́то ску́чный вопро́с?
8) У вас лёгкая рабо́та?
9) Э́то пе́рвая оши́бка?
10) На ю́ге све́тлые но́чи?
11) Ле́том дли́нные но́чи?
12) Э́то тру́дное упражне́ние?

## Задание 86

Молодо́й — **молодо́й пингви́н, молода́я ко́шка, молодо́е де́рево, молоды́е лю́ди.**

Холо́дный — ...
Но́вый — ...
Интере́сный — ...
Ста́рый — ...
Дорого́й — ...
Дешёвый — ...
Ску́чный — ...
Большо́й — ...
Плохо́й — ...
Хоро́ший — ...
Ма́ленький — ...

## Задание 87

Како́й у вас дом?
Кака́я у вас маши́на?
Кака́я у вас рабо́та?
Како́й у вас друг?
Кака́я у вас подру́га?
Како́й у вас го́род?

хоро́ший — плохо́й
но́вый — ста́рый
молодо́й — ста́рый
большо́й — ма́ленький
дорого́й — дешёвый
интере́сный — ску́чный
лёгкий — тру́дный
бога́тый — бе́дный

## Задание 88

Психологи́ческий тест
См. прилага́тельные на стр. 70.

Како́й э́то го́род? Како́й э́то фильм? Кака́я э́то страна́? Кака́я э́то кни́га?

Како́е э́то письмо́? Кака́я э́то иде́я? Како́е э́то окно́? Кака́я э́то ко́мната? Како́е э́то кафе́? Како́й э́то магази́н? Кака́я э́то у́лица? Кака́я э́то рабо́та? Каки́е э́то де́ньги? Кака́я э́то маши́на? Како́е э́то вино́? Како́й э́то снег? Кака́я э́то му́зыка? Кака́я э́то студе́нтка?

Е́сли у вас 10 и бо́лее прилага́тельных из ле́вой коло́нки (хоро́ший и т.д.), то вы — оптими́ст; е́сли из пра́вой — пессими́ст; е́сли по 9 — реали́ст. Е́сли ни один вариа́нт не подхо́дит, то вы — оригина́л.

**Васи́лий — хоро́ший спортсме́н. Он хорошо́ игра́ет в те́ннис.**

**хоро́ш[ий] — хорош[о́]**

**хорошо́ ↔ пло́хо**
**бы́стро ↔ ме́дленно**
**гро́мко ↔ ти́хо**
**интере́сно ↔ ску́чно**
**краси́во ↔ некраси́во**
**ра́но ↔ по́здно**
**ча́сто ↔ ре́дко**
**мно́го ↔ ма́ло**
**пра́вильно ↔ непра́вильно**

## Задание 89

1) Э́то ... те́ма. /ску́чный, ску́чно/
2) Он о́чень ... говори́т, и я его́ не слу́шаю.
3) Чайко́вский — ... компози́тор? /хоро́ший; хорошо́/
4) Вы ... зна́ете го́род?
5) Я ... понима́ю, что де́лают э́ти лю́ди. /плохо́й; пло́хо/
6) Я ду́маю, э́то ... иде́я!
7) Э́то о́чень ... му́зыка. /гро́мкий; гро́мко/
8) Мой сосе́д — хоро́ший музыка́нт, но он игра́ет о́чень ... .
9) Секрета́рь отвеча́ет о́чень ... . /бы́стрый; бы́стро/
10) Вы зна́ете, что э́то о́чень ... маши́на.
11) О́чень ... му́зыка! И игра́ют они́ о́чень ... . /краси́вый, краси́во/
12) Э́то ... специали́ст? Он ... рабо́тает? /хоро́ший, хорошо́/

## Задание 90

Он хорошо́ игра́ет на гита́ре. — **Как он игра́ет на гита́ре?**
Это хоро́шая гита́ра. — **Кака́я это гита́ра?**

1) Э́то хоро́шая иде́я. 2) Э́то большо́й магази́н. 3) Я пло́хо его́ понима́ю. 4) Ты говори́шь ти́хо. 5) Э́то ску́чный фильм. 6) Вы рабо́таете ме́дленно. 7) Э́то бе́лое вино́. 8) Э́то дешёвая маши́на. 9) Она́ отвеча́ет бы́стро. 10) Э́то краси́вая му́зыка. 11) Э́то холо́дная вода́. 12) Мы краси́во живём.

## Задание 91

Вы пло́хо рабо́таете? — **Нет, я о́чень хорошо́ рабо́таю.**

1) Вы по́здно встаёте? Нет, я рано встаю ✓
2) На́ша гру́ппа игра́ет ти́хо? Нет, наша группа играет громко ✓
3) Вы отвеча́ете ме́дленно? Нет, я отвечаю быстро ✓
4) Мы чита́ем гро́мко? Нет, мы читаем тихо.
5) Вы пло́хо понима́ете филосо́фию? Нет, я хорошо понимаю философию.
6) Мы рабо́таем бы́стро? Нет, мы работаем медленно.
7) Вы хорошо́ зна́ете жизнь? Нет, я плохо знаю жизнь.
8) Я интере́сно расска́зываю? Нет, ты скучно рассказываешь
9) Я ра́но начина́ю рабо́тать? Нет, ты поздно начинаешь работать.
10) Ты пло́хо игра́ешь в ка́рты? Нет, я хорошо играю в карты
11) Вы ску́чно живёте? Нет, я интересно живу.
12) Пра́вда, я хорошо́ игра́ю на саксофо́не? Нет, ты плохо играешь на саксофоне
13) Пра́вда, он рабо́тает пло́хо? Нет, он работает хорошо.
14) Я пло́хо вас зна́ю? Нет, ты знаешь меня хорошо

## Задание 92

**Отвеча́ем на вопро́сы:**

1) Как вы игра́ете на пиани́но?
2) Как вы рабо́таете?
3) Как вы говори́те по-ру́сски?
4) Как вы чита́ете по-неме́цки?
5) Как вы игра́ете в футбо́л?
6) Как вы отвеча́ете на уро́ке?

7) Как вы понима́ете по-англи́йски?
8) Как вы игра́ете в ша́хматы?
9) Как вы игра́ете в ка́рты?
10) Как вы зна́ете исто́рию?
11) Как вы понима́ете эконо́мику?

## Задание 93

Что вы де́лаете
- хорошо́?
- пло́хо?
- бы́стро?
- ме́дленно?
- прекра́сно?
- ужа́сно?
- ча́сто?
- ре́дко?

А он / она́?

### Санкт-Петербу́рг

Вы хорошо́ зна́ете Петербу́рг?

Санкт-Петербу́рг — большо́й и краси́вый го́род. Он не о́чень ста́рый, но о́чень интере́сный. Здесь есть уника́льные архитекту́рные анса́мбли, прекра́сные дворцы́ и па́мятники, больши́е пло́щади и краси́вые у́лицы, изве́стные музе́йные колле́кции: Ру́сский музе́й, Эрмита́ж и други́е. Центра́льная у́лица — Не́вский проспе́кт, центра́льная пло́щадь — Дворцо́вая. Петербу́рг — это Пётр Вели́кий и ру́сская исто́рия, бе́лые но́чи и класси́ческая му́зыка, Ле́тний сад и Зи́мний дворе́ц, «Се́верная Вене́ция» и герои́ческий Ленингра́д, литерату́рная леге́нда и архитекту́рная симфо́ния.

## Задание 94

Комбина́ции:

| | |
|---|---|
| большо́й | архитекту́ра |
| краси́вый | колле́кции |
| се́верный | му́зыка |
| центра́льный | го́род |
| ру́сский | пло́щадь |
| бе́лый | исто́рия |
| прекра́сный | но́чи |
| класси́ческий | дворе́ц |
| уника́льный | сад |
| интере́сный | леге́нда |
| | па́мятники |

А ваш го́род краси́вый? Он о́чень ста́рый? Большо́й или ма́ленький?

______________________________________________

______________________________________________

______________________________________________

**Ш ш**

о — шо — шё  хорошо́, шок, шёл

у — шу  пишу́, пи́шут, шу́тка, шум

а — ша  ша́пка, душа́, шар, шахтёр

э — ше  шеф, шеде́вр, шесть

ы — ши  пиши́, оши́бка, шик

наш — на́ше — на́ша — на́ши

ваш — ва́ша — ва́ше — ва́ши

**Ж ж**

ужу́ — ужо́ — ужа́ — уже́

пожа́луйста, уже́, у́жас, ужа́сно, то́же, журна́л, скажи́, жить, жа́рко

душ, муж [ ш ], гара́ж [ ш ], эта́ж [ ш ], нож [ ш ]

жар — шар, жить — шить, жу́тко — шу́тка, жест — шесть

**Щ щ**

щи — ищи́  що — ещё  щу — ищу́

плащ, пло́щадь, борщ, о́вощи

сч, жч — [ щ ]  же́нщина — мужчи́на — сча́стье

| **тА́та** | | | **татА́та** | **тА́тата** |
|---|---|---|---|---|
| ча́сто | но́вый | ра́но | хоро́ший | ме́дленно |
| ре́дко | ста́рый | по́здно | после́дний | ма́ленький |
| бы́стро | пе́рвый | бе́дный | краси́вый | па́мятник |
| пло́хо | ску́чный | пи́во | леге́нда | пра́вильно |
| тру́дно | лёгкий | ти́хо | дешёвый | но́вая |

**У вас есть кра́сная руба́шка?**
**Я хочу́ кра́сную руба́шку.**
**Я люблю́ э́тот цвет.**

**— Здра́вствуйте!**
**— До́брое у́тро! / До́брый день! / До́брый ве́чер!**

| | | | |
|---|---|---|---|
| **— Как дела́? /** | **Спаси́бо,** | **отли́чно /хорошо́/** | + |
| **Как жизнь?** | | **норма́льно/ ничего́/ так себе/** | √ |
| | | **пло́хо/ ужа́сно.** | — |

**— До́брый день!**
**— Здра́вствуйте!**
**— Как дела́?**
**— Спаси́бо, отли́чно. А у вас?**
**— Спаси́бо, ничего́.**

**— Приве́т, как жизнь?**
**— Спаси́бо, хорошо́. А у тебя́?**
**— То́же норма́льно.**

### Цвета́

| | | |
|---|---|---|
| **бе́лый** | **кра́сный** | **голубо́й** |
| **чёрный** | **жёлтый** | **си́ний** |
| **се́рый** | **ро́зовый** | **фиоле́товый** |
| **кори́чневый** | **ора́нжевый** | **зелёный** |
| **све́тлый — тёмный** | **светло-зелёный** | **тёмно-зелёный** |

### Задание 95

У нас холо́дная зима́. Зимо́й снег бе́лый, дере́вья чёрные и кори́чневые, а не́бо се́рое. Дни коро́ткие, а но́чи дли́нные.

Ле́том дере́вья зелёные, не́бо голубо́е, а цветы́ кра́сные, бе́лые, си́ние, ро́зовые и фиоле́товые. Дни дли́нные, а но́чи коро́ткие.

О́сенью дере́вья жёлтые и кра́сные, а не́бо се́рое.

А у вас?

## Задание 96

Каки́е у неё: во́лосы, шу́ба, пла́тье, сапоги́, ша́пка, су́мка?
Каки́е у него́: глаза́, ку́ртка, брю́ки, ша́пка, боти́нки, руба́шка?
А у меня́ ...? А у тебя́ ...?

Футуристи́ческий портре́т
Каки́е глаза́, во́лосы, лицо́, нос, рот ...?
Раскра́сим портре́т в любы́е симпати́чные цвета́.

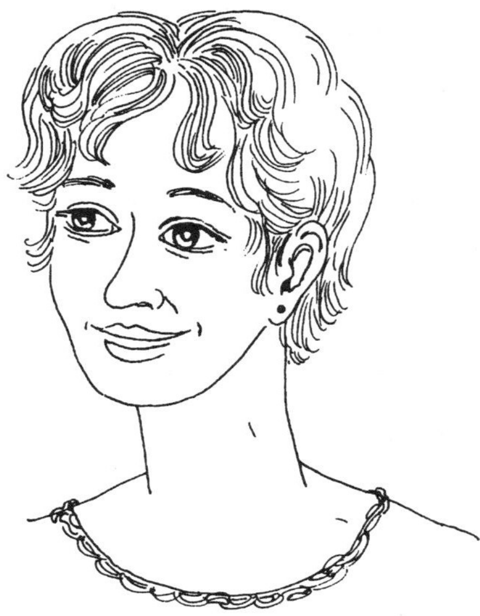

## Задание 97

**А. Смо́трим на фотогра́фии в журна́ле, спра́шиваем и отвеча́ем:**

Э́то молода́я же́нщина? Како́е у неё пла́тье?
Э́то но́вая маши́на? Она́ дорога́я или дешёвая? ...

**Б. Загада́йте челове́ка в гру́ппе (и́ли на карти́нке). Задава́йте вопро́сы и опи́сывайте его́. Попро́буйте угада́ть, кто э́то.**

— Каки́е у неё глаза́?
— У неё больши́е голубы́е глаза́.
— Каки́е у неё во́лосы?
— У неё дли́нные све́тлые во́лосы.
— Како́е у неё пла́тье?
— У неё зелёное пла́тье.

**э́тот — э́то — э́та — э́ти**

## Задание 98

Э́то дом. **Э́тот дом кра́сный.**
Э́то ро́за. **Э́та ро́за ро́зовая.**
Э́то вино́. **Э́то вино́ бе́лое.**
Э́то дома́. **Э́ти дома́ жёлтые.**

1) Э́то телефо́н. ... 2) Э́то ку́ртка. ... 3) Э́то авто́бус. ... 4) Э́то маши́на. ... 5) Э́то ча́шки. ... 6) Э́то кни́га. ... 7) Э́то дере́вья. ... 8) Э́то костю́м. ... 9) Э́то мо́ре. ... 10) Э́то сви́тер. ... 11) Э́то ко́шка. ... 12) Э́то снег. ... 13) Э́то джи́нсы. ... 14) Э́то пла́тье. ... 16) Э́то брю́ки. ... 17) Э́то руба́шка. ... 18) Э́то костю́м. ...

## ACCUSATIV

| m. | n. | f. | pl. |
|---|---|---|---|
| | | **-У / -Ю; -Ь** | |

Э́то журна́л. Я чита́ю журна́л.

Э́то письмо́. Я чита́ю письмо́.

Э́то кни́га. Я чита́ю кни́гу.

Э́то газе́ты. Я чита́ю газе́ты.

AccUsativ

### Задание 99

1) Я покупа́ю (маши́на, ку́ртка, руба́шка, су́мка, боти́нки).

2) Она́ покупа́ет (шу́ба, пла́тье, сапоги́, ша́пка, су́мка).

3) Я слу́шаю (о́пера, му́зыка, джаз, симфо́ния, рок, ра́дио).

4) Ты чита́ешь (кни́га, газе́та, рома́н, журна́л, докуме́нты, письмо́).

5) Мы смо́трим (кино́, телеви́зор, коме́дия, бале́т, траге́дия, детекти́в).

6) Ты изуча́ешь (медици́на, эконо́мика, ру́сский язы́к, биоло́гия, хи́мия, матема́тика).

**иска́ть**

| | |
|---|---|
| **я ищу́** | **мы и́щем** |
| **ты и́щешь** | **вы и́щете** |
| **он/она́ и́щет** | **они́ и́щут** |

### Задание 100

1) Что ты ..........? 2) Он ............ рабо́ту. 3) Кто меня́ .......... ? 4) Я тебя́ ..........! 5) Вы .......... де́ньги? 6) Ни́на .......... соба́ку. 7) Они́ .......... наш дом. 8) Мы .......... кафе́. 9) Вчера́ я .......... вас, а сего́дня вы .......... меня́. 10) Вчера́ Ка́тя .......... пла́тье, а сего́дня она .......... ша́пку.

**хоте́ть**

| | | |
|---|---|---|
| **я хочу́** | **мы хоти́м** | + есть, спать, знать… |
| **ты хо́чешь** | **вы хоти́те** | + ко́фе, сала́т |
| **он хо́чет** | **они хотя́т** | |

### Задание 101

1) Я … пи́ццу. 2) Они́ … игра́ть в те́ннис. 3) Он не … чита́ть. 4) Вы … изуча́ть ру́сский язык? 5) Мы … слу́шать му́зыку. 6) Ты … рабо́тать? 7) Она́ … знать, где её соба́ка. 8) Где вы … гуля́ть? 9) Мы … жить.

| Accus. Что? | m., n. | f. | Pl. |
|---|---|---|---|
| Adj. / N. | = Nom. | -УЮ / -ЮЮ<br>-У / -Ю; -ь | = Nom. |

### Задание 102

| | | |
|---|---|---|
| | бе́лый | |
| | кра́сный | |
| | голубо́й | дом |
| | чёрный | маши́на |
| | жёлтый | ку́ртка |
| Я хочу́ | си́ний | руба́шка |
| Я покупа́ю | се́рый | су́мка |
| Я ищу́ | ро́зовый | пла́тье |
| | фиоле́товый | шу́ба |
| | кори́чневый | брю́ки |
| | ора́нжевый | |
| | зелёный | |

**люби́ть**

| | |
|---|---|
| **я люблю́** | **мы лю́бим** |
| **ты лю́бишь** | **вы лю́бите** |
| **он/она́ лю́бит** | **они́ лю́бят** |

## Задание 103

1) Ты, люби́ть, краси́вый, оде́жда.
2) Она, люби́ть, хоро́ший, му́зыка.
3) Я, люби́ть, чёрный, ко́фе.
4) Мы, люби́ть, хоро́ший, пого́да.
5) Же́нщины, люби́ть, дорого́й, оде́жда.
6) Вы, люби́ть, но́вый, мо́да?
7) Он, люби́ть, краси́вая, жизнь.

## Задание 104

Что вы лю́бите / не лю́бите де́лать?

| | | |
|---|---|---|
| я | лю́бит | смотре́ть телеви́зор |
| ты | лю́бим | слу́шать симфо́нии |
| он | лю́бят | чита́ть газе́ты |
| она́ | люблю́ | писа́ть пи́сьма |
| мы | лю́бишь | гуля́ть в лесу́ |
| вы | лю́бит | игра́ть в ка́рты |
| они́ | лю́бите | игра́ть на пиани́но |

Како́й цвет вы лю́бите?
Где вы покупа́ете проду́кты?
Где вы покупа́ете оде́жду?
Вы лю́бите покупа́ть но́вую оде́жду?
Что вы покупа́ете ча́сто?
Что вы покупа́ете ре́дко?

**Accus. Что?**

| | | | | |
|---|---|---|---|---|
| **Nom.** | **мой, твой** | **моё, твоё** | **моя́, твоя́** | **мои́, твои́** |
| **Accus.** | **мой, твой** | **моё, твоё** | **мою́, твою́** | **мои́, твои́** |
| **Nom.** | **наш, ваш** | **на́ше, ва́ше** | **на́ша, ва́ша** | **на́ши, ва́ши** |
| **Accus.** | **наш, ваш** | **на́ше, ва́ше** | **на́шу, ва́шу** | **на́ши, ва́ши** |

## Задание 105

1) Чью кни́гу вы чита́ете? (ва́ша)
2) Чью маши́ну он покупа́ет? (моя́)
3) Каку́ю му́зыку ты слу́шаешь? (твоя́)
4) Чей план вы зна́ете? (наш)
5) Чью оши́бку он повторя́ет? (моя́)
6) Каку́ю иде́ю ты не понима́ешь? (твоя́)
7) Како́е письмо́ вы чита́ете? (ва́ше)
8) Каку́ю жизнь вы лю́бите? (на́ша)

## Задание 106

**Э́то и́ли э́тот, э́то, э́та, э́ти.**

1) ... на́ша маши́на. ... маши́на сто́ит о́чень до́рого. Вы покупа́ете ... маши́ну?

2) Ты ви́дишь ... карти́ну? Я ду́маю, ... отли́чная карти́на. Ско́лько сто́ит ... карти́на?

3) Ско́лько сто́ит ... костю́м? ... мо́дный костю́м? Пожа́луйста, ... костю́м и ... руба́шку.

4) Я хочу́ ... боти́нки. ... боти́нки не о́чень дороги́е? Я ду́маю, ...отли́чные боти́нки.

5) Я хочу́ ... торт. ... о́чень краси́вый торт. ... торт, наве́рное, о́чень вку́сный.

6) Я ду́маю, ... интере́сный журна́л. Ско́лько сто́ит ... журна́л? Пожа́луйста, ... журна́л и ... газе́ту.

7) Кто чита́ет ... кни́гу? ... интере́сная кни́га? Почему́ ... кни́га у меня́ на столе́?

8) Ско́лько сто́ят ... биле́ты? ... о́чень дороги́е биле́ты! Но я покупа́ю ... биле́ты.

## В магази́не

— Здра́вствуйте!

— Добрый день! Что вы и́щете?

— Тёплую ша́пку.

— Вот хоро́шие ша́пки: жёлтая, кра́сная, зелёная.

— А други́е цвета́ у вас есть? Си́няя или чёрная?

— Нет. Вот кра́сная — прекра́сная!

— Но у меня́ зелёная ку́ртка!

— Тогда́ вот зелёная ша́пка, о́чень краси́вая и тёплая.

— Не хочу зелёную! Я же не до́ллар!

— Тогда́, пожа́луйста, вот жёлтая! Како́й разме́р?

— Мой разме́р 56. А ско́лько она́ сто́ит?

— Недо́рого, 150.

— Спаси́бо, я её покупа́ю.

**Отвеча́ем на вопро́сы:**

1) Что и́щет покупа́тель? 2) Каки́е ша́пки есть в магази́не? 3) Он покупа́ет зелёную ша́пку? 4) Почему́ он не хо́чет зелёную ша́пку? 5) Како́й у него́ разме́р? 6) Каку́ю ша́пку он покупа́ет? 7) Ско́лько она́ сто́ит? 8) А кака́я у вас ша́пка?

— Здра́вствуйте, вы продаёте шу́бы?

— Да, коне́чно. Вы и́щете натура́льную?

— Нет, коне́чно. Я эко́лог.

— А я люблю́ всё натура́льное, потому что то́же люблю́ приро́ду. Каку́ю шу́бу вы хоти́те, же́нскую или мужску́ю, све́тлую или тёмную, дорогу́ю или дешёвую?

— А у вас есть дешёвые шу́бы?

— Ну, не о́чень дешёвые...

— Тогда́, пожа́луйста, же́нскую, све́тлую и не о́чень дорогу́ю.

— У нас есть краси́вые же́нские шу́бы: бе́лые, голубы́е и све́тло-жёлтые.

— Пожа́луйста, голубу́ю.

— Како́й разме́р?

— Разме́р 46. У меня́ креди́тная ка́рта.

— Хорошо́, э́то не пробле́ма.

**Отвеча́ем на вопро́сы:**

1) Что и́щет покупа́тель? 2) Почему́ он не покупа́ет натура́льную шу́бу? 3) Что лю́бит продаве́ц? 4) А вы лю́бите приро́ду? 5) А натура́льные шу́бы? 6) Каки́е шу́бы есть в магази́не? 7) Каку́ю шу́бу хо́чет покупа́тель?

— До́брый день! Вы говори́те по-ру́сски?
— Да.
— Смотри́те, у нас прекра́сные сувени́ры.
— Да, хоро́шие у вас сувени́ры. А каки́е матрёшки у вас есть?
— Вот традицио́нные ру́сские матрёшки, вот балала́йка, а вот откры́тки.
— А каки́е у вас футбо́лки?
— Ра́зные. Вот Петербу́рг, вот Эрмита́ж, вот Ле́нин, а вот Кала́шников.
— Пожа́луйста, э́ту футбо́лку и э́ту ма́ленькую матрёшку.
— Пожа́луйста.

**Отвеча́ем на вопро́сы:**

1) Что продаёт продаве́ц? 2) Каки́е сувени́ры у вас есть? 3) Вы лю́бите матрёшки? 4) Каки́е футбо́лки продаёт продаве́ц? 5) Что покупа́ет покупа́тель?

**Игра́ем сце́ны «в магази́не»:** «Оде́жда», «Обувь», «Ме́бель», «Радиоте́хника».

## Задание 107

**А.**

1) Я ищу́ (тёплая ша́пка). У вас есть (тёплая ша́пка)?

2) Вот (зелёная ку́ртка). — Я не хочу́ (зелёная ку́ртка)!

3) Вы хоти́те (ма́ленькая матрёшка)? Вот (ма́ленькая матрёшка)!

4) У вас есть (хоро́шие сувени́ры)? Я люблю́ (хоро́шие сувени́ры)!

5) Это (бе́лая футбо́лка). Я покупа́ю (бе́лая футбо́лка).

6) Вы и́щете (же́нская шу́ба)? У меня́ есть (же́нская шу́ба).

7) Я хочу́ (голубо́е пла́тье). — У нас есть (голубо́е пла́тье)!

8) У вас есть (чёрная су́мка) — Да, я продаю́ (чёрная су́мка).

9) Вы лю́бите (ру́сские сувени́ры)? — Да. Пожа́луйста, вот (э́та ру́сская матрёшка) и (э́та футбо́лка).

10) Я хочу́ (кра́сная руба́шка)! — Вот (кра́сная руба́шка)!

**Б. Вы открыва́ете но́вый магази́н. Что вы там продаёте?**

| | **Магази́н «Оде́жда»** | **Универма́г** | **пода́рки** |
|---|---|---|---|
| большо́й | ша́пка | велосипе́д | кни́ги |
| ма́ленький | ку́ртка | мотоци́кл | ка́рты |
| дорого́й | футбо́лка | фотоаппара́т | часы́ |
| дешёвый | пла́тье | гита́ра | |
| ди́ски | | | |
| америка́нский | костю́м | компью́тер | ру́чки |
| япо́нский | брю́ки | су́мка | цветы́ |
| неме́цкий | джи́нсы | видеока́мера | вино́ |
| италья́нский | руба́шка | магнитофо́н | матрёшка |
| ора́нжевый | боти́нки | телеви́зор | ша́хматы ... |
| кори́чневый | ту́фли | телефо́н ... | |
| мо́дный ... | шу́ба ... | | |

**Пи́шем рекла́му.**

– У вас есть...
– Какие... у вас есть?
– Сколько стоит?
– Какой размер?

покупать
продавать

Что ты говори́шь?
Что ты пи́шешь?
Что ты слу́шаешь?
Что ты спра́шиваешь?

ру́сский — по-ру́сски
англи́йский — по-англи́йски
неме́цкий — по-неме́цки
францу́зский —по-францу́зски
шве́дский — по-шве́дски
испа́нский — по-испа́нски

по́льский — по-по́льски
норве́жский — по-норве́жски
че́шский — по-че́шски
се́рбский — по-се́рбски
голла́ндский — по-голла́ндски

Голла́ндия, Га́мбург, га́мбургер, Голливу́д, Викто́р Гюго́, Ге́нрих Ге́йне, гумани́зм, Гава́на, Гава́йи, гармо́ния

Здра́вствуйте!
спра́шиваю — спра́шиваете, за́втракаешь — за́втракаете

повторя́ю — повторя́ешь — повторя́ем — повторя́ете
спортсме́н — спортсме́нка — спортсме́ны— спорстме́нки

Алекса́ндр, Алекса́ндра, Андре́й, Арха́нгельск, Му́рманск, Псков
зоопа́рк, Ватерло́о, Кра́сное мо́ре, си́нее мо́ре

краси́вое пла́тье — си́нее пла́тье
краси́вые си́ние пла́тья
краси́вое кра́сное пла́тье

после́днее сло́во — после́дние слова́

быстре́е — ме́дленнее
говори́те быстре́е, говори́те ме́дленнее
жира́ф — длинноше́ее живо́тное

| | |
|---|---|
| в Ита́лии | в Испа́нии |
| в Ирла́ндии | в Исла́ндии |
| в Герма́нии | в Да́нии |
| в Арме́нии | в Гру́зии |
| в музе́е | в галере́е |
| в ма́е | в трамва́е |

июнь — в ию́не
июль — в ию́ле

био́лог, зоо́лог, физио́лог, авиа́тор, гладиа́тор, психиа́тр
национа́льный, эмоциона́льный, рациона́льный, иррациона́льный

**Я хорошо́ говорю́ по-ру́сски, но пишу́ пло́хо.**
**Я не люблю́ говори́ть о поли́тике.**

**писа́ть**

| | |
|---|---|
| **я пиШу́** | **мы пи́Шем** |
| **ты пи́Шешь** | **вы пи́Шете** |
| **он/она́ пи́Шет** | **они́ пи́Шут** |

## Задание 108

А. ... пи́шут ... пи́шешь ... пишу́ ... пи́шете ... пи́шем ... пи́шет

Б. мы .......... я ........... она́ .................. ты ................ они́ ................ вы....................

В. 1) Что ты ... ? — Я ... рома́н.
2) Она́ ча́сто ... пи́сьма.
3) А́втор ... текст.
4) Они́ ... план.
5) Вы ... расска́з.
6) Мы ... откры́тки.
7) Кто ... му́зыку?

| Страна́ | Он | Она́ | Они́ | Язы́к | Говоря́т |
|---|---|---|---|---|---|
| Росси́я | ру́сский | ру́сская | ру́сские | ру́сский | по-ру́сски |
| Шве́ция | швед | шве́дка | шве́ды | шве́дский | по-шве́дски |
| Япо́ния | япо́нец | япо́нка | япо́нцы | япо́нский | по-япо́нски |
| Ита́лия | италья́нец | италья́нка | италья́нцы | италья́нский | по-италья́нски |
| Голла́ндия | голла́ндец | голла́ндка | голла́ндцы | голла́ндский | по-голла́ндски |
| А́нглия | англича́нин | англича́нка | англича́не | англи́йский | по-англи́йски |
| Да́ния | датча́нин | датча́нка | датча́не | да́тский | по-да́тски |
| Фра́нция | францу́з | францу́женка | францу́зы | францу́зский | по-францу́зски |
| Герма́ния | не́мец | не́мка | не́мцы | неме́цкий | по-неме́цки |
| Финля́ндия | финн | фи́нка | фи́нны | фи́нский | по-фи́нски |

**Вы изуча́ете неме́цкий язы́к?**
**Я изуча́ю ру́сский язы́к.**
**Я хорошо́ говорю́ по-неме́цки.**

## Задание 109

**Э́тот попуга́й говори́т по-англи́йски, по-испа́нски и по-ара́бски. А вы?**

— Вы зна́ете эспера́нто?
— Коне́чно! Там живёт мой брат!

— Ты зна́ешь неме́цкий язы́к?
— Да, зна́ю
— Как по-неме́цки «стол»?
— «La table»!
— Это по-францу́зски...
— Зна́чит, я зна́ю и францу́зский язы́к!

| | | | |
|---|---|---|---|
| **Знать**<br>**Изуча́ть** | **ру́сский язы́к** | **Говори́ть**<br>**Чита́ть**<br>**Писа́ть**<br>**Понима́ть** | **по-ру́сски** |

## Задание 110

1) Вы хорошо́ говори́те ...? — Да, я прекра́сно зна́ю ... . (францу́зский язы́к; по-францу́зски)

2) Вы зна́ете ... ? — Нет, я не говорю́ ... . (англи́йский язы́к; по-англи́йски)

3) Вы хорошо́ говори́те ... ? — Я хорошо́ говорю́, но пло́хо понима́ю ... . Я изуча́ю ... . (ру́сский язы́к; по-ру́сски)

4) Вы изуча́ете ... ? — Да, я уже непло́хо понима́ю ... . (италья́нский язы́к; по-италья́нски)

5) Я читáю ... , но пишý плóхо. Я ещё плóхо знáю ... . (япóнский язы́к; по-япóнски)

6) Онá хорошó говори́т ... , а я знáю ... плóхо. (немéцкий язы́к; по-немéцки)

7) Мы изучáем ... . Мы ужé немнóго читáем ... . (швéдский язы́к; по-швéдски)

8) Ты знáешь ... ? — Нет, но я немнóго понимáю ... . (голлáндский язы́к; по-голлáндски)

9) Вы говори́те ...? — Нет, ... óчень трýдный. (фи́нский язык; по-фи́нски)

**Вы не знáете, где здесь продаю́т билéты?**

**Задание 111**

1) Здесь ... магази́н. (стрóить) 2) У нас не ... . (кури́ть) 3) Так по-рýсски не ... . (говори́ть) 4) Что здесь ... ? (стрóить) 5) У нас э́ти фи́льмы не ... . (смóтреть) 6) Где здесь ... в футбóл? (игрáть) 7) В Испáнии ... по-испáнски. (говори́ть) 8) Что (писáть) в газéте? 9) (говори́ть), что э́то óчень краси́вый гóрод. 10) Что здесь (продавáть)? 11) Где здесь (кури́ть)? 12) Здесь чáсто (игрáть) в кáрты.

| | | |
|---|---|---|
| Говори́ть | | |
| Расскáзывать | | |
| Писáть | | |
| Читáть | О КОМ? | о царÉ ПетрÉ |
| Разговáривать | О ЧЁМ? | о Петербýргe |
| Спрáшивать | | |
| Дýмать | | |
| Мечтáть | ОБ Э́ТОМ человéкЕ | ОБО МНÉ |
| Спóрить | | |

фильм, кни́га, расскáз, ромáн, пéсня, письмó, разговóр, статья́

## Зада́ние 112

1) О чём э́тот фильм? 2) О чём э́та кни́га? 3) О чём вы спо́рите? 4) О ком вы ду́маете? 5) О ком вы спра́шиваете? 6) О чём он пи́шет? 7) О чём она́ мечта́ет? 8) О чём э́та статья́?

(о любви́, о поли́тике, о катастро́фе, о прогре́ссе, о рабо́те, о семье́ ...)

| | |
|---|---|
| я — обо мне́ | мы — о нас |
| ты — о тебе́ | вы — о вас |
| он — о нём | они́ — о них |
| она́ — о ней | |

## Зада́ние 113

1) Я люблю́ тебя́. Я всё вре́мя ду́маю ... . 2) Мои́ друзья́ живу́т в Ки́еве. Я уже́ расска́зывал ... . 3) Вы зна́ете, Анна ча́сто говори́т ... . А что вы ду́маете ... ? 4) Я не люблю́ э́тот го́род. Мы ча́сто спо́рим ... . 5) Я вас не зна́ю. Вы журнали́ст? Почему́ вы хоти́те писа́ть ... ? 6) Мы всё слы́шим! Вы говори́те ...! 7) У вас но́вые пла́ны? Я ничего́ не зна́ю ... . 8) Это интере́сный челове́к. Что вы зна́ете ... ? 9) Кака́я краси́вая карти́на! Я мно́го чита́л ... . 10) Вы меня́ зна́ете? Что вы слы́шали ...? 11) У меня́ есть пробле́мы, но я не хочу́ говори́ть ... . 12) Я хорошо́ тебя́ зна́ю. Я могу́ много расска́зывать ... .

## Зада́ние 114

Я не люблю́ говори́ть о...
Вы ча́сто ду́маете о...
Мы всегда́ по́мним о...
Он интере́сно пи́шет о ...
Она́ чита́ет кни́гу о...
Она́ мечта́ет о...
Мы спо́рим о...
Вы не расска́зываете о ...
Она́ спра́шивает о ...? О ...? Нет!

(жизнь, сын, я́хта, поли́тика, рабо́та, я — ты, приро́да, пого́да, литерату́ра...)

## Задание 115

| | |
|---|---|
| У меня́ есть кни́га | о любви́ |
| Я чита́ю расска́з | о спо́рте |
| Мы чита́ем рома́н | о мо́де |
| У него́ есть журна́л | о поли́тике |
| Она́ смотре́ла фильм | об эконо́мике |
| В газе́те была́ статья́ | о катастро́фе |
| Я расска́зывал | о приро́де |
| Мы мно́го говори́м | о кри́зисе |
| Вы ма́ло зна́ете | о войне́ |
| Они́ спра́шивают | о президе́нте |

## Задание 116

**А. Стро́им предложе́ния:** о ком / о чём вы говори́те, пи́шете и т.д. мно́го / ма́ло, ча́сто / ре́дко, всегда́ / никогда́...

**Я ре́дко говорю́ о би́знесе.**

| | |
|---|---|
| говори́ть | дом, семья́ |
| писа́ть | рабо́та, поли́тика |
| чита́ть | рели́гия, жизнь |
| спо́рить | би́знес, исто́рия |
| мечта́ть | любо́вь, секс |
| расска́зывать | эконо́мика, о́тдых |
| ду́мать | му́зыка, литерату́ра |
| спра́шивать | спорт, пого́да, ... |

**Б.** О ком / о чём говоря́т, чита́ют, спра́шивают и т.д. де́ти, шко́льники, студе́нты, пенсионе́ры, мужчи́ны, же́нщины, бизнесме́ны, актёры, лю́ди в Росси́и, в Аме́рике и т.д.?

**Письмо́**

Здра́вствуй, дорога́я Хе́льга!

Как ты зна́ешь, я сейча́с в Петербу́рге, изуча́ю ру́сский язы́к. А ещё здесь сейча́с экологи́ческая конфере́нция. Шко́ла у нас небольша́я, но хоро́шая. На уро́ке мы мно́го говори́м, чита́ем и пи́шем по-ру́сски. Ещё мы игра́ем. Мы уже́ непло́хо понима́ем по-ру́сски, а говори́м пра́вильно, но ме́дленно. Коне́чно, здесь говоря́т по-ру́сски: в магази́не, на у́лице, в рестора́не, в музе́е. До́ма я иногда́ смотрю́ телеви́зор, но понима́ю ещё о́чень ма́ло. Мой ру́сский друг И́горь говори́т, что иногда́ он то́же пло́хо понима́ет, о чём говоря́т. У нас о́чень хоро́шая учи́тельница. Её зову́т А́нна Ива́новна. У неё голубы́е глаза́ и све́тлые во́лосы, как у тебя́. Она́ говори́т по-ру́сски, по-неме́цки и по-англи́йски.

Я живу́ в це́нтре. Ве́чером я ча́сто гуля́ю. Здесь краси́вые дома́, хоро́шие клу́бы и рестора́ны. Я уже́ был на экску́рсии в Эрмита́же и в теа́тре на бале́те «Лебеди́ное о́зеро». Я живу́ здесь о́чень хорошо́ и интере́сно.

Я люблю́ тебя́ и ча́сто ду́маю о тебе́.

**Отвеча́ем на вопро́сы:**

**А.** 1) Где сейча́с живёт Свен? 2) Где его́ жена́? 3) Как зову́т его́ жену́? 4) Что изуча́ет Свен? 5) Что он де́лает на уро́ке? 6) Как он говори́т и понима́ет по-ру́сски? 7) Как зову́т его́ учи́тельницу? 8) Каки́е языки́ она́ зна́ет? 9) Что Свен де́лает ве́чером? 10) Где он уже́ был в Петербу́рге? 11) Как он живёт в Петербу́рге? 12) О ком он ча́сто ду́мает?

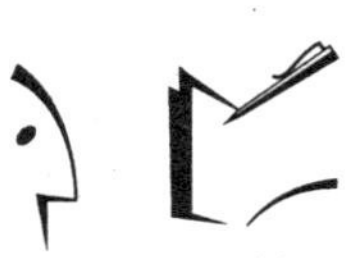

**Б.** 1) Где вы сейча́с живёте? 2) Вы пи́шете пи́сьма и́ли звони́те? 3) Кака́я у вас шко́ла? 4) У вас больша́я гру́ппа? 5) Что вы де́лаете на уро́ке? 6) Как вы говори́те и понима́ете по-ру́сски? 7) А по-англи́йски? 8) Вы смо́трите телеви́зор? 9) Вы хорошо́ понима́ете, о чём говоря́т? 10) Каки́е ещё языки́ вы зна́ете? 11) Кака́я у вас учи́тельница? 12) Что вы обы́чно де́лаете ве́чером? 13) Где вы уже́ бы́ли? 14) О ком / о чём вы ча́сто ду́маете?

# ПОВТОРЕ́НИЕ

## Задание 117

Э́то я. Э́то ты. Вот … вопро́с. Вот … отве́т.
**Э́то я. Э́то ты. Вот твой вопро́с. Вот мой отве́т.**

1) Э́то я. Э́то ты. Э́то … семья́. Э́то … рабо́та. Э́то … дом. Э́то … де́ти. Э́то … маши́на. Э́то … вино́. Э́то … стул. Э́то … телефо́н.

2) Э́то мы. Э́то вы. Э́то … у́лица. Э́то … го́род. Э́то … фи́рма. Э́то … кафе́. Э́то … пробле́ма. Э́то … друзья́.

3) Э́то Андре́й. Э́то Ле́на. Э́то … муж. Э́то … жена́. Э́то … журна́лы. Э́то … пи́во. Э́то … газе́ты. Э́то … телефо́н. Э́то … рабо́та. Э́то … де́ньги. Э́то … пла́тье.

4) Э́то Ле́на и Андре́й. Э́то … дом. Э́то … де́ти. Э́то … сад. Э́то … фотогра́фия.

## Задание 118

Я такси́ст. У … есть маши́на. Э́то … маши́на.
**Я такси́ст. У меня́ есть маши́на. Э́то моя́ маши́на.**

1) Я секрета́рь. У … есть компью́тер. Вот … компью́тер. У … есть докуме́нты. Вот … докуме́нты. У … есть рабо́та. Вот … рабо́та.

2) Мы студе́нты. У … есть стол. Вот … стол. У … кни́ги. Вот … кни́ги. У … есть упражне́ние. Вот … упражне́ние. У … есть учи́тельница. Вот … учи́тельница.

3) Он банки́р. У … есть сейф. Вот … сейф. У … есть маши́на. Вот … маши́на. У … есть де́ньги. Вот … де́ньги.

4) Ты журнали́ст. У … есть журна́л. Вот … журна́л. У … есть газе́та. Вот … газе́та. У … есть иде́и. Вот … иде́и. У … есть пи́во. Вот … пи́во.

5) Она́ актри́са. У … есть пла́тье. Вот … пла́тье. У … есть шу́ба. Вот … шу́ба. У … есть друг. Вот … друг. У … есть ро́зы. Вот … ро́зы.

6) Вы адвока́ты. У ... есть клие́нт. Э́то ... клие́нт. У ... есть де́ньги. Э́то ... де́ньги. У ... есть рабо́та. Э́то ... рабо́та.

7) Они́ музыка́нты. У ... есть пиани́но. Э́то ... пиани́но. У ... есть гита́ра. Э́то ... гита́ра. У ... есть инструме́нты. Э́то ... инструме́нты. У ... есть саксофо́н. Э́то ... саксофо́н.

## Задание 119

Я вас (знать)! — Что вы (говори́ть)?

**Я вас зна́ю! — Что вы говори́те?**

1) Что они́ (де́лать)? — Они́ (смотре́ть) телеви́зор.

2) Он (за́втракать)? — Нет, он (кури́ть).

3) Ты меня́ (слу́шать)? — Нет, я (слу́шать) му́зыку.

4) Она́ не (ве́рить), что он не (понима́ть).

5) Вы меня́ (по́мнить)? — Нет, я вас не (знать).

6) Ты пло́хо (игра́ть)! — Нет, я хорошо́ (игра́ть), а ты не (люби́ть) му́зыку.

7) Анто́н пло́хо (говори́ть), но хорошо́ (писа́ть).

8) Ско́лько (сто́ить) соба́ка? — Я не (продава́ть) соба́ку!

## Задание 120



Мы де́лаем упражне́ние. — **Мы де́лали упражне́ние.**

1) Вы чита́ете кни́гу.

2) Они́ пи́шут письмо́.

3) Мы живём на восто́ке.

4) Ты хорошо́ говори́шь по-неме́цки.

5) Я по́мню ваш а́дрес.

6) Мы смо́трим но́вости.

7) Она́ встаёт ра́но.

8) Ты отдыха́ешь на мо́ре.

9) Они́ продаю́т маши́ны.

10) Вы меня́ слу́шаете?

11) Они́ ку́рят.

12) Анто́н хо́чет ко́фе.

## Задание 121

Что вы де́лали? — **Что вы де́лаете?**

1) Где он отдыха́л?
2) Что они́ продава́ли?
3) Каку́ю му́зыку ты слу́шал?
4) Ле́том вы ра́но встава́ли?
5) Она́ его́ люби́ла?
6) Вы кури́ли?
7) О чём они́ говори́ли?
8) Мы жи́ли в Росси́и.
9) Ты писа́л письмо́.
10) Я хоте́л сала́т.
11) Ско́лько сто́или биле́ты?
12) Они́ спо́рили о поли́тике.

## Задание 122

| | | |
|---|---|---|
| **Кто?** | **Како́й?** | **Чей?** |
| **Что?** | **Како́е?** | **Чьё?** |
| **Где?** | **Кака́я?** | **Чья?** |
| **Когда́?** | **Каки́е?** | **Чьи?** |
| | **Как?** | |

**Спра́шиваем:** Э́то интере́сная исто́рия. — **Кака́я э́то исто́рия?**

1) Она́ рабо́тает в музе́е. 2) У́тром он за́втракает. 3) Мы пло́хо понима́ем, что вы говори́те. 4) Мы гуля́ем ве́чером. 5) Э́то говори́т Анто́н. 6) Ты чита́ешь рома́н «Бра́тья Карама́зовы». 7) Э́то моя́ маши́на. 8) Мы смо́трим ску́чный фильм. 9) Они́ говоря́т о́чень бы́стро. 10) Я не рабо́таю но́чью. 11) Я зна́ю, что де́лать. 12) Она́ чита́ет францу́зские журна́лы. 13) Они́ живу́т в Ки́еве. 14) Мы отдыха́ем ле́том. 15) Ве́чером мы отдыха́ем. 16) Я зна́ю ваш секре́т. 17) Андре́й отдыха́ет на мо́ре. 18) Э́тот журнали́ст рабо́тает на ра́дио. 19) Они́ стро́ят большо́й дом. 20) Здесь живёт мой друг. 21) Мы встаём в 7.30. 22) Ты о́чень ме́дленно рабо́таешь. 23) У меня́ есть твоя́ фотогра́фия. 24) Сего́дня мы изуча́ем ру́сский язы́к.

## Задание 123

**У него́ бе́лая руба́шка, кра́сный га́лстук, се́рые брю́ки и чёрные боти́нки.**

Кака́я у вас оде́жда? А у него́? А у неё?

## Задание 124

Фили́пп — секрета́рь. Он ... в 7.30. Снача́ла он ... душ, пото́м ... . В 9.00 он ... рабо́тать. На рабо́те он ... и ... пи́сьма, ... на вопро́сы. В 13.00 он ... в кафе́ на углу́. Ве́чером он ... , ... газе́ты, ... му́зыку. Иногда́ он ... в клу́бе, ... фи́льмы и́ли ... в це́нтре.

(гуля́ть, обе́дать, начина́ть, встава́ть, за́втракать, принима́ть, писа́ть, чита́ть, смотре́ть, отдыха́ть, у́жинать, отвеча́ть, слу́шать)

А вы?

## Задание 125

**В или НА?**

1. Мы живём ... се́вере, ... Му́рманске.
2. Наш сын ... шко́ле ... уро́ке.
3. На́ши роди́тели отдыха́ют ... мо́ре ... Крыму́.
4. Ты был ... рабо́те? — Да, ... ба́нке.
5. Вы бы́ли ... теа́тре? — Да, ... бале́те.
6. Мы бы́ли ... кафе́ ... у́лице Ро́сси.
7. О́льга была́ ... по́чте и ... магази́не.
8. Тури́сты бы́ли ... конце́рте и ... рестора́не.

## Задание 126

Меня́ ... И́горь. Я био́лог. Я (рабо́тать) в зоопа́рке. Я (знать) биоло́гию, медици́ну и хи́мию. Я, коне́чно, (говори́ть) по-ру́сски, а ещё по-англи́йски и сейча́с (изуча́ть) шве́дский язы́к. У меня́ есть жена́. Её ... О́льга. Она́ экономи́ст. Она́ (рабо́тать) в (цирк). У нас есть сын. ... зову́т Ди́ма. Он шко́льник. Он хорошо́ (игра́ть) в футбо́л и на гита́ре. У нас есть кварти́ра. Она́ небольша́я, но хоро́шая. У́тром мы (встава́ть) ра́но, потому́ что в 9 мы уже́ начина́ем (рабо́тать). Мы (рабо́тать), а ве́чером (отдыха́ть), мно́го (чита́ть), (гуля́ть), иногда́ (смотреть) телеви́зор, (игра́ть) в ша́хматы, (слу́шать) му́зыку, а пото́м (у́жинать). Ещё у меня́ есть друг. ... зову́т Свен. Он эко́лог. Он (жить) в (Шве́ция), но он хорошо́ говори́т по-ру́сски. Он (рабо́тать) в (Шве́ция), а я (рабо́тать) в (Петербу́рг). Но сейча́с он в (Петербу́рг) на (конфере́нция).

**Отвеча́ем на вопро́сы:**

1) Где рабо́тает И́горь? 2) Кто он? 3) Каки́е языки́ он зна́ет? 4) Что ещё он зна́ет? 5) У него́ есть семья́? 6) Как зову́т его́ жену́? 7) Где она́ рабо́тает? 8) Кто она́? 9) У них есть де́ти? 10) Что хорошо́ де́лает их сын? 11) Они́ встаю́т по́здно? Почему́? 12) Что они́ де́лают ве́чером? 13) Где живёт Свен? 14) Кто он? Где он живёт? 11) Где он сейча́с? 12) Почему́ он сейча́с в Петербу́рге?

## Задание 127

**Спра́шиваем и отвеча́ем:**

1) Где вы рабо́таете? Где ещё вы рабо́тали ра́ньше?

2) Каки́е языки́ вы зна́ете?

3) Вы мно́го отдыха́ете? Где вы обы́чно отдыха́ете?

4) Вы ча́сто гуля́ете? Где вы обы́чно гуля́ете? Вы гуля́ете у́тром или ве́чером? Где вы гуля́ли вчера́?

5) Что вы лю́бите чита́ть? Что вы сейча́с чита́ете? Что вы чита́ли ра́ньше? Вы хорошо́ чита́ете по-англи́йски? А по-не́мецки? А по-ру́сски?

6) О чём вы ду́маете? Что вы ду́маете о Росси́и?

7) Когда́ вы за́втракаете?

8) Когда́ вы обе́даете?

9) Когда́ вы у́жинаете?

10) Где вы покупа́ете оде́жду? Вы ча́сто покупа́ете но́вую оде́жду?

11) О чём вы ча́сто расска́зываете?

12) О чём вы ре́дко расска́зываете?

13) Когда́ вы встаёте?

14) Вы ча́сто пи́шете пи́сьма? А откры́тки? О чём вы пи́шете?

15) О чём вы ча́сто говори́те на рабо́те? О чём вы ре́дко говори́те на рабо́те? А до́ма?

16) Вы говори́те по-францу́зски? А по-испа́нски?

17) Вы ку́рите? А ра́ньше вы кури́ли?

18) Вы по́мните, что вы де́лали вчера́? Вы хорошо́ по́мните но́вые слова́?

19) Каку́ю му́зыку вы слу́шаете? Где вы лю́бите слу́шать му́зыку?

20) Вы смо́трите телеви́зор? Вы ча́сто смо́трите футбо́л? Когда́ вы смо́трите телеви́зор, днём или но́чью?

21) Како́й язы́к вы сейча́с изуча́ете? Где вы его́ изуча́ете?

22) У вас есть маши́на? Кака́я?

23) Что вы обы́чно де́лаете у́тром?

24) А днём? А ве́чером?

## Задание 128

**Са́ша — белору́с. Он живёт в Белору́ссии. Он говори́т по-белору́сски и по-ру́сски. Он зна́ет белору́сский и ру́сский.**

Свен — швед. Он ... .
Хозе́ — аргенти́нец. Он... .
Элоди́ — францу́женка. Она́... .
Владисла́в — ру́сский. Он ... .
Джек — австрали́ец. Он... .
Норико́ — япо́нка. Она́ ... .
Мари́я — италья́нка. Она́ ... .
Беатри́кс — голла́ндка. Она́ ... .
Лео́н — бельги́ец. Он ... .
Ка́рин — швейца́рка. Она́ ... .

## Задание 129

**Спра́шиваем и отвеча́ем:**

Где живёт Са́ша? Он эсто́нец?
Каки́е языки́ он зна́ет? Он говори́т по-неме́цки?
Как вы ду́маете, кто он? Где он рабо́тает?
У него́ есть семья́? Как зову́т его жену́? Она рабо́тает? Е́сли да, то где? У них есть де́ти?
У него́ есть маши́на? Больша́я и́ли ма́ленькая? Ро́зовая? А кака́я?
Что он лю́бит / не лю́бит? А его́ жена́?
Что он де́лает у́тром, днём, ве́чером?

**Продолжа́ем!**

**Я живу́ на Не́вском проспе́кте.**
**На како́м этаже́? — На второ́м этаже́.**

## PREPOSITIV

| m. | n. | f. |
|---|---|---|
| -ОМ / -ЕМ | | -ОЙ / -ЕЙ |

| | Не́вский проспе́кт | Садо́вая у́лица |
|---|---|---|
| **Где?** | на Не́вскОМ проспе́ктЕ | на Садо́вОЙ у́лицЕ |

**1 — пе́рвый**
**2 — второ́й**
**3 — тре́тий**
**4 — четвёртый**
**5 — пя́тый**
**6 — шесто́й**
**7 — седьмо́й**
**8 — восьмо́й**
**9 — девя́тый**
**10 — деся́тый**

### Задание 130

Что де́лают на пе́рвом этаже́?

(смотре́ть телеви́зор, игра́ть на пиани́но, писа́ть, говори́ть, игра́ть в ка́рты, отдыха́ть, за́втракать, чита́ть, рабо́тать на компью́тере, слу́шать му́зыку)

## Задание 131

**хоро́ший — плохо́й; большо́й — ма́ленький; тёплый — холо́дный; но́вый — ста́рый; бога́тый — бе́дный; интере́сный — ску́чный; чёрный — бе́лый**

1) В како́м го́роде вы живёте, в большо́м и́ли в ма́леньком? 2) На како́м этаже́ вы живёте, на второ́м и́ли на тре́тьем? 3) В како́м до́ме вы живёте, в но́вом и́ли в ста́ром? 4) В како́м магази́не вы покупа́ете проду́кты, в дорого́м и́ли в дешёвом? 5) В како́й гру́ппе вы изуча́ете ру́сский язы́к, в большо́й и́ли в ма́ленькой? 6) На како́м мо́ре вы отдыха́ете, на Чёрном и́ли на Бе́лом? 7) В како́й компа́нии вы рабо́таете, в большо́й и́ли в ма́ленькой? 8) В како́й кварти́ре вы живёте, в тёплой и́ли в холо́дной? 9) В како́й стране́ вы хоти́те жить, в бога́той и́ли в бе́дной? 10) В како́м рестора́не обе́дают тури́сты, в дорого́м и́ли в дешёвом? 11) В како́й стране́ вы живёте, в хоро́шей и́ли в плохо́й? 12) В како́м ба́нке ва́ши де́ньги, в большо́м и́ли в ма́леньком? 13) В како́й газе́те рабо́тает Джова́нни, в шве́дской и́ли в италья́нской? 14) На како́м о́строве живёт Робинзо́н, на большо́м и́ли на ма́леньком?

## Задание 132

1. Где продаю́т газе́ты?

а) в мексика́нском рестора́не;
б) в газе́тном кио́ске;
в) в компью́терном магази́не

2. Где даю́т креди́ты?

а) в пивно́м ба́ре;
б) в университе́тской библиоте́ке;
в) в швейца́рском ба́нке

3. Где гуля́ют де́ти?

а) в городско́м па́рке;
б) в ло́ндонском аэропорту́;
в) в ночно́м клу́бе

4. Где игра́ют в те́ннис?

а) в большо́м лесу́;
б) на морско́м берегу́;
в) на те́ннисном ко́рте

5. Где живу́т пингви́ны?

а) на Се́верном по́люсе;
б) в холо́дной Антаркти́де;
в) в Центра́льной А́фрике

6. Где жи́ли Ада́м и Е́ва?

а) в Ю́жной А́фрике
б) в Дре́внем Ри́ме
в) на Бли́жнем Восто́ке

7. Где о́стров Ку́ба?

а) в Ти́хом океа́не
б) в Атланти́ческом океа́не
в) в Инди́йском океа́не

8. Где хорошо́ жить?

а) в большо́м го́роде
б) в ма́ленькой дере́вне
в) на друго́й плане́те

## Задание 133

1) Мы живём в (большо́й го́род). 2) Тури́сты гуля́ют на (Кра́сная пло́щадь). 3) Она́ рабо́тает в (истори́ческий музе́й). 4) Мы отдыха́ем на (Чёрное мо́ре). 5) Ты игра́ешь в (футбо́льная кома́нда). 6) И́горь рабо́тает в (Петербу́ргский зоопа́рк). 7) Он сейча́с на (италья́нская о́пера). 8) Актри́са игра́ет в (интере́сный фильм). 9) Э́то кни́га на (ру́сский язы́к). 10) Мы гуля́ем в (ста́рый парк). 11) Серге́й живёт на (Да́льний Восто́к). 12) Это костю́м в (класси́ческий стиль). 13) Он рабо́тает в (спорти́вный журна́л). 14) Вы живёте на (Садо́вая у́лица).

## Задание 134

**Смотрите план. Где в Петербу́рге находится ... ?**

1) Универма́г «Гости́ный двор»; 2) Алекса́ндровская коло́нна; 3) ка́ссы «Аэрофло́т»; 4) рестора́н «Метропо́ль»; 5) Ру́сский музе́й; 6) рестора́н «Валха́лл»; 7) Филармо́ния; 8) Зи́мний дворе́ц; 9) Алекса́ндровский сад; 11) гости́ница «Евро́па»; 12) Росси́йская национа́льная библиоте́ка; 13) Универма́г «ДЛТ»; 14) Де́тская филармо́ния.

Не́вский проспе́кт, Дворцо́вая пло́щадь, Больша́я Морска́я, Ма́лая Морска́я, Садо́вая у́лица, Больша́я Коню́шенная, Ду́мская у́лица, Ма́лая Садо́вая, Ма́лая Коню́шенная, Инжене́рная у́лица, Италья́нская у́лица, Адмиралте́йский проспе́кт, Миха́йловская у́лица.

## Задание 135

— В како́м ве́ке была́ втора́я мирова́я война́?

**— В двадца́том ве́ке.**

1. В како́м ве́ке была́ пе́рвая мирова́я война́? — 20
2. В како́м ве́ке жил Бах? — 18
3. В како́м ве́ке жил Да́нте? — 13
4. В како́м ве́ке была́ Реформа́ция? — 16
5. В како́м ве́ке жил Пётр Пе́рвый? — 18
6. В како́м ве́ке жил Шекспи́р? — 16
7. В како́м ве́ке жил Иису́с Христо́с? — 1
8. В како́м ве́ке жил Наполео́н? — 19
9. В како́м ве́ке жил Карл Вели́кий? — 9
10. В како́м ве́ке жил Ива́н Гро́зный? — 16
11. В како́м ве́ке была́ Францу́зская револю́ция? — 18
12. В како́м ве́ке была́ перестро́йка? — 20
13. В како́м ве́ке мы живём? — 21

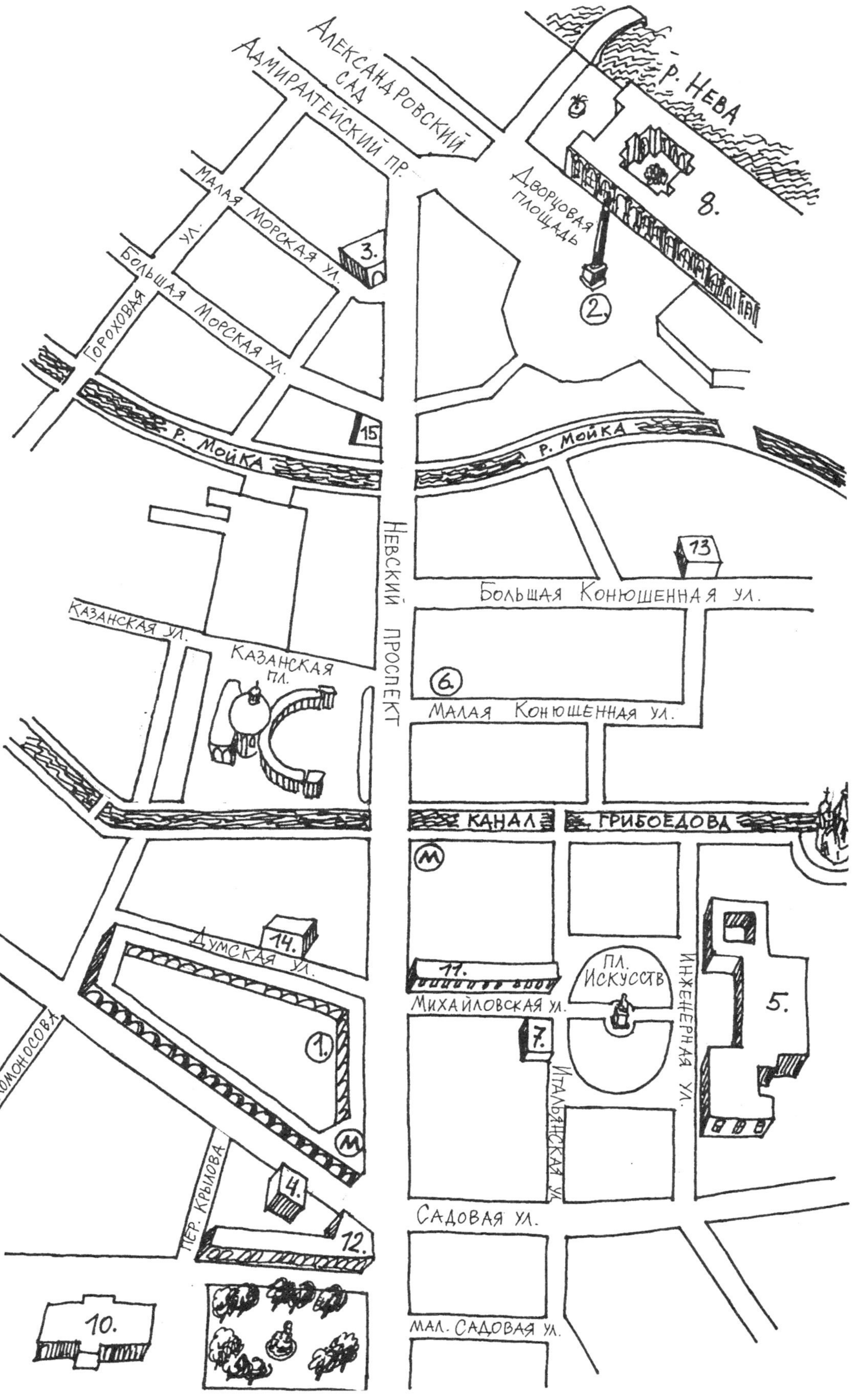

Александровский сад
Адмиралтейский пр.
р. Нева
Дворцовая площадь
8.
3.
Малая Морская ул.
Большая Морская ул.
Гороховая ул.
2.
р. Мойка
15
13
Невский проспект
Большая Конюшенная ул.
Казанская ул.
Казанская пл.
6.
Малая Конюшенная ул.
Канал Грибоедова
М
Думская ул.
14.
11.
пл. Искусств
Михайловская ул.
Инженерная ул.
5.
7.
Итальянская ул.
1.
ул. Ломоносова
М
пер. Крылова
4.
12.
Садовая ул.
10.
Мал. Садовая ул.

## Задание 136

**Спра́шиваем и отвеча́ем:**

— В како́й шко́ле вы хоти́те изуча́ть ру́сский язы́к?
**— Я хочу́ изуча́ть ру́сский язы́к в хоро́шей шко́ле.**

1. В како́м го́роде вы хоти́те жить?
2. В како́й компа́нии вы хоти́те рабо́тать?
3. В како́й стране́ вы хоти́те отдыха́ть?
4. В како́м рестора́не вы хоти́те у́жинать?
5. В како́м магази́не вы покупа́ете оде́жду?
6. В како́м ве́ке вы хоти́те жить?

и т.д.

## Задание 137

**Стро́ят го́род Новогра́д. Вы — кандида́ты в губерна́торы.**
**Вы пи́шете програ́мму: что стро́ить на како́й у́лице?**
**— Я предлага́ю стро́ить зоопа́рк на Лесно́й у́лице.**

**У́лицы:**

Зелёная у́лица, Садо́вая у́лица, Спорти́вная у́лица, Кра́сная у́лица, Большо́й проспе́кт, Морска́я у́лица, Лесно́й проспе́кт, Ста́рая пло́щадь, Кра́сная пло́щадь, Миллио́нная у́лица, Фабри́чная у́лица, Ры́ночная пло́щадь, Све́тлая у́лица, Ива́новская у́лица, Театра́льная пло́щадь, Петро́вский проспе́кт.

**Что стро́ить:**

Банк, Истори́ческий музе́й, большо́й магази́н, ры́нок, Ботани́ческий сад, стадио́н, ме́бельная фа́брика, порт, университе́т, теа́тр, рестора́н...

## Задание 138

**Письмо́**

Здра́вствуй, дорога́я Хе́льга!

Как ты живёшь, каки́е но́вости в на́шем ти́хом ма́леньком го́роде? У меня́ всё хорошо́. То́лько пого́да в э́том прекра́сном го́роде плоха́я: ве́тер и дождь, не́бо се́рое.

Я уже́ писа́л, что я был на интере́сной экологи́ческой конфере́нции в Петербу́ргском университе́те. В языково́й шко́ле то́же всё норма́льно. Я живу́ на Садо́вой у́лице, э́то в це́нтре, и ча́сто гуля́ю в небольшо́м па́рке. На про́шлой неде́ле я был в Ру́сском музе́е и в Марии́нском теа́тре. Ещё я почти́ ка́ждый ве́чер рабо́таю в Национа́льной библиоте́ке. Иногда́ мы у́жинаем в рестора́не: в мексика́нском, в италья́нском и́ли в ру́сском. Я был да́же в ночно́м клу́бе.

Я мно́го ду́маю о тебе́ и о́чень тебя́ люблю́. Здесь хорошо́, и я о́чень хочу́ ви́деть тебя́ в э́том краси́вом и холо́дном го́роде.

Твой Свен

**Да и́ли нет?**

Свен живёт в но́вом райо́не. — **Нет, он живёт не в но́вом райо́не, а в це́нтре.**

1) Свен был на полити́ческой демонстра́ции в Моско́вском университе́те.
2) Он был на интере́сной конфере́нции.
3) Хе́льга живёт в большо́м го́роде.
4) Свен был в Брита́нском музе́е.
5) Свен был в Большо́м теа́тре.
6) Он живёт на Адмиралте́йском проспе́кте.
7) Он ка́ждый ве́чер рабо́тает в ночно́м клу́бе.
8) Он никогда́ не был в ночно́м клу́бе.
9) Он у́жинал в мексика́нском рестора́не.
10) Он не был в ру́сском рестора́не.

**В на́шей кварти́ре ма́ленькая ку́хня.**
**У нас на ку́хне стол, сту́лья и холоди́льник.**

## Задание 139

Я живу́ в го́роде →

Я живу́ в ма́леньком го́роде →

Я живу́ в ма́леньком ста́ром го́роде →

Я живу́ в ма́леньком ста́ром го́роде в до́ме →

Я живу́ в ма́леньком ста́ром го́роде в большо́м до́ме →

Я живу́ в ма́леньком ста́ром го́роде в большо́м но́вом до́ме →

Я живу́ в ма́леньком ста́ром го́роде в большо́м но́вом до́ме на этаже́ →

Я живу́ в ма́леньком ста́ром го́роде в большо́м но́вом до́ме на пя́том этаже́ →

Я живу́ в ма́леньком ста́ром го́роде в большо́м но́вом до́ме на пя́том этаже́ в кварти́ре →

Я живу́ в ма́леньком ста́ром го́роде в большо́м но́вом до́ме на пя́том этаже́ в большо́й кварти́ре →

Я живу́ в ма́леньком ста́ром го́роде в большо́м но́вом до́ме на пя́том этаже́ в большо́й хоро́шей кварти́ре →

Я живу́ в ма́леньком ста́ром го́роде в большо́м но́вом до́ме на пя́том этаже́ в большо́й хоро́шей удо́бной кварти́ре →

**А вы?**

| | | | |
|---|---|---|---|
| **Nom.** | **мой**<br>**твой**<br>**наш**<br>**ваш** | **моя**<br>**твоя́**<br>**на́ша**<br>**ва́ша** | **моё**<br>**твоё**<br>**на́ше**<br>**ва́ше** |
| **Prep.** | **о моём**<br>**о твоём**<br>**о на́шем**<br>**о ва́шем** | **о мое́й**<br>**о твоей**<br>**о на́шей**<br>**о ва́шей** | **о моём**<br>**о твоём**<br>**о на́шем**<br>**о ва́шем** |

## Задание 140

1) О како́й оши́бке вы говори́те? (твой)
2) О чьей рабо́те они́ спра́шивают? (наш)
3) В чьём до́ме де́лают ремо́нт? (ваш)
4) О како́м прое́кте вы спо́рите? (мой)
5) О како́м прое́кте вы расска́зываете? (наш)
6) О чьей семье́ они́ говоря́т? (мой)
7) В како́м го́роде э́тот фестива́ль? (ваш)
8) В како́й ко́мнате игра́ют де́ти? (твой)
9) В чьём саду́ вы гуля́ли? (ваш)
10) О како́м тала́нте они́ говоря́т? (мой)
11) В како́й фи́рме она́ рабо́тает? (наш)
12) О како́й кни́ге пишу́т кри́тики? (твой)

## Задание 141

Э́то твоя́ пробле́ма. Я не знал о … .
**Э́то твоя́ пробле́ма. Я не знал о твое́й пробле́ме.**

1) Э́то наш го́род. Э́то кни́га о …
2) Вот моя́ су́мка. Де́ньги в …
3) Э́то на́ша у́лица. Но́вое кафе́ на …
4) Вот моя́ иде́я. Что ты ду́маешь о … ?
5) Э́то мой компью́тер. Кто рабо́тал на … ?
6) Э́то твоя́ иде́я. Мы спо́рим о …
7) Вот на́ша фи́рма. Что вы зна́ете о … ?
8) Э́то мой стул. Он сиди́т на … сту́ле.

## Задание 142

Телеви́зор в мое́й ко́мнате. — **Телеви́зор у меня́ в ко́мнате.**

1) Су́мка в мое́й ко́мнате.
2) Кни́га на моём столе́.
3) Де́ньги в мое́й су́мке.
4) Они́ гуля́ли в на́шем па́рке.
5) В на́шем го́роде хоро́шие музе́и.
6) В на́шей фи́рме но́вый дире́ктор.
7) В ва́шем ба́нке даю́т креди́ты?
8) Биле́ты в твое́й ку́ртке.
9) В твоём па́спорте хоро́шая фотогра́фия.
10) В на́шем до́ме есть лифт?
11) В ва́шей семье́ есть де́ти?
12) В твое́й ко́мнате есть телефо́н?

### Мой дом

— Здра́вствуйте! Я — Свен.

— До́брый день! Я — О́ля. Как дела́? Всё в поря́дке?

— Да, спаси́бо.

— Ну, хорошо́. Э́то наш сын Ди́ма.

— О́чень прия́тно. А где И́горь? Он до́ма?

— Муж сейча́с на рабо́те. Пожа́луйста, вот ва́ша ко́мната. Спра́ва крова́ть, сле́ва шкаф и кни́жные по́лки.

— Спаси́бо, удо́бная ко́мната.

— Пожа́луйста, здесь ку́хня, там гости́ная, спра́ва на́ша спа́льня, сле́ва де́тская. Телеви́зор в гости́ной.

— Спаси́бо. А где...

— Вот здесь, в коридо́ре — ва́нная и туале́т. А ещё у нас есть ко́шка. Где она́? Ди́ма, ты не зна́ешь? Кис-кис-кис... В ва́нной? Нет... В спа́льне?

— На лю́стре?

— Что ты!

— В шкафу́?

— Нет.

— Коне́чно, она́ здесь на ку́хне! А где же смета́на?

### Слова́

**Кварти́ра, ко́мната:** стена́, пол, потоло́к, у́гол, балко́н, окно́, ме́бель.

**Прихо́жая, коридо́р:** дверь (она́), ла́мпа, телефо́н.

**Ва́нная:** ва́нна, душ, полоте́нце (-а), мы́ло, шампу́нь (он), кран, ра́ковина, горя́чая / холо́дная вода́, стира́льная маши́на, зе́ркало.

**Ку́хня:** стол, сту́лья, га́зовая / электри́ческая плита́, по́лка, холоди́льник, посу́да, сковорода́ (сковоро́дка), кастрю́ля, ча́йник, самова́р.

**Спа́льня:** крова́ть, одея́ло, поду́шка, ту́мбочка, ла́мпа, шкаф, карти́на, ковёр.

**Гости́ная:** стол, кре́сло, дива́н, телеви́зор, (музыка́льный центр), серва́нт, часы́, лю́стра, занаве́ска (-и), пиани́но, свеча́ (-и).

### На́ша кварти́ра

Мы живём в большо́м го́роде, в но́вом райо́не, на Зелёной у́лице, в но́вом девятиэта́жном до́ме на восьмо́м этаже́. У нас не о́чень больша́я, но удо́бная кварти́ра: прихо́жая, ку́хня, спа́льня, гости́ная, де́тская, ва́нная и туале́т.

Телефо́н стои́т в прихо́жей; в ва́нной — ва́нна, душ, кран, зе́ркало на стене́ и стира́льная маши́на. В ва́нной мы принима́ем ва́нну и душ.

На ку́хне стои́т стол и сту́лья, на столе́ — самова́р и ча́шки. Ещё там стои́т га́зовая плита́ и холоди́льник. Посу́да на по́лке на стене́ и в шкафу́. На ку́хне мы за́втракаем и у́жинаем.

В гости́ной в углу́ стои́т телеви́зор, в це́нтре стол, на столе́ све́чи. Ещё там есть пиани́но, кре́сло, серва́нт, дива́н и больши́е часы́. В гости́ной мы отдыха́ем, смо́трим телеви́зор, говори́м, игра́ем на пиани́но и слу́шаем му́зыку.

В спа́льне крова́ть, большо́й шкаф, ла́мпа на ту́мбочке и карти́на на стене́. В спа́льне мы отдыха́ем и чита́ем ве́чером.

В де́тской стои́т крова́ть, стол и стул, ма́ленький шкаф, кни́жные по́лки и музыка́льный центр. Здесь Дима отдыха́ет, игра́ет, де́лает уро́ки, чита́ет и слу́шает му́зыку.

**Отвеча́ем на вопро́сы:**

1) Где живу́т Ду́бовы: в како́м го́роде, в како́м райо́не, на како́й у́лице, в како́м до́ме, на како́м этаже́? 2) Каки́е ко́мнаты у них в кварти́ре? 3) Где стои́т телефо́н? 4) Что у них в ва́нной? 5) Где принима́ют ва́нну и душ? 6) Где стои́т холоди́льник? 7) Что ещё там есть? 8) Где Ду́бовы за́втракают и у́жинают? 9) Кака́я ме́бель стои́т в гости́ной? 10) Что там де́лают? 11) Где Ду́бовы отдыха́ют и чита́ют ве́чером? 12) Где стои́т крова́ть? 13) Что ещё там есть? 14) Кака́я ме́бель стои́т в де́тской? 15) Что Ди́ма де́лает в де́тской?

### Задание 143

**А кака́я кварти́ра у учи́теля?**

У вас го́сти. Вы пока́зываете кварти́ру (и рису́ете).

## Задание 144

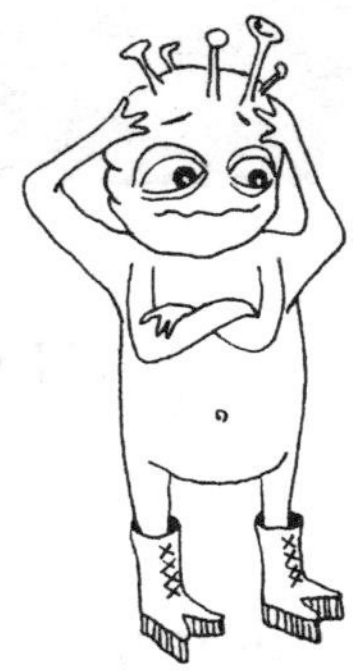

Марсиа́нин не зна́ет, в како́й ко́мнате что де́лать.

Он отдыха́ет на ку́хне, у́жинает в ва́нной, смо́трит телеви́зор в туале́те, за́втракает в гости́ной, игра́ет в ка́рты в коридо́ре, принима́ет душ на балко́не. А вы то́же так де́лаете?

## Задание 145

Играем!

Рису́ем ко́мнаты: гости́ную, ва́нную, ку́хню, спа́льню, прихо́жую, туале́т.

В кварти́ре рису́ем: стол, шкаф, сту́лья, кре́сло, ва́нну, душ, крова́ть, серва́нт, по́лки, телеви́зор, холоди́льник.

Студе́нт А: — У тебя́ кре́сло в прихо́жей!

Студе́нт Б: — Да (1:0) / — Нет (0:0)

## Задание 146

Мой дом — моя́ мечта́.

**Расска́зываем:**

В го́роде и́ли в дере́вне? На ю́ге, на се́вере, на за́паде и́ли на восто́ке? В лесу́? На о́строве? Кака́я ку́хня? Каки́е сте́ны в спа́льне? Ора́нжевые? Кака́я ме́бель в гости́ной? ...

**Я гото́влю омле́т. Я беру́ я́йца, молоко́, ма́сло и соль.**

проси́ть — я проШу́, ты про́сишь, ... они́ про́сят С / Ш

— **Я прошу́** вас не игра́ть на пиани́но но́чью...

— А когда́ вы **про́сите** игра́ть?

Что обы́чно про́сят / никогда́ не про́сят де́ти? Роди́тели? Друзья́? Сосе́ди? А вы?

плати́ть — я плаЧу́, ты пла́тишь, ... они́ пла́тят Т / Ч

— Ско́лько вы **пла́тите**?

— **Я плачу́** мно́го...

За что вы пла́тите мно́го?

За что вы пла́тите ма́ло?

ви́деть — я ви́Жу, ты ви́дишь, ... они́ ви́дят Д / Ж

— Я вас **ви́жу**, а вы меня́ **ви́дите**?

Что вы ви́дите в окно́ до́ма? А в кла́ссе?

ненави́деть — я ненави́Жу, ты ненави́дишь, ... они ненави́дят

— **Я ненави́жу** телеви́зор, а он **ненави́дит** меня́.

Что вы ненави́дите? Что ненави́дят мужчи́ны / же́нщины?

переводи́ть — я перевоЖу́, ты перево́дишь, ... они́ перево́дят

— Что ты **перево́дишь**?

— **Я перевожу́** францу́зский рома́н.

Вы хорошо́ перево́дите? Вы перево́дите стихи́?

Что вы перево́дите? Вы лю́бите чита́ть перево́ды?

любúть — я любЛю́, ты лю́бишь, ... онú лю́бят Б + Л

**Я люблю́** му́зыку, а что ты **лю́бишь**?

Что вы лю́бите де́лать ве́чером? А в выходны́е?
Что вы не лю́бите? Что лю́бят / не лю́бят ва́ши друзья́?

спать — я спЛю, ты спишь, ... онú спят П + Л

— Я уже́ **сплю**, а ты ещё не **спишь**?

Вы мно́го спúте? Вы вúдите сны, когда́ спúте?
Что вы вúдите во сне? Вы спúте днём?

гото́вить — я гото́вЛю, ты гото́вишь, ... онú гото́вят В + Л

— **Я гото́влю** пúццу, а онú **гото́вят** суп.

Вы лю́бите гото́вить? Вы хорошо́ гото́вите?
Что вы гото́вите, когда́ у вас го́сти?
Что вы лю́бите / ненавúдите гото́вить?

## Задание 147

Я (любúть) (гото́вить). — А я (любúть), когда́ ты (гото́вить)!
**Я люблю́ гото́вить. — А я люблю́, когда́ ты гото́вишь!**

1) Я о́чень хорошо́ (переводúть)! — А я пло́хо (понима́ть), когда́ ты (переводúть).
2) Я о́чень (просúть) вас его́ не слу́шать. — Вы (просúть) слу́шать то́лько вас?
3) Почему́ я (платúть) мно́го, а ты (платúть) ма́ло?
4) Я тебя́ (любúть)! А ты меня́ (любúть)?
5) Алло́! Ты не (спать)? — Сейча́с ночь! Коне́чно, я (спать)!
6) Я не (вúдеть), ско́лько (сто́ить) руба́шка? А ско́лько (сто́ить) часы́?
7) Кто (гото́вить) обе́д? — Я (гото́вить) ко́фе, а Ма́ша (гото́вить) суп.
8) Я тебя́ (вúдеть), а ты меня́ (вúдеть)? — Нет, не (вúдеть).
9) Ты (вúдеть), что я (гото́вить)? — Я не (вúдеть), что ты (гото́вить).
10) Ты его́ (ненавúдеть!) — Почему́ ты ду́маешь, что я его́ (ненавúдеть)?

## Задание 148

1) Что вы лю́бите?
2) Что вы не лю́бите?
3) Вы хорошо́ перево́дите?
4) Что вы ви́дите в окно́?
5) Вы мно́го спи́те?
6) Ско́лько вы пла́тите за ко́фе? (чай, во́ду, сигаре́ты, биле́т)
7) Вы хорошо́ гото́вите? Что вы лю́бите гото́вить?
8) Что вы ненави́дите?

**брать**

| | |
|---|---|
| **я беру́** | **мы берём** |
| **ты берёшь** | **вы берёте** |
| **он/она́ берёт** | **они беру́т** |

## Задание 149

1) Мы .. кни́ги в библиоте́ке.
2) Ты ... де́ньги в ба́нке.
3) Я ... сала́т и сок.
4) Вы ... ко́фе и пиро́жное.
5) Он ... де́ньги и су́мку.
6) Они́ ... биле́ты в теа́тр.
7) Она́ ... журна́лы.

## Задание 150

Что вы лю́бите / не лю́бите? О́чень лю́бите? Ненави́дите?

**Мя́со**, ку́рица; котле́ты, шашлы́к, соси́ски, колбаса́.
**Ры́ба**, икра́ чёрная / кра́сная
**Овощи**: морко́вка, капу́ста, карто́шка, свёкла, сала́т, помидо́ры, огурцы́...
**Грибы́**
**Ка́ша**

**Фру́кты:** я́блоки, гру́ши, виногра́д, анана́сы, бана́ны, апельси́ны; я́годы; сок.

**Моло́чные проду́кты:** молоко́, ма́сло, смета́на, йо́гурт, творо́г, сыр, я́йца ...

**Хлеб:** чёрный / бе́лый, пироги́; пиро́жные, торт ...

**Конфе́ты,** шокола́д...

**Лук, чесно́к... Соль, пе́рец, са́хар ...**

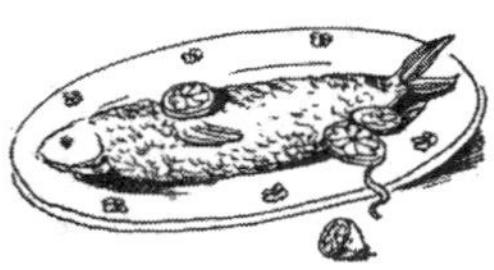

## Задание 151

**Что продаю́т в бу́лочной?**

**Что продаю́т в моло́чном отде́ле?**

**Что продаю́т в мясно́м отде́ле?**

**Что продаю́т в ры́бном отде́ле?**

**Что продаю́т в овощно́м отде́ле?**

**Что продаю́т на ры́нке?**

**В магази́не**

Вот наш универса́м. Это моло́чный отде́л. Здесь мы покупа́ем моло́чные проду́кты. О́льга и Свен в магази́не.

О́льга: — Пожа́луйста, молоко́, сыр, смета́ну и я́йца.

Продаве́ц: — Како́й сыр: швейца́рский, голла́ндский или росси́йский?

О́льга: — Росси́йский. Ско́лько э́то сто́ит?

Продаве́ц: — 57.80 (пятьдеся́т семь во́семьдесят).

О́льга: — У меня́ сто.

Продаве́ц: — Пожа́луйста, вот ва́ша сда́ча: 42.20 (со́рок два два́дцать).

О́льга: — Спаси́бо. А вот мясно́й отде́л. Но обы́чно мы покупа́ем мя́со на ры́нке. Там оно́ дорого́е, но све́жее. А хлеб мы покупа́ем в бу́лочной на углу́.

Свен: — А что продаю́т там? Фру́кты?

О́льга: — Да, о́вощи и фру́кты. В э́том отде́ле ста́рая систе́ма: вы выбира́ете, что вы хоти́те, пото́м пла́тите в ка́ссу, берёте чек и в отде́ле берёте проду́кты. Сейча́с в универса́ме мы обы́чно про́сто выбира́ем проду́кты и пото́м пла́тим в ка́ссу... Здра́вствуйте, у вас есть карто́шка?

Продаве́ц: — Да, но она́ плоха́я.

О́льга: — А морко́вка есть?

Продаве́ц: — Сего́дня нет.

О́льга: — Хорошо́, тогда́ фру́кты. Свен, что вы лю́бите: я́блоки, гру́ши, бана́ны и́ли виногра́д?

Свен: — Я ненави́жу бана́ны, но о́чень люблю́ гру́ши. А вы?

О́льга: — Я люблю́ всё! Извини́те, пожа́луйста, у вас гру́ши хоро́шие?

Продаве́ц: — Да, отли́чные: о́чень сла́дкие и мя́гкие.

О́льга: — А виногра́д?

Продаве́ц: — Есть, и о́чень вку́сный.

О́льга: — Хорошо́. Тогда́ гру́ши и виногра́д. Ско́лько?

Продаве́ц: — 65.50 (шестьдеся́т пять пятьдеся́т).

О́льга: — Вот 70 (семьдеся́т).

Продаве́ц: — Вот ва́ша сда́ча: 4.50 (четы́ре пятьдеся́т). Спаси́бо за поку́пку.

**Отвеча́ем на вопро́сы:**

1) Что они́ покупа́ют в универса́ме? 2) В како́м отде́ле продаю́т я́йца? 3) Како́й сыр они́ покупа́ют? Вы лю́бите сыр? Како́й? 4) Они́ покупа́ют мя́со в магази́не? Почему́? 5) Где они́ покупа́ют хлеб? 6) Кака́я систе́ма в мясно́м отде́ле? Что э́то зна́чит? 7) Как обы́чно де́лают поку́пки в универса́ме? 8) Свен лю́бит бана́ны? Что он лю́бит? 9) Ско́лько сто́ят гру́ши и виногра́д?

## Задание 152

**Вы по́мните, что это?**

**На ры́нке**

О́льга: — Ско́лько у вас сто́ит э́то мя́со?
Продаве́ц: — Во́семьдесят. Отли́чное мя́со, све́жее.
О́льга: — Э́то о́чень до́рого!
Продаве́ц: — Продаю́ за 75, е́сли берёте сейча́с.
О́льга: — Ла́дно, беру́. Спаси́бо.
Продаве́ц: — На здоро́вье. Спаси́бо за поку́пку.
О́льга: — Тепе́рь о́вощи: карто́шка и морко́вка. У вас есть карто́шка?
Продаве́ц: — Да, отли́чная, о́чень вку́сная.
О́льга: — А ско́лько сто́ит?
Продаве́ц: — Недо́рого, четы́ре за килогра́мм.
О́льга: — Хорошо́, берём!...

1) Что они́ покупа́ют на ры́нке?
2) Ско́лько сто́ит мя́со?
3) Э́то до́рого?
4) Они́ покупа́ют карто́шку?
5) Почему́?

## Зада́ние 153

**Васи́лий Ива́нович покупа́ет све́жие газе́ты в э́том кио́ске и всегда́ зна́ет све́жие но́вости.**

**Что и где вы покупа́ете?**

**Покупа́ть:**

**что?** — фру́кты, карто́шка, капу́ста, све́жая ры́ба, мя́со, ма́сло, сыр, колбаса́, смета́на, хлеб, ку́рица, морко́вка, бу́лка...

**где?** — магази́н «Мя́со», магази́н «Ры́ба», бу́лочная, мясно́й отде́л, овощно́й магази́н, моло́чный (магази́н), кио́ск, ры́нок, моло́чный отде́л.

Молодо́й челове́к спра́шивает в магази́не:
— У вас есть романти́ческие откры́тки?
— Да, наприме́р, э́та: «Дорога́я, я люблю́ то́лько тебя́!»
— О́чень хорошо́! Я покупа́ю два́дцать!

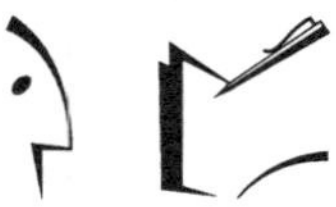

**Задание 154**

1) Где вы покупа́ете проду́кты?

2) Что вы покупа́ете ча́сто / ре́дко / никогда́ не покупа́ете?

3) Что вы покупа́ете, когда́ у вас го́сти?

4) Что лю́бят ру́сские / не́мцы / италья́нцы / америка́нцы / япо́нцы / францу́зы?

**Что вы плани́руете де́лать в сре́ду?**
**В сре́ду днём я рабо́таю, а ве́чером танцу́ю.**

**— Каки́е у вас пла́ны?**
**— Я всегда́ плани́рую дела́.**
**— А я не люблю́ плани́ровать.**

**-ова- / -ева- → -У-**

**плани́рОВАть,**
регистри́ровать,
финанси́ровать,
инвести́ровать,
контроли́ровать,
целова́ть,

организова́ть,
танцева́ть,
путешествовать,
ночева́ть,
сове́товать,
рисова́ть, интересова́ть...

**я плани́рУю**
**ты плани́рУешь**
**он/она́ плани́рУет**

**мы плани́рУем**
**вы плани́рУете**
**они́ плани́рУют**

## Задание 155

1) Кто вас (финанси́ровать)? 2) Где (ночева́ть) тури́сты? — Я ду́маю, они́ (ночева́ть) в гости́нице. 3) Сего́дня они́ (регистри́ровать) но́вую па́ртию. 4) Мы (организова́ть) интере́сную экску́рсию. 5) Я не (сове́товать) смотре́ть э́тот фильм. 6) Когда́ ты (плани́ровать) начина́ть норма́льную жизнь? 7) Вы (инвести́ровать) де́ньги, а мы (гаранти́ровать) результа́ты. 8) Ты ви́дишь, как она́ (танцева́ть)? 9) Почему́ э́то тебя́ (интересова́ть)? 10) Я хорошо́ (рисова́ть) портре́ты. 11) Кака́я фи́рма (контроли́ровать) ры́нок? 12) Влади́мир мно́го (путеше́ствовать). 13) Анто́н (целова́ть) А́нну. 14) Что вы (сове́товать) де́лать?

## Задание 156

1) Вы лю́бите танцева́ть? Вы хорошо́ танцу́ете? Где вы танцу́ете?

2) Вы лю́бите путеше́ствовать? Вы мно́го путеше́ствуете? Где вы лю́бите путеше́ствовать?

3) Вас интересу́ет поли́тика? А что вас интересу́ет? Что вас интересова́ло ра́ньше? Что вас абсолю́тно не интересу́ет?

4) Что вы плани́руете де́лать ле́том? Вы всегда́ плани́руете дела́ и о́тдых? Вы всегда́ де́лаете то, что плани́руете?

5) Вы лю́бите рисова́ть? Вы хорошо́ рису́ете? Что вы хорошо́ рису́ете?

6) Где вы сове́туете отдыха́ть? Вы лю́бите сове́товать? А слу́шать сове́ты?

## Задание 157

Журнали́ст: Вы **(рисова́ть)** мультфи́льмы?

Уо́лт Дисне́й: Нет, их **(рисова́ть)** худо́жник.

Журнали́ст: Вы **(писа́ть)** сцена́рии?

Уо́лт Дисне́й: Нет, это **(де́лать)** сценари́ст.

Журнали́ст: А му́зыка?

Уо́лт Дисне́й: То́же нет. Му́зыку **(писа́ть)** компози́тор.

Журнали́ст: А что же **(де́лать)** вы?

Уо́лт Дисне́й: Как что? Я **(де́лать)** мультфи́льмы.

Худо́жник Илья́ Глазуно́в говори́т, что худо́жник-реали́ст рису́ет то, что он ви́дит; худо́жник-модерни́ст рису́ет то, что он ду́мает; а социалисти́ческий реали́ст рису́ет то, что он слы́шит.

## Неде́ля

| | |
|---|---|
| **Сего́дня:** | **Когда́?** |
| **понеде́льник (— неде́ля)** | **в понеде́льник** |
| **вто́рник (— второ́й)** | **во вто́рник** |
| **среда́ (— сре́дний)** | **в сре́дУ** |
| **четве́рг (— четвёртый)** | **в четве́рг** |
| **пя́тница (— пя́тый)** | **в пя́тницУ** |
| **суббо́та** | **в суббо́тУ** |
| **воскресе́нье** | **в воскресе́нье** |

**Сего́дня пя́тница. Сейча́с три. / Мы организу́ем экску́рсию в пя́тницу, в три.**

Каки́е дни вы лю́бите / не лю́бите? Почему́?

### Задание 158

— Что вы де́лаете сего́дня ве́чером?
— Я рабо́таю.
— А за́втра?
— ...
— А послеза́втра?
— ...
— А во вто́рник?
— ...
— А в выходны́е?
— ...
— А в сле́дующий вто́рник?
— ...
— А в следующие выходные?

## Задание 159

Сего́дня понеде́льник.
Вчера́ бы́ло воскресе́нье.
За́втра вто́рник.
Позавчера́ была́ суббо́та.
Послеза́втра среда́.

| Позавчера́ | вчера́ | сего́дня | за́втра | послеза́втра |
|---|---|---|---|---|
| ............ | ......... | четве́рг | ......... | ................. |
| ............ | ......... | пя́тница | ......... | ................. |
| ............ | ......... | суббо́та | ......... | ................. |
| ............ | ......... | воскресе́нье | ......... | ................. |
| ............ | ......... | понеде́льник | ......... | ................. |
| ............ | ......... | вто́рник | ......... | ................. |
| ............ | ......... | среда́ | ......... | ................. |

## Задание 160

Вы — уча́стники экологи́ческой конфере́нции в Петербу́рге.

**Спра́шиваем и отвеча́ем:**

**— Что вы де́лаете в понеде́льник в двена́дцать?**

**— В понеде́льник в двена́дцать я на конфере́нции в университе́те.**

| | | |
|---|---|---|
| ПН | 12. 00 | конфере́нция (университе́т) |
| | 14. 00 | обе́д (рестора́н «Афроди́та») |
| | 16. 00 | экску́рсия |
| | 20. 00 | банке́т (рестора́н «Метропо́ль») |
| ВТ | 11. 00 | экску́рсия (Эрмита́ж) |
| | 14. 00 | конфере́нция (Петро́вская Акаде́мия) |
| | 17. 00 | встре́ча (зоопа́рк) |
| | 19. 00 | конце́рт (Филармо́ния) |
| СР | 11. 00 | конфере́нция (Техни́ческий университе́т) |
| | 14. 00 | обе́д (рестора́н «Кукара́ча») |
| | 16. 00 | (кинотеа́тр «Спарта́к») фильм «Прогре́сс и апока́липсис» |
| | 18. 00 | диску́ссия (телеви́дение) |

| | | |
|---|---|---|
| ЧТ | 11.00 | встре́ча (Зоологи́ческий музей) |
| | 15.00 | ле́кция (Санкт-Петербу́ргский университе́т) |
| | 19.00 | орга́нный ве́чер (Капе́лла) |
| ПТ | 11.00 | городска́я администра́ция |
| | 13.00 | вы́ставка «Но́вые техноло́гии» |
| | 16.00 | ле́кция (Медици́нский университе́т) |
| | 19.00 | о́пера «Пи́ковая да́ма» (Мари́инский теа́тр) |
| СБ | 11.00 | вы́ставка «Ко́смос в традицио́нной культу́ре» |
| | 15.00 | конфере́нция (университет) |
| | 20.00 | ба́ня |
| ВС | 13.00 | регистра́ция (аэропо́рт Пу́лково-2) |

## Задание 161

**Спра́шиваем и отвеча́ем:**

**Где вы бы́ли в понеде́льник в двена́дцать?**
(См. План на неде́лю)

## Задание 162

У меня́ есть пробле́ма. — **Вчера́ у меня́ была́ пробле́ма.**

1) У нас есть кварти́ра в це́нтре.
2) У тебя́ есть де́ньги.
3) У неё есть друг.
4) У вас есть вопро́с.
5) У меня́ есть вре́мя.
6) У него́ есть рабо́та.
7) У них есть сад.
8) У меня́ есть её телефо́н.
9) У тебя́ есть чек.
10) У неё есть су́мка.
11) У него́ есть подру́га.
12) У нас есть проду́кты.

## Задание 163

Свен пи́шет дневни́к:

В понеде́льник **у нас был** банке́т.
Во вто́рник **у меня́ была́** встре́ча в зоопа́рке.
В сре́ду **у нас была́** диску́ссия на телеви́дении.

**Вы пи́шете дневни́к: что у вас бы́ло в понеде́льник? ...**

## Задание 164

**А.** Вот две табли́цы: ва́ша обы́чная неде́ля и необы́чная неде́ля (наприме́р, на рабо́те и в о́тпуске).

**Б.** Спра́шиваем партнёра: что ты де́лаешь в понеде́льник у́тром? Пи́шем его́ отве́ты.

| день | у́тром | днём | ве́чером |
|---|---|---|---|
| понеде́льник | ДОМА | ДОМА | ДОМА |
| вто́рник | ШКОЛА | ШКОЛА | РЕСТОРАН |
| среда́ | ШКОЛА | РЕСТОРАН | ДОМА |
| четве́рг | ШКОЛА | РЫНОК | УЖИНАТЬ |
| пя́тница | ШКОЛА | МУЗИЙ | РЕСТОРАН |
| суббо́та | ДОМА | ПЕТЕРГОФ | РЕСТОРАН |
| воскресе́нье | " | РЕСТОРАН | КЛУБ |

| день | у́тром | днём | ве́чером |
|---|---|---|---|
| понеде́льник | | | |
| вто́рник | | | |
| среда́ | | | |
| четве́рг | | | |
| пя́тница | | | |
| суббо́та | | | |
| воскресе́нье | | | |

**Вы уме́ете петь?**
**Я уме́ю ката́ться на велосипе́де.**
**Вы мо́жете отдыха́ть.**

**мочь + inf.**

| | |
|---|---|
| **я моГу́** | **мы мо́Жем** |
| **ты мо́Жешь** | **вы мо́Жете** |
| **он мо́Жет** | **они́ мо́Гут** |

**он мог, она́ могла́, оно́ могло́, они́ могли́**

## Зада́ние 165

1) Я не ... здесь рабо́тать. 2) Они́ не ... говори́ть. 3) Вы ... спать здесь. 4) Она́ ... отдыха́ть в суббо́ту и в воскресе́нье. 5) Ты ... говори́ть, что хо́чешь. 6) Мы ... гуля́ть сего́дня и за́втра. 7) Он не ... звони́ть ка́ждый ве́чер. 8) Они́ не ... контроли́ровать ситуа́цию.

## Зада́ние 166

Вы мо́жете зимо́й спать в саду́?
Вы мо́жете рабо́тать 120 часо́в в неде́лю?
Вы мо́жете путеше́ствовать в А́рктике?
Вы мо́жете не есть неде́лю?
Вы мо́жете есть весь день?
Вы мо́жете ночева́ть в лесу́?
Вы мо́жете зимо́й пла́вать в реке́?
Вы мо́жете говори́ть по-ру́сски день и ночь?

В гру́ппе: А он / она́ / они́?

Что вы мо́жете де́лать сейча́с и что могли́ де́лать ра́ньше?
Наприме́р: **Сейча́с я могу́ рабо́тать. Ра́ньше я мог не рабо́тать.**

Е́сли солда́т говори́т «Да», то э́то зна́чит «Да»; е́сли говори́т «Нет», то э́то зна́чит «Нет»; е́сли говори́т «Мо́жет быть», то э́то не солда́т. Е́сли диплома́т говори́т «Да», то э́то зна́чит «Мо́жет быть»; е́сли говори́т «Мо́жет быть», то э́то зна́чит «Нет»; е́сли говори́т «Нет», то э́то не диплома́т. Е́сли же́нщина говори́т «Нет», то э́то зна́чит «Мо́жет быть»; е́сли же́нщина говори́т «Мо́жет быть», то э́то зна́чит «Да»; е́сли говори́т «Да», то э́то не же́нщина.

**уме́ть + inf.**

| | |
|---|---|
| **я уме́ю** | **мы уме́ем** |
| **ты уме́ешь** | **вы уме́ете** |
| **он/она́ уме́ет** | **они́ уме́ют** |

### Задание 167

**Спра́шиваем и отвеча́ем:**

**Вы мо́жете? или Вы уме́ете?**

Вы уме́ете пла́вать? — Да, я уме́ю пла́вать.

Вы мо́жете пла́вать зимо́й в реке́? — Нет, в Росси́и я не могу́ пла́вать зимо́й в реке́. То́лько в Австра́лии.

игра́ть в ка́рты
кури́ть до́ма
не рабо́тать
игра́ть в ша́хматы
танцева́ть день и ночь
жить в лесу́
рабо́тать день и ночь
рисова́ть но́чью

рисова́ть
не спать неде́лю
гото́вить
игра́ть на пиани́но
спать день и ночь
рабо́тать на компью́тере
фотографи́ровать
танцева́ть

**петь**

| | |
|---|---|
| **я пою́** | **мы поём** |
| **ты поёшь** | **вы поёте** |
| **он/она́ поёт** | **они́ пою́т** |

## Задание 168

**А.** 1) Он ... балла́ду. 2) Вы прекра́сно ... . 3) Да, я о́чень хорошо́ ... . Макси́м то́же прекра́сно ... . 4) Я не хочу́ слу́шать, что они́ ... . 5) Ты ... о́чень ти́хо, и я не слы́шу. 6) Мы ... но́вую пе́сню. 7) Кто э́то ... на у́лице?

**Б.** Вы лю́бите петь?
Вы уме́ете петь?
Вы хорошо́ поёте?
Как вы ду́маете, кто хорошо́ поёт?
Вы поёте ру́сские пе́сни?
Каки́е пе́сни вы поёте?

Настоя́щий друг, настоя́щий мужчи́на, настоя́щий пра́здник...

Популя́рная актри́са говори́т на репети́ции:
— В пе́рвом а́кте я хочу́ настоя́щие бриллиа́нты!
Режиссёр отвеча́ет:
— Хорошо́, всё бу́дет настоя́щее: бриллиа́нты в пе́рвом а́кте и яд — в после́днем.

Кака́я ра́дость! Како́й сюрпри́з! Кака́я пре́лесть! Како́й у́жас!

| | |
|---|---|
| ката́ться | на велосипе́де, на лы́жах, на конька́х, на ло́дке |
| о́тпуск | У вас большо́й о́тпуск? Когда́ у вас о́тпуск, зимо́й и́ли ле́том? |
| приро́да | Я люблю́ приро́ду. Мы отдыха́ли на приро́де. |
| снима́ть | Мы снима́ем дом, ко́мнату, кварти́ру. Я снима́ю ша́пку. Они снима́ют фильм. |

**Как вы отдыха́ли?**

И́горь: — Я бо́льше не могу́! Я бо́льше не могу́ рабо́тать!

О́льга: — Рабо́тать ме́ньше ты то́же не мо́жешь!

И́горь: — Э́то шу́тка. Всё, я в о́тпуске!

О́льга: — А у нас гость!

И́горь: — Да что ты говори́шь! Приве́т, Свен!

Свен: — Здра́вствуй!

И́горь: — Ну, как дела́? Где ты был, что ты де́лал?

Свен: — Я о́чень мно́го рабо́тал. Э́то был о́чень интере́сный год. Наприме́р, я был в Австра́лии. Ты зна́ешь, я всегда́ хоте́л рабо́тать на приро́де. По́мнишь, как мы вме́сте рабо́тали на Байка́ле? Меня́ всегда́ интересова́ла рабо́та в Сиби́ри. Я ду́маю, ты зна́ешь почему́.

О́льга: — Почему́ ты начина́ешь говори́ть о рабо́те? Свен, где вы отдыха́ли в про́шлом году́?

Свен: — Мы бы́ли на мо́ре, но пого́да была́ плоха́я, мы сиде́ли до́ма и смотре́ли в окно́. В гости́нице бы́ло хо́лодно, а на́ши сосе́ди ка́ждый ве́чер слу́шали гро́мкую му́зыку и танцева́ли. А ещё у них была́ соба́ка, и ка́ждое у́тро она́ проси́ла есть. Я ду́маю, мы ещё никогда́ не отдыха́ли так пло́хо.

О́льга: — Како́й кошма́р!

Свен: — А где вы отдыха́ли в про́шлом году́?

И́горь: — У нас был прекра́сный о́тдых: мы снима́ли дом в дере́вне. Была́ хоро́шая пого́да, мы ра́но вstава́ли, пла́вали в о́зере, рабо́тали в саду́, игра́ли в футбо́л и в волейбо́л, загора́ли. Ка́ждую пя́тницу у нас была́ ба́ня, а ве́чером мы ча́сто сиде́ли в лесу́, смотре́ли на ого́нь, игра́ли на гита́ре и пе́ли. Э́то был настоя́щий о́тдых!

**Отвеча́ем на вопро́сы:**

1) Где рабо́тал Свен?
2) Где И́горь и Свен рабо́тали вме́сте?
3) Как вы ду́маете, почему́ Свен хо́чет рабо́тать в Сиби́ри?
4) Где отдыха́ли Свен и его́ семья́?
5) Что они́ де́лали на о́тдыхе?
6) Как отдыха́ли И́горь и О́льга?
7) Как вы лю́бите отдыха́ть?
8) Где вы отдыха́ли хорошо́, а где — пло́хо?

**ошиба́ть + ся**

| | |
|---|---|
| **я ошиба́-ю-сЬ** | **мы ошиба́е-м-сЯ** |
| **ты ошиба́е-шь-сЯ** | **вы ошиба́ет-е-сЬ** |
| **он/она́ ошиба́е-т-сЯ** | **они́ ошиба́ю-т-сЯ** |

**он ошиба́-л-сЯ, она́ ошиба́л-а-сЬ, они́ ошиба́л-и-сЬ**

**ошиба́ться, боя́ться, ката́ться, встреча́ться, закрыва́ться, открыва́ться, начина́ться, конча́ться.**

## Зада́ние 169

1) Мы ча́сто (встреча́ться) в кафе́. 2) Мы не (боя́ться) гуля́ть но́чью. 3) Ма́ленькие де́ти ле́том (ката́ться) на велосипе́де. 4) Когда́ мы бы́ли в Швейца́рии, мы (ката́ться) на лы́жах. 5) У нас в го́роде магази́ны (закрыва́ться) ра́но. 6) Я люблю́ гуля́ть в лесу́, когда́ (начина́ться) о́сень. 7) Ле́том в Петербу́рге но́чью (открыва́ться) мосты́. 8) Всё плохо́е (конча́ться). 9) Они́ ча́сто (встреча́ться)? 10) Почему́ ты меня́ (боя́ться)? 11) Когда́ (начина́ться) конце́рт? — Он (начина́ться) в 7. 12) Когда́ (конча́ться) спекта́кль? — Он (конча́ться) в 11. 13) Ба́нки (открыва́ться) ра́но. 14) Две́ри (закрыва́ться)! 15) Лю́ди иногда́ (ошиба́ться).

## Зада́ние 170

**Спра́шиваем и отвеча́ем:**

1) Когда́ открыва́ется магази́н? 2) Когда́ начина́ется спекта́кль? 3) Когда́ закрыва́ется рестора́н? 4) Когда́ конча́ются уро́ки? 5) Вы

лю́бите ката́ться на велосипе́де? 6) Вы ча́сто ошиба́етесь? 7) Вы бои́тесь гуля́ть но́чью? 8) Где и когда́ мы встреча́емся? 9) Вы лю́бите ката́ться на лы́жах?

## Задание 171

1) Я ... окно́. Осторо́жно, две́ри ... ! (закрыва́ть — закрыва́ться)

2) Мы ча́сто ... на у́лице. Я ча́сто ... её на у́лице. (встреча́ть — встреча́ться)

3) Когда ... кафе́? Когда́ вы ... кафе́? (открыва́ть — открыва́ться)

4) Когда́ вы ... экску́рсию? Когда́ ... экску́рсия? (начина́ть — начина́ться)

5) Зима́ уже́ ... . Когда́ вы ... рабо́ту? (конча́ть — конча́ться)

6) Почему́ они́ ... рестора́н? Рестора́н ... в по́лночь. (закрыва́ть — закрыва́ться)

7) В понеде́льник я ... но́вую жизнь. Но́вая жизнь ... в понеде́льник. (начина́ть — начина́ться)

8) Мы ... упражне́ние. Уро́к ... . (конча́ть — конча́ться)

— Ка́жется, э́то не о́чень популя́рный спекта́кль?

— Я то́же так ду́маю: вчера́ я звони́л в ка́ссу и спра́шивал, когда́ он начина́ется, и зна́ешь, что они́ отвеча́ют? — «А когда́ вы хоти́те?»

**Всё хорошо́, что хорошо́ конча́ется!**

## Задание 172

Ле́том Ди́ма живёт на да́че, в дере́вне. Он встаёт по́здно и за́втракает. Пото́м он пла́вает в о́зере, игра́ет в футбо́л или ката́ется на велосипе́де. Пото́м обе́дает. Ещё ма́льчики ча́сто гуля́ют в лесу́. Ве́чером он чита́ет, а иногда́, когда́ пого́да хоро́шая, он и его́ друзья́ сидя́т в лесу́ на о́зере, смо́трят на ого́нь, расска́зывают ра́зные исто́рии, игра́ют на гита́ре и пою́т пе́сни.

**В про́шлом году́** Ди́ма ...

## Задание 173

Где вы мо́жете отдыха́ть ле́том, о́сенью, зимо́й, ве́сной?

Что вы мо́жете де́лать на о́тдыхе в Росси́и, в Испа́нии, в Гре́ции, в А́фрике, в Кита́е, в Австра́лии?

Вы тураге́нт. Вы продаёте тур и расска́зываете, что тури́ст мо́жет де́лать в э́той стране́ (где жить, что смотре́ть, где пла́вать и т.д.)

## Задание 174

**Где и как вы отдыха́ли?**

Игра́ть в..., спать (мно́го / ма́ло), пла́вать (в мо́ре / в реке́), загора́ть, гуля́ть, ката́ться (на велосипе́де / на ло́дке / на лы́жах / на конька́х), рабо́тать / не рабо́тать, смотре́ть (фи́льмы / спекта́кли), обе́дать / у́жинать в рестора́не, снима́ть (ко́мнату / дом / кварти́ру), жить в гости́нице, (на мо́ре / на о́зере / на реке́), в дере́вне, на куро́рте, в гора́х...

**Я ви́жу карти́ну. Я смотрю́ кино́.**
**Я слы́шу шум. Я слу́шаю му́зыку.**
**Мы лю́бим свой го́род.**

## Задание 175

слы́шать — слу́шать

**Я люблю́ му́зыку. Я слу́шаю му́зыку.**
**Мой сосе́д лю́бит му́зыку. Я слы́шу му́зыку.**

1) Я люблю́ ... о́перу.
2) Что вы говори́те? Я ничего́ не ...!
3) Ты ... после́днюю но́вость?
4) Я ... ра́дио и не ..., что вы сказа́ли.
5) Алло́! Говори́те, я вас ... !
6) Алло́! Вы хорошо́ меня́ ... ?
7) Учи́тель ... все оши́бки.
8) Профе́ссор расска́зывает, а студе́нты ... .

смотре́ть — ви́деть

**Я смотре́л телеви́зор. О́чень хоро́ший фильм!**
**Я ви́дел телеви́зор. О́чень хоро́ший аппара́т!**

1) Ты ча́сто ... телеви́зор?
2) Что вы ... на карти́не?
3) Я ... в окно́ и ... у́лицу.
4) Что ты там ... ?
5) Мы лю́бим ... футбо́л.
6) Вы уже́ ... мою́ жену́?
7) Вы уже́ ... сего́дня но́вости?
8) Я ..., что вы хоро́ший челове́к!

**В театра́льной ка́ссе**

Йгорь: — Свен, ты лю́бишь бале́т?

Свен: — Я ещё не смотре́л бале́т в Росси́и, но мно́го слы́шал о ру́сском бале́те. Прекра́сная му́зыка, краси́вые костю́мы. И танцу́ют, я слы́шал, хорошо́. А что?

И́горь: — В пя́тницу в теа́тре «Лебеди́ное о́зеро». Ты мо́жешь?

Свен: — Да, спаси́бо, коне́чно. У́тром у меня́ встре́ча, а ве́чером я могу́.

И́горь: — Отли́чно. Извини́те, у вас есть биле́ты на «Лебеди́ное о́зеро», на пя́тницу? Два, в парте́ре, пожа́луйста.

Кассир: — А на дра́му вы не хоти́те? Че́хов, «Дя́дя Ва́ня».

Свен: — Нет, потому́ что я пло́хо понима́ю по-ру́сски.

Кассир: — А, тепе́рь я зна́ю, почему́ тури́сты всегда́ смо́трят «Лебеди́ное о́зеро».

И́горь: — А до́ма ты ча́сто смо́тришь бале́т?

Свен — Нет, почти́ никогда́. Но я люблю́ хоро́шую му́зыку. Я ча́сто слу́шаю класси́ческую му́зыку до́ма. И ру́сскую му́зыку я зна́ю непло́хо. Мои́ люби́мые компози́торы — Му́соргский, Скря́бин, Бороди́н... и, коне́чно, Чайко́вский.

И́горь: — А я бо́льше люблю́ о́перу. Ру́сскую и неме́цкую о́перу. А О́льга — италья́нскую.

**Отвеча́ем на вопро́сы:**

1) Вы лю́бите теа́тр?

2) Что вы бо́льше лю́бите: бале́т, о́перу и́ли дра́му?

3) Вы уже́ бы́ли в теа́тре в Росси́и? Что вы смотре́ли?

4) Как вы ду́маете, почему́ тури́сты всегда́ смо́трят «Лебеди́ное о́зеро»?

5) Каку́ю му́зыку вы лю́бите?

6) Вы ча́сто слу́шаете кла́ссику?

7) Кто ва́ши люби́мые компози́торы? / Каки́е ва́ши люби́мые гру́ппы?

8) Что вы лю́бите слу́шать до́ма / на конце́рте / в клу́бе / в маши́не?

**В кни́жном магази́не**

Свен: — Извини́те, у вас есть кни́ги о Санкт-Петербу́рге?

Продаве́ц: — Да, пожа́луйста: вот фотоальбо́м, вот истори́ческие кни́ги, а вот телефо́нная кни́га. Вас что интересу́ет?

Свен: — Фотоальбо́мы.

Йгорь: — Свен, а что ты сейча́с чита́ешь?

Свен: — Исто́рию Росси́и. Я люблю́ чита́ть истори́ческие кни́ги, когда́ путеше́ствую.

Йгорь: — Я то́же сейча́с чита́ю истори́ческую кни́гу о Се́верной войне́. Ой, извини́...

Свен: — Ничего́.

Йгорь: — А вот мой сын не о́чень лю́бит чита́ть. Мы ра́ньше чита́ли мно́го и поэ́тому мно́го зна́ем. Наприме́р, я — био́лог, а моя́ жена́ — экономи́ст.

Свен: — А я слы́шал, что в Росси́и чита́ют мно́го. У вас прекра́сная литерату́ра: Толсто́й, Достое́вский, Булга́ков. Я чита́л немно́го, в перево́де.

Йгорь: — Да, это мы чита́ли ещё в шко́ле: «Война́ и мир», «Преступле́ние и наказа́ние». А пото́м лю́ди не чита́ют. А почему́ они́ ма́ло чита́ют? Потому́ что мно́го смо́трят телеви́зор!

**До́ма**

И́горь: — Приве́т!

О́льга: — Приве́т! Где вы бы́ли?

И́горь: — Мы бы́ли в кни́жном магази́не. Свен покупа́л кни́ги, и мы говори́ли, почему́ лю́ди ма́ло чита́ют.

О́льга: — Да, наприме́р твой брат. Он лю́бит то́лько смотре́ть футбо́л.

И́горь: — Почему́ то́лько футбо́л? Он ещё лю́бит смотре́ть хокке́й... и бокс то́же. А ещё он игра́ет в ша́хматы.

Свен: — А я вообще́ почти́ не смотрю́ телеви́зор. То́лько но́вости.

И́горь: — И пра́вильно де́лаешь, потому́ что сейча́с пока́зывают то́лько телесериа́лы и рекла́му.

Свен: — И́горь говори́т, что лю́ди сейча́с ма́ло чита́ют, потому́ что они́ мно́го смо́трят телеви́зор.

О́льга: — Ну почему́ ма́ло? Лю́ди чита́ют газе́ты, журна́лы, смо́трят фи́льмы. Есть кино́, конце́рты, спорт.

Свен: — А тепе́рь ещё Интерне́т.

И́горь: — Ра́ньше лю́ди в дере́вне игра́ли и пе́ли, а тепе́рь слу́шают магнитофо́н. Э́то прогре́сс!

О́льга: — Но у нас есть и теа́тр, и литерату́ра, и музе́и. Оди́н бо́льше лю́бит теа́тр, а друго́й — дискоте́ку; оди́н — газе́ту, а друго́й — рома́н.

И́горь: — Ты зна́ешь, что молоды́е лю́бят клу́бы и дискоте́ки. Они́ там встреча́ются. А бога́тые лю́бят рестора́ны и казино́.

Свен: — Как всё про́сто!

**Отвеча́ем на вопро́сы:**

1) Как вы ду́маете, лю́ди сейча́с мно́го чита́ют? Почему́? Что говори́т Игорь?

2) Вы лю́бите смотре́ть телеви́зор? Вы мно́го смо́трите телеви́зор? Каки́е програ́ммы вы лю́бите смотре́ть?

3) Вы лю́бите чита́ть? Вы мно́го чита́ете? Что вы лю́бите чита́ть, когда́ путеше́ствуете? Что вы чита́ли о Росси́и?

4) Вы чита́ете газе́ты? А журна́лы? Каки́е?

5) Вы поёте? Что вы бо́льше лю́бите: слу́шать му́зыку и́ли игра́ть?

6) Что бо́льше лю́бят де́ти, литерату́ру и́ли спорт?

7) Что бо́льше лю́бят молоды́е: дискоте́ки, казино́, теа́тры и́ли футбо́л?

8) Что вы ду́маете об Интерне́те?

**Му́зыка:** поп, рок, джаз, кла́ссика (симфо́ния, о́пера, бале́т), рэп, те́хно, хард-рок, хэ́ви-ме́тал.

**Фи́льмы:** истори́ческие, детекти́вы, мелодра́мы, коме́дии, три́ллеры, фанта́стика, приключе́нческие, боевики́.

**Телепрогра́ммы:** но́вости, спорт, му́зыка, ток-шо́у, документа́льные фи́льмы, аналити́ческие програ́ммы, и́гры, сериа́лы и т.д.

**Кни́ги:** рома́н, поэ́зия (стихи́), истори́ческий рома́н, детекти́в, нау́чно-популя́рная литерату́ра, психологи́ческая, религио́зная, уче́бники.

**Теа́тр:** о́пера, бале́т, дра́ма, коме́дия, траге́дия, мю́зикл.

## Задание 176

| | | |
|---|---|---|
| Что чита́ют | де́ти<br>шко́льники<br>мужчи́ны | ? |
| Что смо́трят | же́нщины<br>пенсионе́ры | |
| Что слу́шают | в Росси́и<br>в ва́шей стране́ | |

## СВОЙ — СВОЯ́ — СВОЁ — СВОИ́

Accus. СВОЙ — СВОЮ́ — СВОЁ
Prep. (о) СВОЁМ — СВОЕЙ — СВОЁМ

Э́то мой го́род. Я люблю́ СВОЙ го́род. (мой, твой, наш, ваш = свой)
Э́то его́ де́ньги.
Он берёт СВОИ́ де́ньги.
Он берёт ЕГО́ де́ньги.
(его́, её, их ≠ свой)

### Задание 177

**Гид пока́зывает свой го́род. Вы смо́трите его́ го́род.**

1) Э́то Анто́н. Э́то ... карти́на. Он пока́зывает ... карти́ну. Мы смо́трим ... карти́ну.

2) Э́то писа́тель. Э́то ... кни́га. Он до́лго писа́л ... кни́гу. Я не хочу́ чита́ть ... кни́гу.

3) Ди́ма лю́бит ... ко́шку. Вы не ви́дели ... ?

4) Он продаёт ... дом. Она́ покупа́ет ... дом.

5) Писа́тель пи́шет ... мемуа́ры. Мы чита́ем ... мемуа́ры.

6) Э́то А́нна. Э́то ... сестра́. Я не зна́ю ... сестру́. Она́ лю́бит ... сестру́.

7) Пассажи́р пока́зывает ... биле́т. Контролёр смо́трит ... биле́т.

8) Тури́ст пока́зывает ... су́мку и ... па́спорт. Тамо́женник смо́трит ... су́мку и ... па́спорт.

9) Э́то И́ра. Э́то ... портре́т. Она́ пока́зывает ... портре́т. Вас не интересу́ет ... портре́т?

10) Э́то шпио́ны. Я зна́ю ... секре́т. Они́ говори́ли о ... секре́те.

11) Он лю́бит ... жену́. Вы зна́ете ... жену́?

12) Они́ продаю́т ... маши́ну? Кто покупа́ет ... маши́ну?

| | |
|---|---|
| Я не хочу́ чита́ть ва́шу статью́. Я не люблю́ статьи́ о поли́тике. | Я не хочу́ чита́ть ва́шу статью́, потому́ что я не люблю́ статьи́ о поли́тике. Я не люблю́ статьи́ о поли́тике, поэ́тому я не хочу́ чита́ть ва́шу статью́. |

## Задание 178

**Потому́ что** и́ли **поэ́тому?**

1) Я бога́тый, .................. мно́го рабо́таю.
2) Я мно́го рабо́таю, ................ я о́чень устаю́.
3) Я живу́ в дере́вне, ................... не люблю́ го́род.
4) Я мно́го зна́ю, ...................... мно́го чита́ю.
5) Я не люблю́ говори́ть о рабо́те, ............... мы говори́м о футбо́ле.
6) О́льга лю́бит гото́вить, .................. И́горь не лю́бит гото́вить.
7) Он вегетариа́нец, .................. никогда́ не ест мя́со.
8) Я хорошо́ говорю́ по-ру́сски, ................ я всё понима́ю.
9) Он пло́хо понима́ет по-ру́сски, ..................... не смо́трит дра́му.
10) Она́ лю́бит чита́ть, ........................ у неё больша́я библиоте́ка.
11) Он лю́бит свою́ жену́, ...................... она́ его́ лю́бит.
12) Меня́ интересу́ет исто́рия, ........................ я покупа́ю истори́ческие кни́ги.

## Задание 179

### Телепрогра́мма

Как вы ду́маете, каки́е програ́ммы интере́сные / ску́чные?

Каки́е програ́ммы вы лю́бите / не лю́бите? Почему́? О чём э́ти програ́ммы?

Кана́л «Росси́я»

7.00 и 8.30 У́тренний экспре́сс.
7.30 «Пилигри́м»
8.00 Ве́сти.
9.00 Ло́тто «Миллио́н».
9.25 Дорога́я реда́кция...

9.55 «Са́нта-Ба́рбара».
11.00 Ве́сти.
11.20 «Са́нта-Ба́рбара».
12.15 В рабо́чий по́лдень.
12.40 Авто́граф.
12.55 В ка́дре — Ара́бские Эмира́ты.
13.15 Яку́тия: Вчера́ и сего́дня.
13.25 Делова́я Росси́я.
14.00 Ве́сти.
14.25 Ивано́в, Петро́в, Си́доров и други́е...
15.00 Двойно́й портре́т.
15.55 Но́вое «Пя́тое колесо́».
16.45 Там-там но́вости.
17.00 Ве́сти.
17.20 «Блок нот».
17.35 Ваш партнёр.
18.05 «Здоро́вье» (т.ж.) /тележурна́л/.
18.35 М. ф. /мультфи́льмы/.
18.45 Вертика́ль.
19.00 Боге́ма: Леони́д Фила́тов.
20.00 «Зе́ркало».
20.45 Пого́да на за́втра.
21.30 Раз в неде́лю.
22.05 Телелотере́я «На коне́».
23.05 «Эх, доро́ги...».
23.35 Репортёр.
00.00 Ве́сти.
00.35 Програ́мма «А».
1.25 Горя́чая деся́тка.

Кана́л «НТВ» /Незави́симое Телеви́дение/

6.00 Сего́дня у́тром.
10.00 Фильм Саша́ Гитри́ «Наполео́н» (1) (Фра́нция).
12.00, 14.00 и 16.00 Сего́дня днём.
12.20 Кни́жные но́вости.
12.35 и 16.15 Де́ньги.
12.45 Компью́тер.
13.00 Росси́йские университе́ты.
15.30 Панора́ма.
16.30 Ре́тро-но́вости.
16.40 Сла́дкая жизнь.

17.00 Кни́жный магази́н.
17.30 Де́тский сериа́л «Голубо́е де́рево» (27).
18.30 Футбо́льный клуб.
19.00 и 22.00 Сего́дня ве́чером.
19.30 Берна́р Жиродо́ в фи́льме «Специали́сты» (Фра́нция).
21.40 Ру́сский альбом: Гру́ппа «Чай-Ф».
22.35 Пре́мия «О́скар»: Да́стин Хо́ффман в фи́льме «Выпускни́к» (США).
00.00 Сего́дня в по́лночь.
00.20 Ша́хматы: Супертурни́р в Лас-Па́льмасе.
00.25 Тре́тий глаз.

11- й /оди́ннадцатый/ кана́л

8.20 Пого́да.
8.30 6 News.
8.45 Апте́ка.
9.10 Телеконкре́тно.
9.25 Ток-шо́у «Моё кино».
10.20 «Вавило́н -5» (33).
11.10 Апте́ка.
11.20 «Соверше́нно серьёзно» х.ф.
12.45 Кано́нъ.
13.15 Кинеско́п.
14.15 «Па́ко Раба́ни в Москве́» в.ф. /видеофи́льм/ (1).
15.00 Я сама́: «И в ра́дости, и в го́ре...».
16.00 Ток-шо́у «Профе́ссия»: «Тамо́женник».
16.40 «Ива́н Гро́зный» (х.ф.) (1).
17.10 Сериа́л «Гото́вы и́ли нет?» (13).
17.40 Телемагази́н.
18.00 Сериа́л «Сосе́ди».
19.00 Досье́: Универса́льный консульта́нт.
19.30 «Се́веро — За́пад».
20.00 «Бриллиантовая рука» (х.ф.)
21.50 Дома́шний до́ктор.
22.05 Му́зыка кино́.
22.25 «Си́ний торна́до»(х.ф.) (Ита́лия).
00.00 Доро́жный патру́ль.

**Де́лаем своё телеви́дение!**
Каки́е програ́ммы и когда́ вы хоти́те пока́зывать? Почему́?
(в рабо́чий день, в выходны́е, на Но́вый Год)

# ПОВТОРЕ́НИЕ

## Зада́ние 180

**Что? Где? Когда́?**

Где э́ти города́?

| | |
|---|---|
| 1) Арха́нгельск | на Кра́сном мо́ре |
| 2) Со́чи | на Бе́лом мо́ре |
| 3) Джи́дда | на Чёрном мо́ре |

Где э́ти стра́ны?

| | |
|---|---|
| 1) Кана́да | в Центра́льной А́фрике |
| 2) Камеру́н | в Ю́жной Аме́рике |
| 3) Парагва́й | в Се́верной Аме́рике |

Где э́ти острова́?

| | |
|---|---|
| 1) Кана́рские острова́ | в Инди́йском океа́не |
| 2) Мадагаска́р | в Ти́хом океа́не |
| 3) Фи́джи | в Атланти́ческом океа́не |

Где э́ти ре́ки?

| | |
|---|---|
| 1) Нил | в Се́верной И́ндии |
| 2) Енисе́й | в Се́верной А́фрике |
| 3) Ганг | в Центра́льной Сиби́ри |

Когда́ они́ жи́ли?

| | |
|---|---|
| 1) Алекса́ндр Не́вский | в девятна́дцатом ве́ке |
| 2) Фёдор Достое́вский | в семна́дцатом ве́ке |
| 3) Пётр Пе́рвый | в трина́дцатом ве́ке |

Где они́ жи́ли?

| | |
|---|---|
| 1) Ю́лий Це́зарь | в Ри́мской импе́рии |
| 2) Екатери́на Втора́я | в Брита́нской импе́рии |
| 3) короле́ва Викто́рия | в Росси́йской импе́рии |

### Задание 181

Где вы бы́ли? — В кафе́. — **Она́ говори́т, что была́ в кафе́.**

1) Где вы (покупа́ть) минера́льную во́ду? — В но́вом магази́не «Дие́та».
Они́ ...
2) Где вы (обе́дать)? — В мексика́нском рестора́не на углу́.
Он ...
3) Что вы часто (чита́ть)? — Англи́йскую грамма́тику.
Она́ ...
4) А где Ди́ма? — Он (игра́ть) в футбо́л в ста́ром па́рке на Зелёной у́лице.
Андре́й ...
5) Где де́душка? — Он (смотре́ть) фильм о Петре́ Пе́рвом.
Внук ...
6) О чём вы (спо́рить)? — Мы (спо́рить) о рома́не «Идио́т».
Они́...
7) Что ты (де́лать)? — Я (гото́вить) ры́бу и о́вощи.
Она́ ...
8) Где вы (отдыха́ть)? — Обы́чно мы (отдыха́ть) на Чёрном мо́ре.
Они́...
9) Где вы (изуча́ть) психоло́гию? — В Моско́вском университе́те.
Он ...
10) О чём вы (писа́ть) статью́? — О класси́ческой му́зыке.
Она́ ...
11) Где вы (изуча́ть) ру́сский язы́к? — В хоро́шей шко́ле.
Они́ ...
12) Где вы (слу́шать) ру́сскую о́перу? — В Большо́м теа́тре.
Он ...

### Задание 182

У вас но́вая кварти́ра. Все спра́шивают: Что у вас в спа́льне? А в гости́ной? А в ку́хне? Где у вас телеви́зор? Где вы у́жинаете? и т.д. Вы отвеча́ете.

## Задание 183

**Стро́им фра́зы:**

**Я иногда́ игра́ю джаз в ночно́м клу́бе.**

| кто | когда́ | что де́лает | что | где |
|---|---|---|---|---|
| я | всегда́ | рабо́тать | телеви́зор | в рестора́не |
| ты | ча́сто | чита́ть | му́зыку | на ку́хне |
| он | ре́дко | писа́ть | о́перу | в гости́ной |
| она́ | иногда́ | слу́шать | мю́зикл | в спа́льне |
| мы | в суббо́ту | смотре́ть | бале́т | в ва́нной |
| вы | ка́ждый день | покупа́ть | газе́ту | на Садо́вой у́лице |
| они́ | в понеде́льник | продава́ть | рома́н | на Не́вском проспе́кте |
| Анна | у́тром | гуля́ть | рок | в бу́лочной |
| Анто́н | в пя́тницу | у́жинать | джаз | в ночно́м клу́бе |
| друзья́ | но́чью | отдыха́ть | мя́со | в моло́чном отде́ле |
| тури́сты | днём | брать | ры́бу | в о́перном теа́тре |
| студе́нт | ве́чером | хоте́ть | я́блоки | в Центра́льном па́рке |
| банки́р | в четве́рг | жить | письмо́ | на Чёрном мо́ре |
| музыка́нт | в выходны́е | ночева́ть | де́ньги | в Ру́сском музе́е |
| продаве́ц | в сре́ду | гото́вить | глу́пости | на ры́нке |
| же́нщины | весь день | проси́ть | сала́т | в кни́жном магази́не |
| мужчи́ны | день и ночь | петь | пи́ццу | на рабо́те |
| учителя́ | обы́чно | игра́ть (в) | футбо́л | в большо́м го́роде |

## Задание 184

**Игра́ем: кто бо́льше?**

**Что вы покупа́ете в овощно́м отде́ле? — Морко́вку. (+ 1) / Колбасу́. (— 1)**

1) Что вы покупа́ете в моло́чном отде́ле?
2) Что вы покупа́ете в мясно́м / ры́бном отде́ле?

3) Что вы покупа́ете в овощно́м отде́ле?
4) Что вы покупа́ете в отде́ле «Фру́кты»?
5) Что вы покупа́ете в бу́лочной?

## Задание 185

Э́то Свен. Он эко́лог. Э́то Влади́мир. Он капита́н. Э́то поэ́т, э́то бухга́лтер, э́то актри́са, а э́то футболи́ст. Вы их уже́ зна́ете. Сейча́с они́ в универса́ме. Как вы ду́маете, что они́ покупа́ют?

Бухга́лтер покупа́ет ______________________________

Поэ́т покупа́ет ______________________________

Капита́н покупа́ет ______________________________

Эко́лог покупа́ет ______________________________

Актри́са покупа́ет ______________________________

Футболи́ст покупа́ет ______________________________

## Задание 186

1) Что де́лают в музе́е? В теа́тре? В кино́? В клу́бе?
2) Что вы чита́ли в про́шлом году́? В э́том году́? В шко́ле?
3) Где и как вы отдыха́ли в про́шлом году́? В э́том году́?
4) Каку́ю кварти́ру / како́й дом вы хоти́те?
5) Кака́я ва́ша люби́мая ко́мната? Что там есть? Что вы там де́лаете?
6) Где вы бы́ли в понеде́льник?
7) Где вы бы́ли в четве́рг?
8) Что вы де́лали в выходны́е?
9) Како́й ваш люби́мый фильм? Э́то коме́дия? О чём он?
10) Кака́я ва́ша люби́мая кни́га? Э́то детекти́в? О чём?
11) Что вы сейча́с чита́ете?
12) Вы чита́ете газе́ты? Каки́е?
13) Вы чита́ете стихи́? Кто ва́ши люби́мые писа́тели и поэ́ты?
14) Каку́ю му́зыку вы лю́бите? Где вы лю́бите слу́шать му́зыку?
15) Где и как отдыха́ют в ва́шем го́роде?
16) Вы смо́трите телеви́зор? Каки́е програ́ммы?
17) Что вы зна́ете о ру́сской литерату́ре?
18) Что вы зна́ете о ру́сском теа́тре?
19) Что вы зна́ете о ру́сской му́зыке?
20) Како́й ваш люби́мый музе́й?

### Задание 187

Вы рабо́таете в тураге́нтстве и предлага́ете отдыха́ть зимо́й в Швейца́рии, ле́том в Испа́нии и т. д. У вас есть конкуре́нты.

**— Зимо́й в Швейца́рии вы мо́жете ката́ться на лы́жах!**

**— Но ле́том в Испа́нии вы мо́жете пла́вать в мо́ре!**

**— Но не мо́жете ката́ться на лы́жах! А в Швейца́рии зимо́й вы мо́жете пла́вать в бассе́йне! ...**

### Задание 188

Вы отдыха́ли неде́лю. Э́то был прекра́сный / ужа́сный о́тдых.

Где вы бы́ли и что вы де́лали в понеде́льник, во вто́рник, в сре́ду, в четве́рг, в пя́тницу, в суббо́ту и в воскресе́нье?

Вы мо́жете брать ро́ли: оптими́ст, пессими́ст, оригина́л (лю́бите экзо́тику) и т.п.

### Задание 189

Вы открыва́ете но́вый музе́й, свой музе́й. Что вы хоти́те там пока́зывать? Каки́е карти́ны, скульпту́ры, ве́щи? Что ещё?

### Задание 190

Что вы хорошо́ уме́ете де́лать?

Что вы хоти́те де́лать, но не мо́жете? / не уме́ете?

Что вы мо́жете / уме́ете де́лать, но не хоти́те?

**Куда́ ты идёшь?**
**Мы ча́сто хо́дим в кино́.**

**Вы е́дете на мо́ре?**
**Мы лю́бим е́здить на мо́ре.**

| ИДТИ́ | ⇒ | ХОДИ́ТЬ | ⇔ |
|---|---|---|---|
| я иду́ | мы идём | я хожу́ | мы хо́дим |
| ты идёшь | вы идёте | ты хо́дишь | вы хо́дите |
| он/она́ идёт | они́ иду́т | он/она́ хо́дит | они́ хо́дят |

| Е́ХАТЬ | ⇒ | Е́ЗДИТЬ | ⇔ |
|---|---|---|---|
| я е́ду | мы е́дем | я е́зжу | мы е́здим |
| ты е́дешь | вы е́дете | ты е́здишь | вы е́здите |
| он/она́ е́дет | они́ е́дут | он/она́ е́здит | они́ е́здят |

Сейча́с я ИДУ́ — Я ча́сто ХОЖУ́
Сего́дня я Е́ДУ — Я иногда́ Е́ЗЖУ

За́втра я ИДУ́ — Вчера́ я ХОДИ́Л/А
За́втра я Е́ДУ — Вчера́ я Е́ЗДИЛ/А

идти́ / ходи́ть
е́хать / е́здить
+ В/НА + Accus.

— Куда́ вы идёте?
— Мы идём в теа́тр на «Травиа́ту»!
— И ча́сто вы хо́дите в теа́тр?
— Да, на про́шлой неде́ле мы ходи́ли на бале́т «Лебеди́ное о́зеро».

— Куда́ вы е́дете отдыха́ть?
— В э́том году́ мы е́дем в Гре́цию. В про́шлом году́ мы е́здили в Со́чи.
— А мы обы́чно е́здим отдыха́ть в Крым, у нас там ро́дственники.

## Задание 191

**идти́**
Мы … в кино́.
Он … в шко́лу.
Ты … домо́й.
Я … на конце́рт.
Они́ … в клуб.
Вы … в ба́ню.

**ходи́ть**
Они́ ча́сто … в теа́тр.
Я ре́дко … в кино́.
Мы иногда́ … в рестора́н.
Ты ка́ждый день … на рабо́ту?
Вы ча́сто … в бассе́йн?
Она́ обы́чно … гуля́ть в Ле́тний сад.

**е́хать**
Я … в Литву́.
Вы … в Москву́.
Они́ … в Новосиби́рск.
Ты не … в Африку?
Она́ … в Пари́ж.
Мы … на мо́ре.

**е́здить**
Он ча́сто … в Москву́.
Мы иногда́ … в Ита́лию.
Я обы́чно … в магази́н у́тром.
Вы ре́дко … в наш го́род.
Они́ никогда́ не … на мо́ре зимо́й.
Я ка́ждое ле́то … в дере́вню.

**Пешко́м ходи́ть — до́лго жить.**

## Задание 192

Куда́ вы сейча́с … ? (го́сти)
**Куда́ вы сейча́с идёте? — Мы сейча́с идём в го́сти.**

1) Куда́ вы …? (музе́й, вы́ставка) 2) Куда́ ты … ? (дискоте́ка) 3) Куда́ он … ? (вокза́л) 4) Куда́ … Ни́на? (цирк) 5) Куда́ … твои́ друзья́? (кафе́) 6) Куда́ мы …? (рестора́н) 7) Куда́ ты … ? (рабо́та) 8) Куда́ вы …? (магази́н)

## Задание 193

Куда́ вы … ? (Москва́)
**Куда́ вы е́дете? — Мы е́дем в Москву́.**

1) Куда́ ты … ? (центр) 2) Куда́ они́ … ? (Арме́ния) 3) Куда́ вы … ? (Япо́ния) 4) Куда́ … Оле́г? (дере́вня) 5) Куда́ ты … ? (юг) 6) Куда́ мы … ? (се́вер) 7) Куда́ она́ …? (Бе́льгия) 8) Куда́ вы … ? (Швейца́рия)

**В го́роде:**

**Сего́дня ве́чером мы ИДЁМ В ТЕА́ТР. Мы Е́ДЕМ туда́ НА ТАКСИ́.**

## Зада́ние 194

**Идти́** или **е́хать**?

1) Мы ... в Ки́ев. 2) Вы ... в кафе́? 3) Я ... домо́й. 4) Они́ ... в парк. 5) Когда́ ты ... на мо́ре? 6) Куда́ мы ... ве́чером? 7) Жира́р ... в Пари́ж. 8) Бори́с ... на конце́рт. 9) Кто ... в Белору́ссию? 10) Я ... в Да́нию. 11) Они́ ... на вы́ставку. 12) Куда́ вы ... у́жинать?

## Зада́ние 195

Диало́ги:

**— Я приглаша́ю вас в рестора́н сего́дня ве́чером.** (Когда́? Куда́?)

(день рожде́ния, прогу́лка, парк, кино́, бале́т, о́пера, клуб, вы́ставка, го́сти)

**— Извини́те, спаси́бо, но я не могу́. Я иду́ на конце́рт.** (Почему́?)

(футбо́л, экску́рсия, ле́кция, трениро́вка, ба́ня, вечери́нка, поликли́ника, це́рковь, го́сти)

| Куда́? | Где? |
|---|---|
| сюда́ | здесь |
| туда́ | там |
| домо́й | до́ма |

## Задание 196

Куда́ и́ли где? Домо́й и́ли до́ма? Сюда́ и́ли здесь? Туда́ и́ли там?

Её муж ... . Она́ е́дет ... . (домо́й / до́ма) — **Её муж до́ма. Она́ е́дет домо́й.**

1) ... ты живёшь? ... ты е́дешь? (куда́ / где)
2) Я живу́ ... . Они́ иду́т ... . (сюда́ / здесь)
3) И́горь е́дет ... . О́льга уже́ ... . (домо́й / до́ма)
4) Что ты ... де́лаешь? Я не хочу́ ... идти́. (туда́ / там)
5) Я иду́ ... . Вчера́ я то́же был ... . (домо́й / до́ма)
6) ... он был? ... он идёт? (куда́ / где)
7) Ра́ньше я жил ... . Сейча́с я е́ду ... . (туда́ / там)
8) Кто ... идёт? Что ты хо́чешь ... де́лать? (сюда́ / здесь)

**ГДЕ?**

наверху́
сле́ва — спра́ва
внизу́

**КУДА́?**

наве́рх
нале́во — напра́во
вниз

## Задание 197

**— Вы не зна́ете, где здесь ка́ссы? — Иди́те вниз, на пе́рвый эта́ж, и напра́во.**

Где зал ожида́ния? Где здесь продаю́т газе́ты? Где ка́мера хране́ния? Где тамо́жня? Где кафе́? Где здесь телефо́н?

## Задание 198

Кто куда́ идёт?

Я хочу́ ко́фе.
**Я иду́ в кафе́.**

1) Я хочу́ есть.
2) Она́ хо́чет смотре́ть бале́т.
3) Мы хоти́м гуля́ть.
4) Он хо́чет игра́ть в футбо́л.
5) Они́ хотя́т смотре́ть фильм.
6) Ты хо́чешь игра́ть в ка́рты.
7) Я хочу́ танцева́ть.
8) Вы хоти́те смотре́ть карти́ны.

(рестора́н, теа́тр, стадио́н, казино́, дискоте́ка, парк, кино́, музе́й)

Кто куда́ е́дет?

Я хочу́ игра́ть в бейсбо́л.
**Я е́ду в Аме́рику.**

1) Вы хоти́те загора́ть.
2) Он хо́чет ката́ться на лы́жах.
3) Мы хоти́м ви́деть пирами́ды.
4) Она́ хо́чет танцева́ть на карнава́ле.
5) Они́ хотя́т жить в лесу́.
6) Ты хо́чешь слу́шать италья́нскую о́перу.
7) Я хочу́ смотре́ть карти́ны в Лу́вре.
8) Он хо́чет ви́деть кенгуру́.

**(Еги́пет, Швейца́рия, Австра́лия, юг, Брази́лия, Ита́лия, Пари́ж, Сиби́рь)**

Куда́ вы ходи́ли вчера́?
Куда́ вы е́здили ле́том? > = Где вы бы́ли?

## Задание 199

— Я е́здил в Сиби́рь.
**— Куда́ вы е́здили?**
— Я был в Сиби́ри.
**— Где вы бы́ли?**

1) Я был в Аме́рике. 2) Она́ ходи́ла в музе́й. 3) Они́ е́здили на мо́ре. 4) Он был на рабо́те. 5) Мы обе́дали в рестора́не. 6) Мы ходи́ли в теа́тр. 7) Они́ е́здили в Берли́н. 8) Она́ была́ в Пра́ге. 9) Я ходи́л на ры́нок.

## Задание 200

Я ходи́л в музе́й. (Куда́?) — **Я был в музе́е. (Где?)**

1) Мы е́здили в Герма́нию. 2) Она́ ходи́ла на конце́рт. 3) Вы ходи́ли в ба́ню. 4) Мы ходи́ли на футбо́л. 5) Он е́здил в Индию. 6) Они́ ходи́ли на бале́т. 7) Мы е́здили в Рим. 8) Они́ е́здили на Байка́л. 9) Вы ходи́ли в теа́тр. 10) Она́ ходи́ла на экза́мен. 11) Он ходи́л на рабо́ту. 12) Мы е́здили в о́тпуск.

## Задание 201

Вы бы́ли в Сиби́ри. (Где?) — **Вы е́здили в Сиби́рь. (Куда́?)**

1) Мы бы́ли в Арха́нгельске. 2) Он был на бале́те. 3) Они́ бы́ли в ба́ре. 4) Она́ была́ в са́уне. 5) Вы бы́ли на экску́рсии. 6) Он был на стадио́не. 7) Мы бы́ли в клу́бе. 8) Она́ была́ в Да́нии. 9) Вы бы́ли на пара́де. 10) Мы бы́ли в Тибе́те. 11) Они́ бы́ли на Во́лге. 12) Он был в дере́вне.

## Задание 202

1) Ви́ктор Никола́евич — профе́ссор. Где он рабо́тает? Куда́ он идёт? (университе́т)

2) Людми́ла — о́перная певи́ца. Где она́ поёт? Куда́ она́ е́дет? (теа́тр)

3) Вади́м — врач. Где он рабо́тает? Куда́ он идёт? (поликли́ника)

4) Йра — бухга́лтер. Где она́ рабо́тает? Куда́ она́ идёт? (банк)

5) Семён — по́вар. Где он рабо́тает? Куда́ он идёт? (рестора́н)

6) Ди́ма — шко́льник. Где он у́чится? Куда́ он идёт? (шко́ла)

7) Андре́й — журнали́ст. Где он рабо́тает? Куда́ он идёт? (газе́та)

8) Са́ша — фе́рмер. Где он рабо́тает? Куда́ он е́дет? (фе́рма)

9) Ю́ля — секрета́рь. Где она́ рабо́тает? Куда́ она́ идёт? (тураге́нтство)

10) А́нна — администра́тор. Где она́ рабо́тает? Куда́ она́ е́дет? (гости́ница)

## Задание 203

**Где они́ бы́ли? Куда́ они́ е́здили?**

В И́ндии бы́ло жа́рко. — **Он был в И́ндии. Он е́здил в И́ндию.**

1) Пари́ж — прекра́сный го́род.

2) Брази́льский карнава́л — э́то настоя́щий пра́здник.

3) Я ви́дела мексика́нские пирами́ды!

4) Ло́ндонская пого́да — э́то не пода́рок.

5) Санкт-Петербу́рг — го́род-музе́й.

6) Тепе́рь мой люби́мый го́род — Ве́на!

7) Камеру́н — э́то настоя́щая экзо́тика!

8) Непа́л — о́чень интере́сная страна́!

9) Тепе́рь я зна́ю кита́йскую ку́хню.

10) Да, я ви́дел коа́ла и кенгуру́.

## Задание 204

**Где они́ бы́ли? Куда́ они́ ходи́ли?**

1) Я слу́шал о́перу «Садко́» уже́ тре́тий раз!

2) Я не знал, что в Петербу́рге мо́гут жить слоны́, жира́фы, ти́гры и кенгуру́!

3) Я всегда́ говори́л, что са́уна — э́то о́чень хорошо́.

4) Э́то отли́чный рестора́н: и ку́хня хоро́шая, и интерье́р.

5) Сего́дня был о́чень тру́дный уро́к, учи́тель о́чень мно́го спра́шивал.

6) Тепе́рь у нас есть хлеб, сыр и колбаса́.

7) Мы танцева́ли всю ночь!

8) Ужа́сный фильм!

9) Прекра́сный музе́й, и экску́рсия была́ интере́сная.

10) Э́то был после́дний экза́мен, бо́льше я не хожу́ в университе́т, я отдыха́ю всё ле́то!

## Задание 205

**Спра́шиваем и отвеча́ем:**

Куда́ вы е́дете отдыха́ть в э́том году́?

Куда́ вы е́здили отдыха́ть в про́шлом году́?

Куда́ вы идёте сего́дня ве́чером?

Куда́ вы ходи́ли вчера́ ?

Вы ча́сто хо́дите в го́сти? В кино́? В теа́тр? На рабо́ту? В магази́н?

Куда́ вы обы́чно хо́дите / е́здите отдыха́ть? (в о́тпуск, на кани́кулы, в выходны́е, в свобо́дное вре́мя)

В гру́ппе: **Куда́ он/ она́ ...?**

| m. | n. | f. | pl. |
|---|---|---|---|
| -ОМ/-ЕМ<br>-Е/-и | -ОМ/-ЕМ<br>-Е/-и | -ОЙ/-ЕЙ<br>-Е/-и | **-ЫХ/-ИХ**<br>**-АХ/-ЯХ** |

Больши́е города́ — в больш[и́х] город[а́х]
Ста́рые пи́сьма — в ста́р[ых] пи́сьм[ах]
Но́вые у́лицы — на но́в[ых] у́лиц[ах]

## Задание 206

1) Я не люблю́ жить в (больши́е города́). 2) Тури́сты обе́дают в (экзоти́ческие рестора́ны). 3) Вы покупа́ете ве́щи в (дороги́е магази́ны). 4) Я хочу́ ката́ться на (го́рные лы́жи). 5) Они́ живу́т в (высо́кие го́ры). 6) Мы иногда́ встреча́емся на (симфони́ческие конце́рты). 7) Он игра́ет гла́вные ро́ли в (детекти́вные фи́льмы). 8) Что пи́шут в (моско́вские газе́ты)? 9) Эти пти́цы живу́т в (ю́жные стра́ны). 10) Что они́ де́лают на (ночны́е у́лицы)? 11) Я ча́сто ви́жу его́ на (футбо́льные ма́тчи). 12) Вы лю́бите жить в (дешёвых гости́ницах). 13) Вы вери́те в жизнь на (други́е плане́ты)? 14) Чей портре́т на (ста́рые де́ньги)?

| | | | |
|---|---|---|---|
| столи́ца | галере́я | пло́щадь | ико́на |
| це́рковь (f.) | собо́р | изве́стный | ужа́сно |

**Здра́вствуй, дорога́я Хе́льга!**

В свои́х про́шлых пи́сьмах я уже́ писа́л, где я был в Санкт-Петербу́рге, куда́ я ходи́л и что ви́дел. Неда́вно я е́здил в Москву́. Э́то не о́чень далеко́ — я е́хал 8 часо́в на по́езде. Москва́ — типи́чная столи́ца: больша́я, краси́вая и бога́тая. В моско́вских теа́трах иду́т прекра́сные спекта́кли. Я был в Большо́м теа́тре на о́пере «Бори́с Годуно́в». Ещё я ходи́л в Третьяко́вскую галере́ю, на Кра́сную пло́щадь, ви́дел Мавзоле́й, смотре́л ико́ны в церквя́х и собо́рах. Я был в дома́х и кварти́рах, где жи́ли изве́стные писа́тели: Булга́ков, Че́хов. Там сейча́с музе́и. Ещё я ходи́л в Моско́вский университе́т и в библиоте́ку. Ве́чером мы у́жинали в моско́вских рестора́нах, хоро́ших, но ужа́сно дороги́х. В Москве́ хо́лодно, идёт снег, но я мно́го ходи́л пешком или е́здил на метро́. Метро́ о́чень краси́вое, осо́бенно ста́рые ста́нции в це́нтре.

Как дела́ до́ма? Что у вас но́вого? Что ты слы́шала о мои́х друзья́х?

Целу́ю, твой Свен.

1) О чём писа́л Свен в свои́х про́шлых пи́сьмах?
2) Куда́ неда́вно е́здил Свен?
3) Он е́здил в Москву́ на маши́не?
4) Где он был в Москве́ и что он ви́дел?
5) Где он у́жинал в Москве́? Что он говори́т о рестора́нах?
6) Он е́здил в Москве́ на маши́не?
7) Что он пи́шет о моско́вском метро́?
8) О чём он спра́шивает Хе́льгу?
9) Вы бы́ли в Москве́?
10) Куда́ вы ходи́ли в Москве́, что вы там ви́дели?
11) Что вы зна́ете о Москве́?
12) В каки́х ру́сских города́х вы бы́ли?

### Задание 207

1) Оди́н студе́нт говори́т, что берёт в доро́гу, а друго́й ду́мает, куда́ он е́дет:

**— Я беру́ лы́жи.**

**— Ты е́дешь в Швейца́рию.**

2) Оди́н студе́нт говори́т, каки́е сувени́ры у него́ есть, а друго́й ду́мает, где он был / куда́ он е́здил:

**— У меня́ есть матрёшка.**

**— Ты был в Росси́и. / Ты е́здил в Росси́ю.**

**Я люблю́ ходи́ть пешко́м.**
**Мы ча́сто е́здим на по́езде.**

## Зада́ние 208

**Идти́** или **ходи́ть**?

1) — Приве́т! Куда́ ты … ?
   — Я … в бассе́йн. Я ка́ждую суббо́ту … в бассе́йн.
   — Я то́же хочу́ … в бассе́йн!
2) — Здра́вствуйте, Серге́й Никола́евич! Куда́ вы … ?
   — Я … в магази́н. А вы?
   — Я то́же … в магази́н. А в како́й магази́н вы обы́чно … ?
   — В тот, в но́вый.
   — А я люблю́ … в э́тот, в ста́рый, на углу́.
3) — Здра́вствуй, Аня! Куда́ ты …?
   — Я … в клуб.
   — А я ду́мала, что ты вчера́ … в клуб!
   — Да, и вчера́ … . Я … в клуб ка́ждый ве́чер.
4) — Приве́т! Я … на но́вую вы́ставку. Ты уже́ … ?
   — Нет, не … . Я не … на вы́ставки, я люблю́ … на футбо́л.
   — Я вчера́ … на футбо́л, а тебя́ не ви́дел.
   — Я то́же вчера́ … , а тебя́ не ви́дел!

## Зада́ние 209

**Е́хать** или **е́здить**?

1) — Здра́вствуйте, О́льга Петро́вна!
   — Здра́вствуйте!
   — Куда́ вы ле́том … отдыха́ть?
   — В э́том году́ мы … в Испа́нию.
   — Пра́вда?! Как интере́сно! А куда́ вы … в про́шлом году́?
   — Мы … в Ита́лию, в Рим.
   — А мы ка́ждый год … на Чёрное мо́ре.

2) — Приве́т! Куда́ ты ...?

— Я ... в центр, на конце́рт. А ты?

— Я ... на о́зеро. Я ка́ждую неде́лю ... на о́зеро.

— А я ка́ждую неде́лю ... на конце́рты.

3) — Извини́, куда́ мы сейча́с ... ?

— Как куда́? Мы ... в рестора́н!

— Не хочу́ в рестора́н! Мы вчера́ ... в рестора́н, позавчера́ ... в рестора́н!

— Хорошо́, тогда́ мы ... в лес!

— Мы ка́ждое воскресе́нье ... в лес!

— Да, потому́ что я люблю́ ... в лес.

— А я не люблю́ ... в лес!

**е́хать / е́здить на тра́нспорте**

| | | | |
|---|---|---|---|
| **е́хать / е́здить** | **НА** | **маши́не<br>авто́бусе<br>по́езде** | **идти́ / ходи́ть пешко́м** |

## Задание 210

**Идти́, ходи́ть, е́хать** или **е́здить**?

1) Мы ре́дко ... на маши́не. 2) Сего́дня я ... в го́сти. 3) В про́шлом году́ я ... в Швейца́рию. 4) Вы лю́бите ... в кино́? 5) Ди́ма вчера́ ... на футбо́л. 6) На́ши го́сти уже́ ... в Но́вгород. 7) Они́ не лю́бят ... пешко́м. 8) Когда́ мы ... в цирк? 9) Он ка́ждый день ... на мотоци́кле. 10) Уже́ во́семь? Я ... на рабо́ту! 11) Вы уже́ ... в Эрмита́ж? 12) Ра́ньше я ча́сто ... на велосипе́де. 13) Ты ре́дко ... на метро́? 14) Вы обы́чно ... в Эсто́нию на маши́не? 15) Они́ никогда́ не ... на такси́.

**Я е́ду на рабо́ту**

Как я е́ду на рабо́ту? Снача́ла я е́ду на трамва́е, но, когда́ у меня́ есть вре́мя и я не спешу́, я иду́ пешко́м. У́тром на остано́вке всегда́ толпа́, и в трамва́е то́же! Пото́м я е́ду на метро́, на ста́нции «Садо́вая» де́лаю переса́дку и е́ду на ста́нцию «Ли́говский проспе́кт».

**Отвеча́ем на вопро́сы:**

А как вы е́дете на рабо́ту? (в шко́лу, на ку́рсы, в университе́т)

## Задание 211

Ты, идти́, рабо́та. — **Ты идёшь на рабо́ту.**

1) Мы, е́хать, Но́вгород, по́езд. 2) Вы, е́хать, домо́й, метро. 3) Она́, е́хать, сюда́, такси́. 4) Зимо́й, они́, не, е́здить, маши́на. 5) Они́, хоте́ть, е́хать, авто́бус. 6) Ле́том, я, о́чень, люби́ть, е́здить, велосипе́д. 7) Мы, е́хать, туда́, трамва́й, а вы, мочь, идти́, пешко́м. 8) Они́, говори́ть, что, е́хать, Петерго́ф, электри́чка.

## Задание 212

**Идти́, ходи́ть, е́хать и́ли е́здить?**

1) А куда́ мы … ве́чером? 2) Кто … в кафе́? 3) В Петербу́рге ча́сто … дожди́. 4) Что … в Мари́инском теа́тре? 5) Мы … на мо́ре, а они́ … отдыха́ть в дере́вню. 6) Она́ не лю́бит … на по́езде. 7) На у́лице … дождь, а у нас … конце́рт. 8) Когда́ вы … в Пу́шкин? 9) Я ре́дко … в библиоте́ку. 10) Ты не лю́бишь … на такси́?

### И́горь расска́зывает

Не зна́ю, как вы, а я не люблю́ е́здить на по́езде. В про́шлом году́ мы е́здили на юг, и я о́чень уста́л, потому́ что два дня сиде́л в купе́. И сосе́ди бы́ли не о́чень прия́тные: снача́ла до́лго у́жинали, пото́м пе́ли пе́сни и гро́мко смея́лись. Вот на маши́не е́здить хорошо́: бы́стро и удо́бно. На самолёте то́же хорошо́, но моя́ жена́ не лю́бит лета́ть на самолёте. Её люби́мый тра́нспорт — велосипе́д и́ли такси́. Ди́ма то́же лю́бит е́здить на маши́не. А вот мой друг Свен говори́т, что лю́бит ходи́ть пешко́м. Я ду́маю, до́ма он сли́шком мно́го е́здит на маши́не и здесь отдыха́ет!

**Отвеча́ем на вопро́сы:**

Како́й тра́нспорт лю́бят И́горь, О́льга, Ди́ма и Свен? Как вы ду́маете, почему́? Како́й тра́нспорт бо́льше лю́бите вы?

Вы лю́бите ходи́ть пешко́м? Вы лю́бите е́здить на по́езде? А на метро́? А на маши́не? Како́й тра́нспорт хо́дит в ва́шем го́роде? Вы ча́сто е́здите на та́кси?

**(когда́ у меня́ есть вре́мя / когда́ я спешу́, бы́стро / ме́дленно, удо́бно / неудо́бно, до́рого / дёшево, поле́зно)**

| | | |
|---|---|---|
| ло́шадь | бензи́н | экологи́чный |
| бы́стрый | мо́дно | инде́йцы |
| далёкий се́вер | европе́ец | колесо́ |

**Пешко́м ходи́ть — до́лго жить**

Бы́ло вре́мя, когда́ лю́ди то́лько ходи́ли пешко́м, пото́м — до́лго е́здили на лошадя́х. Ло́шади о́чень краси́вые и не едя́т дорого́й бензи́н. Ло́шадь — о́чень экологи́чный тра́нспорт. На ло́шади вы мо́жете е́хать, куда́ хоти́те, да́же в лес. И в на́ше вре́мя лю́ди на далёком се́вере е́здят на соба́ках, и в се́верных стра́нах, наприме́р в Кана́де, это но́вый популя́рный спорт. Соба́ки — хоро́шие друзья́ и дешёвый тра́нспорт, то́лько не о́чень бы́стрый. Во мно́гих стра́нах мо́дно е́здить на велосипе́де. Это хорошо́ в города́х, где есть специа́льные велосипе́дные доро́ги. В Аме́рике инде́йцы, в при́нципе, зна́ли колесо́, игра́ли в «футбо́л», но никогда́ не е́здили. В после́днее вре́мя лю́ди, осо́бенно в бога́тых стра́нах, бо́льше и бо́льше е́здят на маши́нах: на рабо́ту, на о́тдых, в го́сти и да́же в сосе́дний магази́н. Во мно́гих стра́нах хоро́шая маши́на — э́то прести́ж. Ско́лько же хо́дит пешко́м совреме́нный челове́к? Вот что говоря́т об э́том англи́йские специали́сты: сре́дний европе́ец за свою́ жизнь хо́дит пешко́м 80 500 (во́семьдесят ты́сяч пятьсо́т) киломе́тров. Ка́жется, нема́ло. Но е́сли он живёт 70 лет, то хо́дит 3 киломе́тра в день. А в Росси́и говоря́т: «Пешко́м ходи́ть — до́лго жить!»

**Отвеча́ем на вопро́сы:**

1) А как вы ду́маете, хорошо́ ходи́ть пешко́м?
2) Вы е́здили на ло́шади верхо́м?
3) Вы е́здили на соба́ках? А хоти́те?
4) Как вы ду́маете, хорошо́, что лю́ди мно́го е́здят на маши́нах?
5) Вы мно́го хо́дите пешко́м и́ли ма́ло?
6) В каки́х стра́нах лю́ди бо́льше е́здят на маши́нах?

## Задание 213

**Вы́берите, что вы бо́льше лю́бите:**

1) е́здить на лошадя́х; 2) е́здить на соба́ках; 3) ходи́ть пешко́м; 4) е́здить на маши́не; 5) е́здить на мотоци́кле.

**Аргументи́руйте почему́! Наприме́р:**
Е́сли вы е́здите на соба́ках, то сигнализа́ция — не пробле́ма!

Е́сли вы е́здите на мотоци́кле, вы — настоя́щий мужчи́на! Мотоци́кл символизи́рует риск и мо́лодость.

**У дру́га А́нны нет ви́зы.**
**Э́то чай без са́хара для Анто́на.**

**GEN. Кого́? Чего́?**

| m. | n. | f. |
|---|---|---|
| **-А / -Я** | **-А / -Я** | **-Ы / -И** |

! мать — ма́тери, дочь — до́чери, вре́мя — вре́мени, де́ньги — де́нег

**1) Чей, чьё, чья, чьи?**
**Э́то Анто́н, а э́то сестра́ Анто́на.**

**2) У кого́?**
**У Анто́на есть маши́на.**

**3) Кого́ / чего́ нет?**
**У сестры́ Анто́на нет маши́ны.**

**4) Стака́н воды́, килогра́мм сы́ра, буты́лка молока́.**

**Хоро́шее нача́ло — полови́на де́ла.**

Чего́ нет в Росси́и, есть в Москве́,
Нет в Петербу́рге, есть в Неве́?

(бу́ква В)

## Задание 214

Чей э́то чемода́н? (Ива́н) — **Э́то чемода́н Ива́на.**

1) Чей э́то самолёт? (президе́нт); 2) Чья э́то компете́нция? (мини́стр); 3) Чьи э́то кни́ги? (Ди́ма); 4) Чья э́то му́зыка? (Бетхо́вен); 5) Чей э́то вопро́с? (журнали́ст); 6) Чьё э́то письмо́? (анони́м); 7) Чей э́то ана́лиз? (экспе́рт); 8) Чей э́то прогно́з? (астро́лог)

## Задание 215

Э́то И́горь. А э́то его́ дом. ... — **Э́то дом И́горя.**

1) Э́то А́нна. А э́то её брат. ... 2) Э́то Андре́й. А э́то его́ соба́ка. ... 3) Э́то дире́ктор. А э́то его́ кабине́т.... 4) Э́то фи́рма «Плюс». А вот её дире́ктор. ... 5) Э́то О́льга. А э́то её семья́. ... 6) Э́то секрета́рь. Э́то его́ стол. ... 7) Вот Пётр. А э́то его́ го́род. ... 8) Вот Петербу́рг. А э́то центр. ... 9) Э́то И́ра. А э́то её друг. ... 10) Э́то кора́бль. А э́то капита́н. ... 11) Э́то Ка́тя. А э́то её дом. ...

**Нет человека — нет проблемы.**
**И. Джугашвили (Сталин)**

## Задание 216

У вас есть отве́т? — **У меня́ нет отве́та.**

1) У него́ есть ви́за? 2) У неё есть соба́ка? 3) У вас есть вре́мя? 4) У ма́льчика есть па́спорт? 5) У него́ есть де́ньги? 6) У вас есть ко́шка? 7) У вас есть я́хта? 8) У вас есть сад? 9) У вас есть ико́на? 10) На э́той у́лице есть рестора́н? 11) В э́том го́роде есть о́пера? 12) Здесь есть телефо́н? 13) В э́том до́ме есть лифт? 14) Здесь есть апте́ка? 15) У вас есть биле́т? 16) У них есть сын? 17) А дочь?

**Хорошо́ там, где нас нет.**

## Зада́ние 217

**А. У кого́ чего́ нет?**

Мари́на — сестра́ — **У Мари́ны нет сестры́.**

1) Дире́ктор — вре́мя; 2) журнали́ст — журна́л; 3) ко́шка — аппети́т; 4) команди́р — план; 5) тури́ст — ка́рта; 6) актри́са — тала́нт; 7) попуга́й — слова́рь; 8) покупа́тель — де́ньги; 9) фото́граф — фотогра́фия.

**Б.** Но́чью в ко́мнате бы́ли во́ры... Чего́ здесь тепе́рь нет?

Карти́на, ва́за, гита́ра, компью́тер «ноутбу́к», видеомагнитофо́н, су́мка, видеока́мера.

**У меня́ БЫЛ чемода́н**
**У меня́ БЫ́ЛО вре́мя**
**У меня́ БЫЛА́ програ́мма**

**У тебя́ НЕ́ БЫЛО чемода́на**
**У тебя́ НЕ́ БЫЛО вре́мени**
**У тебя́ НЕ́ БЫЛО програ́ммы**

## Задание 218

— ПОЧЕМУ́ ты не писа́л? — ... /бума́га/
**— Я не писа́л, ПОТОМУ́ ЧТО у меня́ НЕ́ БЫЛО бума́ги.**

1) Почему́ ты не звони́л? — ... /телефо́н/
2) Почему́ ты не игра́л в те́ннис? — ... /вре́мя/
3) Почему́ вы не чита́ли текст? — ... /слова́рь/
4) Почему́ вы не ходи́ли на бале́т? — ... /биле́т/
5) Почему́ вы не е́здили в Африку? — ... /де́ньги/
6) Почему́ вы не открыва́ли сейф? — ... /ключ/
7) Почему́ вы не пе́ли? — ... /гита́ра/
8) Почему́ вы не изуча́ли туре́цкий язы́к? — ... /интере́с/
9) Почему́ вы не реша́ли пробле́му? — ... /пробле́ма/
10) Почему́ вы не ходи́ли гуля́ть? — ... /шу́ба/
11) Почему́ вы не отвеча́ли? — ... /отве́т/
12) Почему́ вы не были в Ира́не? — .../ви́за/

**GEN.+ БЕЗ, ДЛЯ, ОТ, ДО, КРО́МЕ, ПО́СЛЕ**

## Задание 219

Э́то стол для (компьютер). — **Э́то стол для компьютера.**

1) Пожа́луйста, ко́фе без (са́хар). /котле́ты — со́ус, чай — лимо́н, бифште́кс — сала́т, соси́ски — ке́тчуп/

2) У вас есть бума́га для (факс). /батаре́йки — фотоаппара́т, консе́рвы — ко́шка, ме́бель — о́фис/

3) Извини́те, далеко́ от (дом) до (парк)? /университе́т — библиоте́ка, вокза́л — остано́вка, Москва́ — Ту́ла/

4) Все уже́ здесь, кро́ме (де́душка). /Андре́й, капита́н, Людми́ла Петро́вна, Ива́н Степа́нович, Ле́на/

5) Мы встреча́емся у меня́ до́ма по́сле (уро́к). /рабо́та, экза́мен, обе́д, матч, экску́рсия, семина́р/

6) До (экза́мен) ещё неде́ля. /нача́ло конце́рта — 20 минут, уро́к — 10 минут, у́жин — 2 часа́, по́езд — 25 минут/

## Задание 220

**Без, для, от, до, кро́ме, по́сле**

1) Я всегда́ ем суп ... хле́ба. 2) Куда́ мы идём ... уро́ка? 3) Э́то су́мка ... видеока́меры. 4) Он ест всё, ... мя́са. 5) ... метро́ ... теа́тра пешко́м идти́ мину́т де́сять. 6) На встре́че бы́ли все, ... Алекса́ндра Васи́льевича. 7) ... рабо́ты мы у́жинали и отдыха́ли. 8) Ско́лько е́хать ... Му́рманска ... Орла́? 9) Мы не мо́жем идти́ на день рожде́ния ... пода́рка. 10) ... меня́ э́то большо́й сюрпри́з!

## Задание 221

**Спра́шиваем и отвеча́ем:**

1) Я не могу́ жить без му́зыки. А без чего́ вы не мо́жете жить?

2) Он де́лает всё для семьи́. А для кого́ / чего́ вы всё де́лаете?

3) Она е́дет от до́ма до рабо́ты 35 мину́т, а вы?

4) Я пью всё, кро́ме во́дки, а вы?

5) Я люблю́ гуля́ть по́сле рабо́ты, а что вы любите делать?

До́ктор, каку́ю дие́ту вы рекоменду́ете?

— Кусо́к хле́ба без ма́сла, я́блоки и чай без са́хара.

— До́ктор, а э́то до обе́да и́ли по́сле обе́да?

Сидя́т на Эвере́сте два альпини́ста, отдыха́ют. Оди́н спра́шивает:

— Ну что, ты покупа́ешь но́вую кварти́ру?

— Нет, что ты, тре́тий эта́ж без ли́фта...

Пацие́нт лежи́т в больни́це. У него́ был аппендици́т. Он спра́шивает:

— До́ктор, а по́сле опера́ции я могу́ игра́ть на скри́пке?

— Коне́чно, мо́жете! — отвеча́ет до́ктор.

— Как хорошо́! А ра́ньше не игра́л...

— Мой муж получа́ет анони́мные пи́сьма!

— Како́й у́жас! А от кого́?

**2, 3, 4 + GEN.**
**Два часа́, два́дцать четы́ре мину́ты, три́дцать три го́да...**

## Задание 222

1) У них оди́н (мотоци́кл), две (маши́на) и три (велосипе́д).

2) В ко́мнате два (стол), два (кре́сло), три (стул) и сто два́дцать четы́ре (кни́га).

3) Я смотрю́ в окно́ и ви́жу два (авто́бус), три (трамва́й) и четы́ре (соба́ка).

4) У нас в райо́не четы́ре (магази́н), три (бар) и две (дискоте́ка), но нет (музе́й).

5) Э́ти три (биле́т) стоя́т сто два́дцать три (рубль).

6) В па́рке гуля́ют три (де́вочка), два (ма́льчик) и четы́ре (ба́бушка).

7) На столе́ три (буты́лка), два (стака́н), две (таре́лка), два (нож) и две (ви́лка).

8) У меня́ в карма́не три (ключ), две (ру́чка), четы́ре (конфе́та) и два (я́блоко).

По́сле катастро́фы на мо́ре ста́рый лорд два го́да жил оди́н на о́строве. И вот — но́вый кора́бль берёт его́ на борт. Капита́н ви́дит на о́строве три до́ма и спра́шивает:

— Почему́ вы на о́строве оди́н и у вас три до́ма?

Лорд отвеча́ет:

— Э́то мой дом. Э́то клуб, куда́ я хожу́. А э́то клуб, куда́ я не хожу́: я его́ игнори́рую.

M. ACCUS.: INANIM = NOM. / ANIM. = GEN.

**Что? Кого́?**
**Я ви́жу дом. / Я ви́жу Ива́нА.**

## Задание 223

Мы слу́шаем (о́пера, конце́рт, арти́ст, репорта́ж, репортёр, му́зыка, пиани́ст, певи́ца, ле́ктор).

Вчера́ я ви́дел (профе́ссор, Серге́й, Ве́ра Па́вловна, Андре́й Никола́евич, генера́л, ба́бушка, волк).

Ма́льчик чита́ет (рома́н, кни́га, Пу́шкин, письмо́, статья́, Го́голь, журна́л, Турге́нев, Бу́нин).

## Задание 224

**Кто кого́ куда́ приглаша́ет?**
Андре́й — Ната́ша — рестора́н
**Андре́й приглаша́ет Ната́шу в рестора́н.**

1) Друзья́ — Ви́ктор — са́уна. 2) И́ра — друг — день рожде́ния. 3) Фи́рма — рабо́та — бухга́лтер и води́тель. 4) Секрета́рь — клие́нт — кабине́т дире́ктора. 5) Вади́м — Алёна, Оле́г и Ма́ша — конце́рт. 6) Лю́ба и Са́ша — Михаи́л и О́льга — пляж. 7) Па́па — сын — стадио́н. 8) Университе́т — профе́ссор Красно́в — конфере́нция.

**Как гото́вить блины́?**

Берём четы́ре стака́на муки́, четы́ре стака́на молока́ и́ли, е́сли ма́ло молока́, два стака́на молока́ и два стака́на воды́, немно́го ма́сла, три яйца́, одну́ ло́жку са́хара и немно́го со́ли. Сме́шиваем молоко́, муку́ и я́йца и гото́вим блины́ на ма́сле на горя́чей сковороде́. По́сле э́того берём все проду́кты, каки́е у вас есть, кро́ме ке́тчупа: икру́, джем, я́годы, фру́кты, ры́бу, грибы́, ма́сло, мно́го смета́ны и ста́вим на стол. Пото́м приглаша́ем дру́га и́ли подру́гу и еди́м вку́сные горя́чие блины́. Прия́тного аппети́та!

**Мы лети́м из Ве́ны в Петербу́рг.**
**Мы плывём из Австра́лии в Япо́нию.**

| **КУДА́?** | **ГДЕ?** | **ОТКУ́ДА?** |
|---|---|---|
| **В / НА + ACCUS.** | **В / НА + PREP.** | **ИЗ / С + GEN.** |
| **в Петербу́рг** | **в Петербу́рге** | **из Петербу́рга** |
| **на рабо́ту** | **на рабо́те** | **с рабо́ты** |
| **в Росси́ю** | **в Росси́и** | **из Росси́и** |

## Задание 225

**Куда́ вы е́здили? Где вы бы́ли? Отку́да вы е́дете?**

Мила́н — о́пера; Мадри́д — корри́да; Пари́ж — вы́ставка; Аргенти́на — футбо́л; Брази́лия — карнава́л; Голливу́д — премье́ра; Герма́ния — фестива́ль; Ватика́н — экску́рсия; Австра́лия — о́тдых.

**лете́ть ⇒** **лета́ть ⇔**

**( + на самолёте)**

| | | | |
|---|---|---|---|
| **я лечу́** | **мы лети́м** | **я лета́ю** | **мы лета́ем** |
| **ты лети́шь** | **вы лети́те** | **ты лета́ешь** | **вы лета́ете** |
| **он/она́ лети́т** | **они́ летя́т** | **он/она́ лета́ет** | **они́ лета́ют** |

**плыть ⇒** **пла́вать ⇔**

**( + на корабле́)**

| | | | |
|---|---|---|---|
| **я плыВу́** | **мы плыВём** | **я пла́ваю** | **мы пла́ваем** |
| **ты плыВёшь** | **вы плыВёте** | **ты пла́ваешь** | **вы пла́ваете** |
| **он/она́ плыВёт** | **они́ плыВу́т** | **он/она́ пла́вает** | **они́ пла́вают** |

| бежа́ть ⇒ | | бе́гать ⇔ | |
|---|---|---|---|
| я беГу́ | мы бежи́м | я бе́гаю | мы бе́гаем |
| ты бежи́шь | вы бежи́те | ты бе́гаешь | вы бе́гаете |
| он/она́ бежи́т | они́ беГУт | он/она́ бе́гает | они́ бе́гают |

**Задание 226**

**Лете́ть**

Я ... в Амстерда́м.
Ты ... в И́ндию.
Она́ ... в Ме́ксику.
Мы ... домо́й.
Вы ... в Узбекиста́н.
Пти́цы ... на юг.
Birds

**Лета́ть**

Я ча́сто ... на самолёте.
Ты ча́сто ... в Сиби́рь?
Он иногда́ ... в Литву́.
Мы все ... во сне.
Вы ре́дко ... на се́вер.
Пингви́ны не ... .

**Плыть**

Я ... на о́стров.
Ты ... в Австра́лию.
Она́ ... в А́нглию.
Мы ... на по́люс.
Вы ... на Цейло́н.
Они́ ... в Брази́лию.

**Пла́вать**

Я хорошо́ ... .
Ты ча́сто ... в Петерго́ф.
Он ... на корабле́.
Мы ... в реке́.
Вы ... в бассе́йне.
Тури́сты ча́сто ... на Валаа́м.

**Бежа́ть**

Я ... на рабо́ту.
Ты ... домо́й.
Он ... в парк.
Мы ... на конце́рт.
Вы ... на авто́бус.
Все ... на уро́к.

**Бе́гать**

Я бы́стро ... .
Ты ... ме́дленно.
Она́ ... в па́рке.
Мы ... на стадио́не.
Вы ... ка́ждое у́тро?
Спортсме́ны ... хорошо́.

**Вре́мя идёт / бежи́т / лети́т! Го́ды иду́т / бегу́т / летя́т...**
**Как бы́стро идёт / бежи́т / лети́т вре́мя!**

## Задание 227

**Что они́ де́лают?**
Попуга́и ... — **Попуга́и лета́ют.**

Ры́бы ...; маши́ны ...; пти́цы ...; мину́ты ...; самолёты ...; дожди́ ...; корабли́ ...; лю́ди ... ; я́хты ...; раке́ты ...; мотоци́клы ...; му́хи ...; футболи́сты ...; пассажи́ры ...; космона́вты ... .

## Задание 228

**Отку́да, куда́ и на чём вы е́дете / лети́те / плывёте?**
**Кора́бль Петербу́рг — Стокго́льм.**
**Я плыву́ на корабле́ из Петербу́рга в Стокго́льм.**

Самолёт Москва́ — Жене́ва, по́езд Во́логда — Санкт-Петербу́рг, авто́бус Но́вгород — Псков, по́езд Ки́ев — Москва́, электри́чка Санкт-Петербу́рг — Па́вловск, кора́бль Оде́сса — Стамбу́л, самолёт Рим — Пари́ж, по́езд Я́лта — Минск, кора́бль Та́ллин — Ри́га.

## Задание 229

**Спра́шиваем и отвеча́ем:**

1) Вы лю́бите пла́вать? Вы хорошо́ пла́ваете? Вы пла́ваете в реке́ / в мо́ре / в о́зере / в бассе́йне?

2) Вы лю́бите бе́гать? Вы бы́стро бе́гаете? Вы бе́гаете у́тром? На у́лице / в па́рке / в лесу́ / на стадио́не?

3) Вы лю́бите лета́ть на самолёте? Вы ча́сто лета́ете на самолёте? Куда́ вы лета́ли после́дний раз?



## Задание 230

**Я ду́маю, э́тот ма́льчик бежи́т на стадио́н. Я ду́маю, он бе́гает ча́сто, мо́жет быть, ка́ждое у́тро.**

1) Куда́ он ... ? — Не зна́ю, он ка́ждое у́тро тут ... . (бежа́ть / бе́гать)

2) Вы ... на конце́рт? — Да, мы ка́ждую неде́лю ... на конце́рты. (идти́ / ходи́ть)

3) Ты ... в Москву́ на самолёте? Мы о́чень ре́дко ... на самолёте. (лете́ть / лета́ть)

4) Мы ... за́втра на да́чу? — Да, мы ка́ждые выходны́е ... на да́чу. (е́хать / е́здить)

5) Они́ ... на Кипр? — Они́ всегда́ ле́том ... на Кипр. (плыть / пла́вать)

6) Когда́ вы ... в Ирла́ндию? — А мы туда́ уже́ ... . (лете́ть / лета́ть)

7) Мы ... в Да́нию на корабле́. — А мы в про́шлом году́ ... в Норве́гию. (плыть / пла́вать)

8) Они́ ... на вы́ставку? — Они́ уже́ ... неде́лю наза́д. (идти́ / ходи́ть)

9) Ты сейча́с ... в парк? — Нет, я сего́дня уже́ ... . (бежа́ть / бе́гать)

10) Она́ ... сего́дня в Му́рманск? — Не зна́ю, она́ уже́ ... в Му́рманск ле́том. (е́хать / е́здить)

## Гости́ница

— Здра́вствуйте!

— До́брый день!

— У вас есть свобо́дные номера́?

— Да, есть. Вас интересу́ют одноме́стные и́ли двухме́стные? На ско́лько дней?

— Двухме́стный. На три дня.

— Да, пожа́луйста. В но́мере есть душ и телефо́н.

— А телеви́зор?

— Телеви́зора нет, но там прекра́сный вид из окна́: на реку и центр го́рода.

— Ско́лько э́то сто́ит?

— Четы́реста рубле́й в су́тки. Ваш па́спорт, пожа́луйста.

— Пожа́луйста, вот он.

— Вот бланк, здесь вы пи́шете фами́лию, тут — ваш дома́шний а́дрес, а там — да́ту.

— Так... Гото́во!

— Вот ва́ши ключи́ от но́мера. Ваш но́мер 325 (три́ста два́дцать пять), на тре́тьем этаже́. Лифт здесь, спра́ва. За́втрак с семи до десяти́ в кафе́ на пе́рвом этаже́.

— Здра́вствуйте! Я Андре́й Плато́нов.

— До́брый день! Вы зака́зывали но́мер?

— Да, на про́шлой неде́ле, одноме́стный.

— Одну́ мину́точку... Да, ваш но́мер 28, на второ́м этаже́.

— Там есть душ?

— Да, там есть всё: душ, телефо́н, телеви́зор и да́же холоди́льник. Пожа́луйста, ваш ключ.

Го́рничная:

— Вот ваш но́мер. Здесь шкаф, там крова́ть, на крова́ти одея́ло и поду́шка, телефо́н на столе́ у окна́, а э́то душ и туале́т.

— Спаси́бо. А где у вас рестора́н?

— На после́днем этаже́, рабо́тает до двена́дцати.

— До скольки́? То́лько до двена́дцати? Спаси́бо.

**Отвеча́ем на вопро́сы:**

Вы лю́бите путеше́ствовать?

Где вы обы́чно живёте: в гости́нице? у друзе́й? Снима́ете ко́мнату?

Каки́е гости́ницы вы бо́льше лю́бите: дороги́е или дешёвые, больши́е и́ли ма́ленькие, но́вые и́ли ста́рые, станда́ртные и́ли в ме́стном сти́ле?

Когда́ вы жи́ли в гости́нице в после́дний раз? Где э́то бы́ло?

Како́й у вас был но́мер? Что там бы́ло и чего́ не́ было?

Како́й был вид из окна́?

Что зна́чит для вас «хоро́шая» гости́ница? А что зна́чит «плоха́я»?

## Задание 231

**Добро́ пожа́ловать в гости́ницу «Русь»!**

Истори́ческий и делово́й центр Петербу́рга
Одно-, двух-, трёхме́стные номера́
Телефо́н Телеви́зор Душ
Кафе́ Ба́ры За́лы на 150 мест
Магази́ны Сувени́ры
Газе́тный кио́ск Апте́чный кио́ск
Са́уна Бассе́йн Парикма́херская
Ка́мера хране́ния
Обме́н валю́ты
ст. м. «Черныше́вская» и «Маяко́вская»
тел. 314-29-17

**Вы рабо́таете в турбюро́ и расска́зываете, что гости́ница о́чень хоро́шая, а ваш клие́нт не ве́рит.**

**Напиши́те рекла́му ва́шей гости́ницы!**

Добро пожаловать новая гостиница в Петербуге находится
в интересном и современном центре Петербуга
Здесь есть одно-, и двухместные номера
у нас есть Телефон, Телевизор и Душ в номере
у нас есть кафе и ресторан
" " " Камера хранения, Сауна
гостиница недалёко от моря (Gen.) и рынка (Gen.)
ст. м. «Автово»

**У нас нет до́лларов, но мно́го рубле́й.**

| m. | n. | f. |
|---|---|---|
| -А / -Я | -А / -Я | -Ы / -И |
| **-ОГО/ -ЕГО** | **-ОГО/ -ЕГО** | **-ОЙ/ -ЕЙ** |

**Э́то Пётр Пе́рвый. А э́то ле́тний дворе́ц Петра́ Пе́рвого.**
**Э́то Екатери́на Втора́я. А э́то дворе́ц Екатери́ны Второ́й.**

## Задание 232

У вас есть чёрная ко́шка? — **У меня́ нет чёрной ко́шки.**

1) У вас есть росси́йский па́спорт? 2) У вас есть ста́рая ико́на? 3) У вас есть минера́льная вода́? 4) У вас есть тома́тный сок? 5) У вас есть косми́ческий кора́бль? 6) У вас есть ру́сская во́дка? 7) У вас есть золота́я меда́ль? 8) У вас есть кра́сный флаг? 9) У вас есть чёрная ма́ска? 10) В газе́те есть ваш портре́т? 11) У вас есть грузи́нское вино́? 12) В Москве́ есть Не́вский проспе́кт?

— Я слы́шал, вы и́щете но́вого касси́ра?
— Да, и́щем, и но́вого, и ста́рого ...

| | | | | | |
|---|---|---|---|---|---|
| **100** | **сто** | | | | |
| **200** | **две́сти** | | | | |
| **300** | **три́ста** | **400** | **четы́реста** | | |
| **500** | **пятьсо́т** | **600** | **шестьсо́т** | | |
| **700** | **семьсо́т** | **800** | **восемьсо́т** | **900** | **девятьсо́т** |
| **1000** | **ты́сяча** | **1 000 000** | **миллио́н** | | |

## Задание 233

— Когда́ роди́лся Пу́шкин? (06.06.1799)

**— Шесто́го ию́ня ты́сяча семьсот девяно́сто девя́того го́да.**

Когда́ родили́сь?

Иога́нн Себастья́н Бах (31.03.1685); Екатери́на Втора́я (21.04.1729); Чайко́вский (07.05.1840); Наполео́н (15.08.1769); Мэрили́н Монро́ (01.07.1926); Достое́вский (30.10.1821); Нострада́мус (14.12.1503).

А когда́ родили́сь вы?

### GENITIV PLURAL

| | | |
|---|---|---|
| -ОВ<br>дом — домо́в | -∅<br>сло́во — слов | -∅<br>кни́га — книг<br>неделя — недель |
| оте́ц — отцо́в<br>не́мец — не́мцев | + О / Е<br>окно́ — о́кон<br>письмо́ — пи́сем | + О / Е<br>су́мка — су́мок<br>ча́шка — ча́шек |
| -ЕВ<br>музе́й — музе́ев | -ИЙ<br>упражне́ние —<br>упражне́ний | -ИЙ<br>симфо́ния —<br>симфо́ний |
| ь; ж, ш, ч, щ<br>-ЕЙ<br>царь — царе́й<br>врач — враче́й | -ЕЙ<br>мо́ре — море́й | -ЕЙ<br>ночь — ноче́й |
| ! бра́тья — бра́тьев<br>друзья́ — друзе́й | | |

| | | |
|---|---|---|
| **m.** | **-ОВ** | **час — часО́В** |
| **m., n., f.** | **-ЕЙ** | **рубль — рублЕ́Й мо́ре — морЕ́Й ночь — ночЕ́Й** |
| | | **плащ — плащЕ́Й (Ж, Ш, Щ, Ч)** |
| **n., f.** | **-∅** | **кни́га — книг** |
| | **+ О / + Е** | **ви́лка — ви́лОк ча́шка — ча́шЕк окно́ — о́кОн** |
| **-ие, -ия** | **-ИЙ** | **симфо́ния — симфо́нИЙ** |
| **-й** | **-ЕВ** | **музе́й — музе́ЕВ бра́тья [-йа] — бра́тьЕВ** |
| **-ц** | **-ОВ / ЕВ** | **оте́ц — отцО́В не́мец — не́мцЕВ** |

**! друзья́ — друзе́й; сыновья́ — сынове́й**

**! год — лет; раз — раз; челове́к — челове́к**

**Adj. -ЫХ / -ИХ:**

| | | |
|---|---|---|
| **но́вЫХ домо́в** | **но́вЫХ о́кон** | **но́вЫХ книг** |
| **большИ́Х** | **большИ́Х** | **большИ́Х** |

**Волко́в боя́ться — в лес не ходи́ть!**

— Ско́лько челове́к рабо́тает в ва́шей фи́рме?

— Ду́маю, проце́нтов со́рок!

## Задание 234

У вас есть вопро́сы? — **У меня́ нет вопро́сов.**

1) У него́ есть друзья́?
2) У вас есть пробле́мы?
3) У них есть при́нципы?
4) У вас есть тру́дности?
5) У тебя́ есть докуме́нты?
6) У них есть тала́нты?
7) У вас есть пла́ны?
8) У вас есть конкуре́нты?
9) У вас есть отве́ты?
10) У вас до́ма есть ко́шки?
11) У вас есть часы́?
12) У вас есть сигаре́ты?

**Ско́лько, мно́го, ма́ло, не́сколько, 5, 6, 7, 8 ... + GEN. PL.**

## Задание 235

Ско́лько здесь (газе́та)? — 7 — **Здесь 7 газе́т.**

1) Ско́лько у вас (чемода́н)? — мно́го
2) Ско́лько в го́роде (жи́тель)? — 5 миллио́нов
3) Ско́лько (эта́ж) в ва́шем до́ме? — 9
4) Ско́лько (остано́вка) от до́ма до це́нтра? — 5
5) Ско́лько в ко́мнате (гость)? — 6
6) Ско́лько на столе́ (таре́лка)? — 6
7) Ско́лько на столе́ (ви́лка)? — 6
8) Ско́лько на столе́ (ло́жка)? — 6
9) Ско́лько на столе́ (нож)? — 6
10) Ско́лько на столе́ (ча́шка)? — 6
11) Ско́лько (язы́к) вы зна́ете? — 8
12) Ско́лько (маши́на) на у́лице? — мно́го

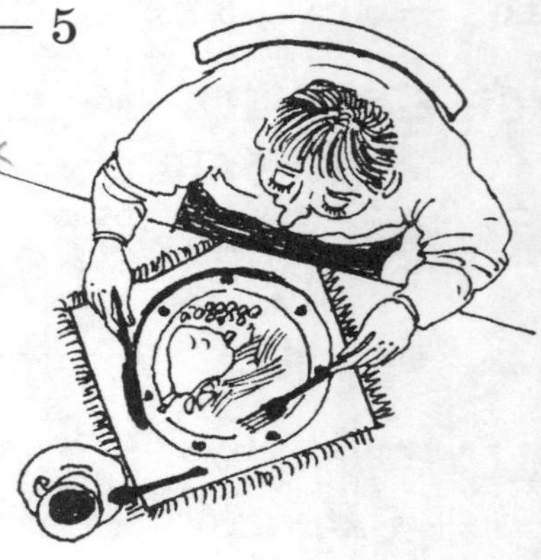

## Задание 236

Ску́чно жить без .............
Невозмо́жно жить без .............
Тру́дно жить без .............
Легко́ жить без .............

## Задание 237

| | | | | | |
|---|---|---|---|---|---|
| **1** | **франк** | **рубль** | **кро́на** | **ма́рка** | **до́ллар** |
| **4** | **фра́нка** | ________ | ________ | ________ | ________ |
| **12** | **фра́нков** | ________ | ________ | ________ | ________ |
| **23** | **фра́нка** | ________ | ________ | ________ | ________ |
| **48** | **фра́нков** | ________ | ________ | ________ | ________ |
| **681** | **франк** | ________ | ________ | ________ | ________ |
| **1322** | **фра́нка** | ________ | ________ | ________ | ________ |
| **4878** | **фра́нков** | ________ | ________ | ________ | ________ |

## Зада́ние 238

**Отвеча́ем:** мно́го, ма́ло, не́сколько, 5 и т.д.

1) Ско́лько (ру́сские слова́) вы зна́ете?
2) Ско́лько в ми́ре (тала́нтливые писа́тели)?
3) Ско́лько у вас (интере́сные кни́ги)?
4) Ско́лько в го́роде (хоро́шие рестора́ны)?
5) Ско́лько в ми́ре (чи́стые ре́ки)?
6) Ско́лько (тропи́ческие стра́ны) вы ви́дели?
7) Ско́лько (ску́чные фи́льмы) вы смотре́ли?
8) Ско́лько (телефо́нные номера́) вы по́мните?

## Зада́ние 239

**Ва́ши пожела́ния:**

**Пусть бу́дет мно́го / бо́льше:** хоро́шей му́зыки, интере́сных книг…
**Пусть бу́дет ма́ло / ме́ньше:** тру́дной грамма́тики, телеви́зоров…

### ВРЕ́МЯ

| 1 | | 2, 3,4 | | 5, 6, 7, 8… |
|---|---|---|---|---|
| f. (одна́) | секу́нда | f. (две) | секу́нды | секу́нд |
| | мину́та | | мину́ты | мину́т |
| | неде́ля | | неде́ли | неде́ль |
| m. (оди́н) | час | m. (два) | часа́ | часо́в |
| | день | | дня | дней |
| | ме́сяц | | ме́сяца | ме́сяцев |
| | год | | го́да | лет |
| | век | | ве́ка | веко́в |

**Спра́шиваем и отвеча́ем:**

Ско́лько ме́сяцев в году́? Ско́лько секу́нд в мину́те? Ско́лько мину́т в ча́се? Ско́лько часо́в в су́тках? Ско́лько дней в неде́ле? Ско́лько в году́ неде́ль? Ско́лько в году́ дней? Ско́лько в ве́ке лет? Ско́лько в ве́ке ме́сяцев?

## Зада́ние 240

В Санкт-Петербу́рге мно́го (кана́л, мост), прекра́сных ста́рых (дворе́ц), (парк) и истори́ческих (па́мятник). А ещё в го́роде мно́го (музе́й), в кото́рых вас ждут прекра́сные колле́кции (карти́на) ру́сских и иностра́нных (худо́жник). Есть и музе́и— кварти́ры (писа́тель) и (поэ́т): Пу́шкина, Достое́вского, Бло́ка... В це́нтре го́рода, на Не́вском проспе́кте нахо́дится Росси́йская национа́льная библиоте́ка, одна́ из пяти́ са́мых больши́х в ми́ре (библиоте́ка). В ней бо́лее тридцати́ (миллио́н) (кни́га), (журна́л), (ру́копись).

## Зада́ние 241

1) Длина́ Невы́ 74 (киломе́тр). 2) Её глубина́ 8 (метр), а ширина́ 600 (метр). 3) В Петербу́рге 86 (река́ и кана́л). 4) В го́роде 42 (о́стров) и 300 (мост). 5) В Петербу́рге 2500 больши́х и ма́леньких (библиоте́ка). 6) В го́роде 5 (миллио́н) (жи́тель). 7) В Петербу́рге 143 (стадио́н), 350 (футбо́льное по́ле), 111 (те́ннисный корт). 8) В Эрмита́же 15 000 (карти́на) и 12 000 (скульпту́ра). 9) В го́роде приме́рно 1800 (у́лица) и (проспе́кт), 835 (парк) и (сад).

**Рестора́н «Афроди́та»**

Атмосфе́ра пра́здника
Фантасти́ческие ощуще́ния
Романти́ческая атмосфе́ра
Откры́т с 12.00 до 01.00
Делика́тное обслу́живание
Идеа́льное ме́сто для встре́чи
Тради́ции вку́са

А вы уже́ бы́ли у нас?

Вы лю́бите ходи́ть в рестора́н?

Вы ча́сто хо́дите в рестора́н?

Каки́е рестора́ны вы бо́льше лю́бите: япо́нские, италья́нские, францу́зские...?

Вы лю́бите про́бовать но́вые экзоти́ческие блю́да?

У вас есть люби́мое блю́до? Како́е?

**ждать**

| | |
|---|---|
| **я жду** | **мы ждём** |
| **ты ждёшь** | **вы ждёте** |
| **он/она́ ждёт** | **они́ ждут** |

1) Анто́н ... А́нну. 2) Вчера́ она́ ... Анто́на. 3) Вы нас ... . 4) Де́ти ... па́пу. 4) Я ... вас. 5) Ты меня́ ... ? 6) Мы тебя́ по́мним и ... . 6) Кто вчера́ меня́ ... ? 7) Вы вчера́ ... меня́ час? 8) Я их не ... . 9) Гид ... тури́стов. 10) Такси́сты ... пассажи́ров.

**Рестора́н**

И́горь: — Я приглаша́ю тебя́ в рестора́н.
Свен: — Спаси́бо. А когда́?
И́горь: — Сего́дня ве́чером. Вы мо́жете?
Свен: — Да, спаси́бо! А в како́й?
И́горь: — Тут недалеко́ есть неплохо́й рестора́н. Там хоро́ший интерье́р и ру́сская ку́хня.
Свен: — Отли́чно, меня́ интересу́ет ру́сская ку́хня.
И́горь: — Зна́чит, я жду тебя́ в 7 часо́в в рестора́не.

### В рестора́не

И́горь: — До́брый ве́чер.

Официа́нт: — Здра́вствуйте.

И́горь: — У вас есть свобо́дные сто́лики?

Официа́нт: — Да, пожа́луйста. Здесь, у окна́. Вот меню́.

И́горь: — Спаси́бо. Ну, снача́ла сала́т. Како́й сала́т вы выбира́ете?

Свен: — Мо́жет быть, из огурцо́в и помидо́ров. Све́жие о́вощи — э́то о́чень поле́зно для здоро́вья. А что тако́е «винегре́т»?

И́горь: — Ну, в о́бщем… это тако́й сала́т из свёклы, морко́вки, карто́шки… там ещё солёные огурцы́.

Свен: — Тогда́ вот э́тот, из огурцо́в, помидо́ров и сы́ра.

И́горь: — А я хочу́ «Столи́чный». Вы бу́дете суп? Мо́жет быть, борщ?

Свен: — Спаси́бо, ду́маю, нет. Я не о́чень люблю́ суп.

И́горь: — А что вы хоти́те на второ́е?

Свен: — Сейча́с … Что тако́е шашлы́к из осетра́?

И́горь: — Это интере́сно. Шашлы́к — са́мое изве́стное блю́до кавка́зской ку́хни. Но на Кавка́зе шашлы́к гото́вят из бара́нины, а у нас в Росси́и — из свини́ны и́ли иногда́ из осетра́.

Свен: — Отли́чно! Я хочу́ шашлы́к из осетра́. А вы?

И́горь: — Я бу́ду котле́ту по-ки́евски. Вот идёт наш официа́нт.

Официа́нт: — Вы гото́вы?

И́горь: — Да, пожа́луйста, сала́т из огурцо́в, помидо́ров и сы́ра, оди́н «Столи́чный», шашлы́к из осетра́ и котле́ту по-ки́евски.

Официа́нт: — Хорошо́. А что из напи́тков? Вино́, конья́к, шампа́нское, пи́во?

Свен: — Я ду́маю, я бу́ду пи́во. Обы́чно я пью тёмное пи́во, но сейча́с хочу́ све́тлое. У вас есть ру́сское пи́во?

Официа́нт: — Да, «Двойно́е золото́е».

И́горь: — А я бу́ду кра́сное вино́, наприме́р «Божоле́», и минера́льную во́ду.

Официа́нт: — Хорошо́, одну́ мину́тку.

**Отвеча́ем на вопро́сы:**

Кто кого́ приглаша́ет в рестора́н?
Почему́ они́ иду́т в э́тот рестора́н?
Почему́ Свен лю́бит све́жие о́вощи?
Что ещё поле́зно для здоро́вья? А что — вре́дно?
Что тако́е «винегре́т»?
Каки́е сала́ты они́ зака́зывают?
Из чего́ де́лают шашлы́к?
Како́е пи́во обы́чно пьёт Свен?
Что пьёт его́ друг?

**Э́то звони́л мой друг. Он рабо́тает в зоопа́рке.**
**Э́то звони́л мой друг, кото́рый рабо́тает в зоопа́рке.**
**Э́то мой друг. Ты ви́дел его́ на конфере́нции.**
**Э́то мой друг, кото́рого ты ви́дел на конфере́нции.**
**Э́то моя́ но́вая кни́га. Она́ расска́зывает о приро́де Се́вера.**
**Э́то моя́ но́вая кни́га, кото́рая расска́зывает о приро́де Се́вера.**
**Э́то моя́ но́вая кни́га. Я писа́л её три го́да.**
**Э́то моя́ но́вая кни́га, кото́рую я писа́л три го́да.**
**Э́то арти́ст. Я расска́зывал о нём.**
**Э́то арти́ст, о кото́ром я расска́зывал.**
**Я приглаша́ю в рестора́н дру́га. Рестора́н называ́ется «Кукара́ча».**
**!!! Я приглаша́ю дру́га в рестора́н, кото́рый называ́ется «Кукара́ча».**
**!? Я приглаша́ю в рестора́н дру́га, кото́рый называ́ется «Кукара́ча».**

## Задание 242

1) Э́то де́вушка. Она́ лю́бит И́горя.
2) Э́то де́вушка. Её лю́бит И́горь.
3) Э́то журнали́ст. Он иска́л нас.
4) Э́то журнали́ст. Мы его́ иска́ли.
5) Вот кора́бль. Он плывёт в Исла́ндию.
6) Вот кора́бль. Мы ви́дели его́ в порту́.
7) Начина́ется фестива́ль. Ты спра́шивал о нём.
8) Я был на вы́ставке. Вы говори́ли о ней.
9) Я уже слы́шал э́ту исто́рию. Вы сно́ва расска́зываете э́ту исто́рию.
10) Ты не по́мнишь телефо́н? Я дава́л тебе́ э́тот телефо́н.
11) Я люблю́ э́ту пе́сню. Вы не лю́бите э́ту пе́сню.
12) Мы покупа́ем карти́ну. Вы продаёте её.
13) Э́то специали́ст. Без него́ мы не мо́жем рабо́тать.
14) Вот моя́ подру́га. Я не могу́ жить без неё.

Режиссёр о́перы слу́шает но́вую певи́цу. Он спра́шивает дирижёра:

— Вы не зна́ете, кака́я э́то мело́дия?

— Мело́дия, кото́рую игра́ет орке́стр, и́ли мело́дия, кото́рую поёт э́та да́ма?

| | | | |
|---|---|---|---|
| пра́здник | пост | разреша́ть | дохристиа́нский |
| пра́здновать | це́рковь | угоща́ть | серебро́ |
| реце́пт | квас | блю́до | секре́т |

### Из исто́рии ру́сской ку́хни

Что вы зна́ете о ру́сской ку́хне? Коне́чно, все зна́ют ру́сские блины́, икру́, во́дку, щи, борщ... Блины́, наприме́р, едя́т це́лую неде́лю во вре́мя дре́внего, ещё дохристиа́нского, пра́здника Ма́сленицы, кото́рый пра́зднуют, когда́ встреча́ют весну́. Блины́ — си́мвол со́лнца. Икра́, и пра́вда, традицио́нный ру́сский проду́кт, и не то́лько изве́стная в ми́ре чёрная, но и кра́сная, и други́е бо́лее дешёвые сорта́. Ры́ба то́же игра́ла в ру́сской ку́хне большу́ю роль, потому́ что ры́бу всегда́ люби́ли

и ещё потому́, что це́рковь не разреша́ла есть мя́со в пост, а это бо́льше чем 200 дней в году́. Борщ — одно́ из люби́мых блюд почти́ в ка́ждой ру́сской семье́, а вот во́дка... В Дре́вней Руси́ пи́ли квас, пи́во, мёд, а во́дки не зна́ли. На ру́сском се́вере во́дки не было до конца́ пе́рвой мирово́й войны́, и вообще́ пи́ли в Росси́и в 1913 году́... то́лько 3 ли́тра алкого́ля в год на челове́ка.

Традицио́нно в Росси́и, кро́ме ю́жных райо́нов, чёрный хлеб люби́ли бо́льше, чем бе́лый. У ру́сских всегда́ был настоя́щий ку́льт хле́ба. Там, где бы́ло ма́ло хле́ба, наприме́р в Сиби́ри в нача́ле колониза́ции и в Петербу́рге в нача́ле 18 (восемна́дцатого) ве́ка, лю́ди получа́ли хлеб беспла́тно.

Для встре́чи госте́й в ру́сском до́ме хлеб и соль ка́ждый день бы́ли на столе́ с утра́ до ве́чера. Италья́нский путеше́ственник в середи́не 18 ве́ка писа́л, что Москва́ — еди́нственный в ми́ре го́род, где у бога́тых люде́й действи́тельно «откры́тый стол», то есть госте́й угоща́ют в любо́е вре́мя дня, и е́сли хозя́ин уже́ обе́дал, то для го́стя де́лали но́вый обе́д.

В обы́чные дни е́ли немно́го, наприме́р, на за́втрак (а за́втракали ра́но, в 4—6 часо́в), е́ли хлеб и пи́ли квас, молоко́ и́ли чай. Обе́дали обы́чно в по́лдень, но обе́д то́же был не тако́й, как сейча́с. Царь Алексе́й Миха́йлович, оте́ц Петра́ Пе́рвого, на обе́д ел хлеб и пил немно́го пи́ва. Но в пра́здники на столе́ да́же у небога́тых люде́й бы́ло 15—20 блюд из мя́са, ры́бы, овоще́й и грибо́в, в бога́тых дома́х — от пяти́десяти до ста блюд. А у ру́сского царя́ могли́ обе́дать 1000 госте́й, а блюд иногда́ бы́ло полты́сячи. Бори́с Годуно́в одна́жды 6 неде́ль угоща́л 10 000 челове́к в день, и все е́ли на серебре́...

Двадца́тый век — век стандартиза́ции, но и сейча́с в ка́ждой ру́сской семье́ есть традицио́нные реце́пты и секре́ты люби́мых блюд.

**Отвеча́ем на вопро́сы:**

Каки́е блю́да ру́сской ку́хни вы зна́ете? Каки́е блю́да лю́бите?

Каки́е традицио́нные блю́да есть в ва́шей национа́льной ку́хне?

Что вы зна́ете об исто́рии ва́шей национа́льной ку́хни?

Что вы ра́ньше зна́ли (слы́шали, чита́ли) о ру́сской ку́хне и её исто́рии?

А что ду́маете тепе́рь?

# ПОВТОРЕ́НИЕ

## Задание 243

иδти́ — ходи́ть

1) Куда́ ты ... ? — Я ... домо́й.

2) Вы ... в кафе́? — Нет, мы уже́ ... в кафе́.

3) Кто ... на конце́рт? — Я не люблю́ ... на конце́рты.

4) Мы ... домо́й, а куда́ вы ... ? — Мы ... в кино́.

5) Ты ча́сто ... на ры́нок? — Нет, я не люблю́ ... на ры́нок.

6) Она́ сейча́с ... в бассе́йн? — Да, она́ ка́ждую пя́тницу ... в бассе́йн.

7) Вы лю́бите ... в го́сти? — Да, я люблю́ ... в го́сти. Но сейча́с я ... домо́й.

8) Ваш сын уже́ уме́ет ... ? — Да, сейча́с он ... сюда́.

## Задание 244

е́хать — е́здить

1) Вы сейча́с ... на маши́не? — Да, мы всегда́ ... на маши́не.

2) Куда́ вы ... в про́шлом году́? — Мы ... на Кипр.

3) Кто сего́дня ... на маши́не? — Они ... на по́езде, а мы ... на маши́не.

4) Он лю́бит ... на мотоци́кле. Вчера́ он ... на о́зеро, а сего́дня ... в Па́вловск.

5) Куда́ вы ... в э́том году? — Мы ... на мо́ре. Мы ка́ждое ле́то ... на мо́ре.

6) Я люблю́ ... на велосипе́де, но сейча́с я спешу́ и ... на маши́не.

7) Где ты был вчера́? — Я ... в Петерго́ф.

8) Ты за́втра ... в Ки́ев? — Да, я ча́сто ... в Ки́ев.

## Задание 245

1) … вы ходи́ли в пя́тницу? … вы бы́ли в пя́тницу? (где / куда́)
2) Ты идёшь … ? Я уже́ … ! (здесь / сюда́)
3) У́тром я был … . Когда́ мы е́дем … ? (до́ма / домо́й)
4) Что вы … ви́дели? Почему́ вы … е́дете? (там / туда́)
5) Что вы … и́щете? Он идёт … . (здесь / сюда́)
6) … вы рабо́таете? … вы е́дете? (где / куда́)
7) … вы е́дете отдыхать? … вы живёте? (где / куда́)
8) Я сего́дня … . Я иду́ … . (до́ма / домо́й)
9) Вы … живёте? Когда́ вы … е́дете? (там / туда́)
10) Ты не е́дешь … ? Кто … ? (здесь / сюда́)

## Задание 246

кого́ / что?

1) Мы слу́шаем (журнали́ст). Мы чи́таем (газе́та).
2) Мы слу́шаем (преподава́тель). Мы изуча́ем (язы́к).
3) Вы зна́ете (актри́са). Вы смо́трите (фи́льм). Вы зна́ете (актёры).
4) Я чита́ю (кни́га). Я понима́ю (писа́тель).
5) Ты лю́бишь (Мо́царт)? Ты слу́шаешь (му́зыка)?
6) Студе́нт слу́шает (профе́ссор). Профе́ссор спра́шивает (студе́нты).
7) Президе́нт контроли́рует (ситуа́ция). Вы зна́ете (президе́нт)?
8) Вы лю́бите (ти́гры)? А ти́гры лю́бят (вы)?
9) Роди́тели не понима́ют (де́ти). Де́ти не слу́шают (роди́тели).
10) Они́ приглаша́ют (подру́ги). Он приглаша́ет (подру́га).

## Задание 247

1) Тру́дно жить без …
2) Ску́чно жить без …
3) Я не могу́ рабо́тать без …
4) Я люблю́ всё, кро́ме …
5) Далеко́ от … до …
6) Я де́лаю всё для …
7) Что вы де́лаете по́сле … ?
8) Хоро́шо, когда́ нет …
9) Пло́хо, когда́ нет …

## Задание 248

идти́ / ходи́ть; е́хать / е́здить; бежа́ть / бе́гать; лете́ть / лета́ть; плыть / пла́вать

1) Футболи́сты хорошо́ … .
2) Мы не … на трамва́е.
3) Ры́бы … в реке́.
4) Я … на бе́рег!
5) Мы спеши́м! Мы … на уро́к.
6) Мы хоти́м у́жинать. Мы … на ку́хню.
7) Вы ча́сто … на бале́т?
8) Э́тот самолёт сейча́с … в И́ндию.
9) Зимо́й му́хи не … .
10) Я сего́дня … в Мадри́д.

## Задание 249

Отку́да? — из / с

1) Студе́нты иду́т из университе́та, с ле́кции (клуб, конце́рт, теа́тр, о́пера, бале́т, рестора́н, музе́й, экску́рсия, экза́мен, бар).

2) Тури́сты е́дут (А́нглия, мо́ре, вокза́л, Берли́н, за́пад, го́род, Восто́к, гости́ница).

3) Пти́цы летя́т (А́фрика, юг, о́зеро, парк, се́вер, река́, о́стров).

## Задание 250

Ско́лько?

Вы — цари́ (президе́нты, генера́льные секретари́). Вы расска́зываете, кого́ / чего́ в ва́ших стра́нах мно́го, кого́ / чего́ ма́ло, нет или ско́лько: жи́тели, па́ртии, мужчи́ны, же́нщины, маши́ны, магази́ны, ре́ки, озёра, шко́лы, университе́ты, рестора́ны, тури́сты, го́ры, леса́ и т.д.

**Я — президе́нт Финля́ндии. В Финля́ндии мно́го фи́ннов — 5 миллио́нов жи́телей, мно́го лесо́в, рек и озёр. Но у нас ма́ло больши́х городо́в, гор и нет жира́фов.**

### Задание 251

Како́й тра́нспорт лю́бите вы, лю́бят лю́ди в ва́шей стране́, лю́ди в Росси́и и почему́?

### Задание 252

Вы приглаша́ете тури́стов в но́вую гости́ницу и расска́зываете, кака́я она́. Тури́сты спра́шивают, что там есть и чего́ нет и т.д. Мо́жно испо́льзовать ка́рточки : душ +, телевизор — и т.д.

### Задание 253

Диало́ги

Клие́нт: Вы е́дете рабо́тать дале́ко (в А́рктику, в Сиби́рь, в А́фрику) на три го́да и после́дний раз идёте в хоро́ший рестора́н. Что вы зака́зываете?

Официа́нт: В рестора́не есть не все блю́да, наприме́р: «Извини́те, чёрного хле́ба нет, но есть чёрная икра́.»

### Задание 254

**кото́рый**

Я расска́зываю исто́рию, кото́р... расска́зывал мне мой друг Свен, о кото́р... вы уже́ мно́го зна́ете. Он начина́л рабо́тать в Болга́рии, в стране́, в кото́р... я никогда́ не был. Он е́хал на ста́рой маши́не, кото́р... купи́л в Болга́рии, и не мог дое́хать до го́рода, до кото́р... хоте́л. Он е́хал ме́дленно, потому́ что маши́на, на кото́р... он е́хал, была́ ста́рая и потому́ что он пло́хо знал города́ и дере́вни, в кото́р... никогда́ не был. По́здно ве́чером он сно́ва был в том го́роде, из кото́р... он начина́л своё путеше́ствие у́тром. Свен тогда́ уже́ немно́го знал ру́сский язы́к, на кото́р... он сейча́с говори́т хорошо́. В Болга́рии то́же все понима́ли ру́сский язы́к, кото́р... они́ изуча́ли в шко́ле. Но когда́ он спра́шивал ме́стных жи́телей, кото́р... встреча́л в доро́ге, пра́вильно он е́дет и́ли не́т, он не понима́л, что́ они́ отвеча́ли. Он не знал, что когда́ в Болга́рии де́лают жест, кото́р... у нас зна́чит «нет», то он зна́чит «да». А жест, кото́р... у нас зна́чит «да», у них зна́чит «нет». По́сле э́той исто́рии, кото́р... он ча́сто расска́зывает, Свен всегда́ изуча́ет тради́ции страны́, в кото́р... е́дет.

**Я люблю́ расска́зывать исто́рии.**
**Вчера́ я рассказа́л интере́сную исто́рию.**
**За́втра я расскажу́ ещё одну́.**

| | |
| --- | --- |
| IMPERF.<br>ПРОЦЕ́СС<br>**(норма́льный)**<br>Ле́том я мно́го рисова́л.<br>Я вообще́ люблю́ рисова́ть. | PERF.<br>РЕЗУЛЬТА́Т<br>**(специа́льный)**<br>Я нарисова́л пять карти́н.<br>Я хочу́ нарисова́ть ваш портре́т. |
| **... ________ ... проце́сс**<br>Мы вчера́ до́лго гуля́ли.<br>\| \| \| ...<br>ча́сто, ре́дко, иногда́<br>Я ре́дко пишу́ пи́сьма.<br>**да — нет**<br>— Вы чита́ли «А́нну Каре́нину»?<br>— Да, чита́л.<br>═══════ **паралле́льно**<br>Игра́ла му́зыка, го́сти танцева́ли. | **1 раз (конкре́тно)**<br>Мы вчера́ хорошо́ погуля́ли.<br>\|————————\|<br>**нача́ло** **коне́ц**<br>Вчера́ я написа́л письмо́.<br>——►\|——►\|——►\|<br>Я прочита́л письмо́ и написа́л отве́т. |
| писа́ть<br>-ЫВА-(-ИВА-)<br>подпи́сЫВАть | написа́ть<br><br>ПОДписа́ть |
| -ВА-<br>-ДА- -ЗНА- -СТА-<br>даВА́ть узнаВА́ть встаВА́ть<br>я даю́ я узнаю́ я встаю́ | дать узна́ть встать |
| -ЫВА- -А-<br>-ВА- решА́ть<br>-А- !!! ПОкупА́ть | -И-<br>решИ́ть<br>купИ́ть |

| | чита́ть | | прочита́ть |
|---|---|---|---|
| Вчера́ | чита́л, -а, -и | | прочита́л, -а, -и |
| Сейча́с | я чита́Ю<br>ты чита́ЕШЬ<br>они́ чита́ЮТ | | ✕ |
| За́втра | я бу́ду<br>ты бу́дешь<br>он/она́ бу́дет | мы бу́дем<br>вы бу́дете + INF. чита́ть<br>они́ бу́дут | я прочита́Ю<br>ты прочита́ЕШЬ<br>они́ прочита́ЮТ |

## Задание 255

| | |
|---|---|
| получа́ть | переписа́ть |
| расска́зывать | пообе́дать |
| смотре́ть | уста́ть |
| выключа́ть | вы́играть |
| продава́ть | рассказа́ть |
| стро́ить | изучи́ть |
| конча́ть | получи́ть |
| встава́ть | посмотре́ть |
| обе́дать | отве́тить |
| отвеча́ть | потанцева́ть |
| перепи́сывать | ко́нчить |
| изуча́ть | вы́ключить |
| танцева́ть | прода́ть |
| выи́грывать | постро́ить |

**Не говори́, что де́лал, а говори́, что сде́лал!**

### Задание 256

**Что ты де́лал вчера́ ве́чером? — Я ... энциклопе́дию. Я ... мно́го интере́сного. (чита́ть — прочита́ть)**

**Что ты де́лал вчера́ ве́чером? — Я чита́л энциклопе́дию. Я прочита́л мно́го интере́сного.**

1) Что вы де́лали вчера́ ве́чером? — Я ... пи́сьма. Я ... три письма́. (писа́ть — написа́ть)

2) Что вы де́лали в дере́вне? — Я ... пейза́жи. Я ... 7 пейза́жей. (рисова́ть — нарисова́ть)

3) Что вы де́лали вчера́ у Бори́са? — Говори́ли, ...блины́. Я ... о́чень мно́го блино́в. (есть — съесть)

4) Что вы де́лали вчера́ на экску́рсии? — Ходи́ли в музе́й, ... карти́ны. Мы ... все карти́ны. (смотре́ть — посмотре́ть)

5) Что вы де́лали вчера́ у Ка́ти? — Смотре́ли альбо́мы, ... чай. Я ... 4 ча́шки. (пить — вы́пить)

6) Что ты де́лал по́сле рабо́ты? — ... проду́кты. Я ... карто́шку, помидо́ры, мя́со и сала́т. (покупа́ть — купи́ть)

7) Что вы де́лали на интервью́? — ... на вопро́сы. И на все вопро́сы ... прекра́сно. (отвеча́ть — отве́тить)

8) Что де́лал вчера́ ваш муж? — Весь ве́чер ... у́жин. Он ... мя́со, сала́т и десе́рт. (гото́вить — пригото́вить)

9) Что вы де́лали в япо́нском рестора́не? — Мы ... ра́зные экзоти́ческие блю́да. Я ... мно́го интере́сных блюд. (про́бовать — попро́бовать)

10) А что говори́л И́горь, когда́ вы обе́дали? — Ничего́, про́сто ... анекдо́ты. Пра́вда, он ... не́сколько но́вых анекдо́тов. (расска́зывать — рассказа́ть)

— Ма́льчик, что ты рису́ешь?
— Я рису́ю Бо́га.
— Но никто́ не зна́ет, како́й он!
— Вот я нарису́ю, и все узна́ют.

## Зада́ние 257

1) Вы уже́ обе́дали? — Нет, спаси́бо, я … пото́м, до́ма. (пообе́дать)

2) Вы ещё не получа́ли де́ньги? — Нет, … в понеде́льник. (получи́ть)

3) Ты уже́ звони́л в Москву́? — Нет, … ве́чером. (позвони́ть)

4) Вы уже́ говори́ли о пое́здке? — Нет, за́втра … . (поговори́ть)

5) Вы уже́ чита́ли мою́ статью́? — Нет, но обяза́тельно … . (прочита́ть)

6) Вы смотре́ли сего́дня «Но́вости»? — Нет, … ве́чером. (посмотре́ть)

7) Они́ уже́ слу́шали э́ту о́перу? — Нет, но обяза́тельно … . (послу́шать)

8) Ты уже́ игра́л в э́ту игру́? — Нет, но обяза́тельно … . (сыгра́ть)

9) Она́ уже́ про́бовала э́то блю́до? — Нет, но обяза́тельно … . (попро́бовать; -ова- / -у-)

10) Вы уже́ спра́шивали их, как дела́? — Ещё нет, но сейча́с … . (спроси́ть; с / ш)

11) Вы ещё не отвеча́ли на её письмо́? — Нет, но обяза́тельно … . (отве́тить; т / ч)

12) Вы расска́зывали исто́рию э́того до́ма? — Нет ещё, сейча́с … . (рассказа́ть; з / ж )

13) Ва́ша газе́та ещё не писа́ла обо мне? — Нет, но мы обяза́тельно … . (написа́ть; с / ш)

14) Вы ра́ньше никогда́ не покупа́ли э́тот журна́л? — Нет, но э́тот но́мер я обяза́тельно … . ( купи́ть; п + л)

15) Вы ещё не фотографи́ровали э́тот дом? — Нет, но обяза́тельно … . (сфотографи́ровать; ова / у)

## Зада́ние 258

Вы (рабо́тать) в суббо́ту и в воскресе́нье? — Нет, … .

**Вы бу́дете рабо́тать в суббо́ту и в воскресе́нье? — Нет, не бу́ду.**

1) Ты (смотре́ть) но́вости? — Нет, … .

2) Она́ (ката́ться) зимо́й на лы́жах? — Да, … .

3) Ди́ма ле́том (пла́вать) в реке́? — Коне́чно, … .

4) Вы (изуча́ть) ру́сский язы́к в бу́дущем году́? — Да, … .

5) Ты (есть) суп? — Нет, ... .
6) Они́ (рабо́тать) хорошо́? — Я ду́маю, нет, ... .
7) Мы (танцева́ть)? — Коне́чно, ... .
8) Вы (отвеча́ть) на вопро́сы? — Нет, ... .

## Задание 259

**Спра́шиваем и отвеча́ем:**

1) Вы бу́дете ходи́ть на лы́жах?
2) Вы бу́дете пла́вать зимо́й?
3) Вы бу́дете хорошо́ говори́ть по-ру́сски?
4) Вы бу́дете пить во́дку?
5) Вы бу́дете изуча́ть япо́нский язы́к?
6) Вы бу́дете игра́ть в казино́?
7) Вы бу́дете де́лать оши́бки?

## Задание 260

(звони́ть — позвони́ть)

1) Ка́ждые выходны́е я ... в Та́ллин, где живёт моя́ сестра́.
2) Но вчера́ я ... в по́лночь, и она́ уже́ спала́.
3) За́втра я обяза́тельно ... ещё раз.

(де́лать — сде́лать)

1) Ты всегда́ ... из му́хи слона́!
2) Сейча́с я понима́ю, что вчера́ ... большу́ю оши́бку.
3) На день рожде́ния я обяза́тельно ... хоро́ший пода́рок.

(писа́ть — написа́ть)

1) Ко́стя — гениа́льный компози́тор, и всегда́ … 3—4 пе́сни в день.

2) Вчера́ он … 8 пе́сен.

3) Я ду́маю, за́втра он ничего́ не … .

(стро́ить — постро́ить)

1) Он всегда́ … больши́е пла́ны.

2) Бо́льше он ещё ничего́ не … .

3) Он ду́мает, что ско́ро … Рай на Земле́.

(спра́шивать — спроси́ть)

1) Де́ти всё вре́мя … : «Почему́?», «Почему́?», «Почему́?»

2) Вчера́ ве́чером мой сын … , почему́ я говорю́, что на ю́ге жа́рко, е́сли в Антаркти́де хо́лодно.

3) Я не зна́ю, о чём он … за́втра.

(встреча́ть — встре́тить)

1) Я ча́сто … Джо́на в клу́бе.

2) Вчера́ я ходи́л в клуб, но его́ не … .

3) Мо́жет быть, я … его́ за́втра.

## Задание 261

зака́нчивать — зако́нчить
боле́ть — заболе́ть
чита́ть — прочита́ть
писа́ть — написа́ть
приглаша́ть — пригласи́ть
ду́мать — поду́мать
говори́ть — сказа́ть
объясня́ть — объясни́ть
брать — взять
проси́ть — попроси́ть
про́бовать — попро́бовать
начина́ть — нача́ть

рабо́тать — порабо́тать
спра́шивать — спроси́ть
печа́тать — напеча́тать
отвеча́ть — отве́тить
гото́вить — пригото́вить
звони́ть — позвони́ть
встава́ть — встать
опа́здывать — опозда́ть
реша́ть — реши́ть
исправля́ть — испра́вить
забыва́ть — забы́ть
понима́ть — поня́ть

Приве́т! Вы меня́ уже́ зна́ете. Я поэ́т. У меня́, коне́чно, е́сть подру́га. Её зову́т Ма́ша. У Ма́ши сейча́с но́вая рабо́та — она́ секрета́рь в большо́й фи́рме. Ка́ждый день она́ начина́ет рабо́тать в 9 часо́в и зака́нчивает в 6. Но позавчера́ она́ заболе́ла и попроси́ла меня́ порабо́тать вме́сто неё. Я до́лго ду́мал и спроси́л её:

— Ты мно́го рабо́таешь? Что ты де́лаешь на рабо́те?

— Рабо́та у меня́ проста́я. Я рабо́таю на компью́тере, печа́таю докуме́нты, чита́ю и пишу́ пи́сьма, отвеча́ю на телефо́нные звонки́, приглаша́ю клие́нтов в кабине́т... Ну, и ещё гото́влю ко́фе. Ты уме́ешь гото́вить ко́фе?

— Да, коне́чно.

— Ты мо́жешь пригото́вить вку́сный ко́фе?

— Да.

— Ну, тогда́ всё в поря́дке.

Мы ещё немно́го поду́мали и реши́ли, что Маша́ позвони́т на рабо́ту и ска́жет, что она́ заболе́ла и не мо́жет рабо́тать, а вме́сто неё порабо́тает её друг, кото́рый хорошо́ пи́шет.

Вы уже́ зна́ете, что обы́чно я встаю́ в по́лдень. Но в э́тот день я встал ра́но, и в 9 часо́в 40 мину́т я был уже́ на рабо́те.

Шеф спроси́л меня́:

— А вы что здесь де́лаете?

И я полчаса́ объясня́л, кто я и почему́ я сего́дня рабо́таю вме́сто Ма́ши. Она́ забы́ла позвони́ть и сказа́ть, что заболе́ла. Когда́ она́ не боле́ет, она́ ничего́ не забыва́ет. Когда́ я всё объясни́л, шеф спроси́л:

— Почему́ вы опозда́ли? Она́ обы́чно не опа́здывала!

Так я на́чал рабо́тать. На столе́ бы́ли пи́сьма. Я взял и прочита́л пе́рвое письмо́. Пока́ я реша́л, что отве́тить, позвони́ли из друго́й компа́нии. Незнако́мый го́лос попроси́л позва́ть ше́фа. Я забы́л спроси́ть, кто э́то, и шеф не хоте́л отвеча́ть и сказа́л, что его́ нет. Ещё он сказа́л, что он ду́мает, что э́то я заболе́л, а не Ма́ша. Пото́м шеф попроси́л пригото́вить ко́фе. Я поду́мал, что сейча́с могу́ испра́вить оши́бку, и пригото́вил ко́фе, кото́рый я люблю́. Шеф попро́бовал и вме́сто «спаси́бо» сказа́л:

— Ма́ша всегда́ гото́вила ко́фе без са́хара! Она́ забы́ла сказа́ть?!

Я не знал, что де́лать. В э́то вре́мя сно́ва позвони́ли. Я реши́л, что зна́ю, что де́лать, и отве́тил, что ше́фа сейча́с нет. И сно́ва забы́л спроси́ть, кто э́то!

Шеф реши́л зако́нчить э́тот теа́тр абсу́рда. Он сказа́л:

— Ты не уме́ешь гото́вить ко́фе, ты не уме́ешь отвеча́ть на телефо́нные звонки́, ты не мо́жешь отве́тить на письмо́. Э́то я уже́ по́нял. Я не понима́ю, что ты вообще́ уме́ешь де́лать?

— Я уме́ю писа́ть. Я поэ́т. Ещё я люблю́ ду́мать, мечта́ть.

— Хорошо́! Прекра́сно! У меня́ есть де́ло для тебя́! ...

**Как вы ду́маете, что бы́ло да́льше? Напиши́те коне́ц э́той исто́рии.**

## Задание 262

1. Вы до́лго ... «А́нну Каре́нину»? — Нет, ... **за** неде́лю. (чита́ть — прочита́ть)

2. Вы до́лго ... э́тот торт? — Нет, ... **за** полтора́ часа́. (гото́вить — пригото́вить)

3. Он до́лго ... дома́шнюю рабо́ту? — Нет, ... **за** полчаса́. (де́лать — сде́лать)

4. Она до́лго ... э́тот портре́т? — Нет, ... **за** оди́н ве́чер. (рисова́ть — нарисова́ть)

5. Ты до́лго ... кни́гу «Фата́льная исто́рия»? — Нет, что ты, я ... её **за** ме́сяц. (писа́ть — написа́ть)

6. Ты до́лго ... свою́ биогра́фию? — Нет, всё ... **за** пять мину́т. (расска́зывать — рассказа́ть)

7. Вы до́лго ... вы́ставку минимали́стов? — Нет, она́ о́чень ма́ленькая. Мы всё ... **за** час. (смотре́ть — посмотре́ть)

8. Вы не зна́ете, до́лго ... э́тот дворе́ц? — Нет, его́ ... **за** три го́да. (стро́ить — постро́ить)

**Я взял кни́гу на неде́лю. (срок) На ско́лько? Accus.**
**Я чита́л э́ту кни́гу неде́лю. (проце́сс) Ско́лько? Accus.**
**Я прочита́л э́ту кни́гу за неде́лю. (результа́т) За ско́лько? Accus.**

## Задание 263

1) Мы жи́ли в э́том до́ме (10 лет).
2) Друзья́ да́ли нам видеока́меру (неде́ля).
3) В воскресе́нье мы (полдня́) гуля́ли в лесу́.
4) (2 го́да) он написа́л но́вый рома́н.
5) Вы постро́или э́тот дом (3 го́да)?
6) Вы мо́жете (полчаса́) перевести́ э́ти бума́ги?
7) Мы (вся ночь) спа́ли и ничего́ не ви́дели.
8) Вы е́дете в Шве́цию (ме́сяц)?
9) Я могу́ вы́учить все э́ти слова́ (оди́н день).
10) Я не могу́ (вся неде́ля) рабо́тать день и ночь!
11) Здесь жа́рко, я хочу́ (мину́тка) откры́ть окно́.

**Я бу́ду здесь ещё полчаса́. Че́рез полчаса́ я е́ду домо́й.**
**Че́рез + Accus.**
**Его́ здесь уже́ нет? Я ви́дел его́ мину́ту наза́д.**
**Accus. + наза́д.**

## Задание 264

1) Где же па́мятник? (неде́ля) он был здесь!

2) (ме́сяц) мы бу́дем на мо́ре, и ты не бу́дешь ду́мать о рабо́те.

3) Когда́ вы ходи́ли на вы́ставку? — (неде́ля), в про́шлую пя́тницу.

4) Когда́ вы на́чали изуча́ть язык? — (2 ме́сяца).

5) Когда́ вы реши́те, где вы хоти́те рабо́тать? — (неде́ля).

6) Вы наконе́ц ска́жете, что вы реши́ли? — Сейча́с, (мину́та) скажу́.

7) Вы не по́мните, когда́ жил Ива́н Гро́зный? — Ка́жется, ... .

8) Этот го́род постро́или (4 ты́сячи лет). — Не мо́жет быть, сейча́с ещё ты́сяча девятьсо́т девяно́сто восьмо́й год!

9) Снача́ла вы бу́дете зараба́тывать полторы́ ты́сячи, а (полго́да) четы́ре ты́сячи. — Хорошо́, я бу́ду рабо́тать (полго́да).

10) Е́сли я бу́ду эконо́мить 10 рубле́й ка́ждый ме́сяц, (50 лет) у меня́ бу́дет 6000 рубле́й.

11) Е́сли ка́ждый день учи́ть одно́ иностра́нное сло́во, то (5 лет) вы бу́дете знать 1826 иностра́нных слов.

12) (100 лет) в Петербу́рге бы́ло 2000 па́рков и садо́в. Как вы ду́маете, ско́лько па́рков бу́дет (100 лет)?

де́вушка редактор оптими́ст предлага́ть — предложи́ть
блонди́нка реда́кция пессими́зм приглаша́ть — пригласи́ть
брюне́тка а́втор пожило́й повторя́ть — повтори́ть
сосе́дка гру́стно то́лстый теря́ть — потеря́ть

### Писа́тельница
### (Из мемуа́ров реда́ктора)

Секретáрь: — Вас хо́чет ви́деть госпожа́ Мау́рина.
Реда́ктор: — Я сейча́с... Одну́ секу́нду...

И вдруг я увидел пожилу́ю, то́лстую, бе́дно оде́тую же́нщину.

Реда́ктор: — Извини́те, вы, я ду́маю, мать А́нны Никола́евны?

Она́ гру́стно улыбну́лась.

Мау́рина: — Нет, э́то меня́ зову́т А́нна Никола́евна Мау́рина. Я а́втор расска́зов, кото́рые вы печа́тали.

Реда́ктор: — Но... Как же так? Я зна́ю А́нну Никола́евну...

Мау́рина: — Ту брюне́тку? Э́то не А́нна Никола́евна. Это была́ непра́вда. Я сейча́с всё расскажу́. Де́ло в том, что расска́зы писа́ла я. И я о́чень хоте́ла их напеча́тать. Нет, не для де́нег. Я ду́мала, что у меня́ есть что сказа́ть. Я хоте́ла писа́ть. Я написа́ла три расска́за и предложи́ла их в реда́кции. Мо́жет быть, это бы́ли хоро́шие расска́зы, а мо́жет быть, плохи́е. Но реда́кторы их не чита́ли. Оди́н из расска́зов был и у вас. Я спра́шивала не́сколько раз, и ка́ждый раз вы отвеча́ли: «Че́рез неде́лю!» Наконе́ц, вы отве́тили «нет». Извини́те, но вы его́ не чита́ли, мой расска́з!

Реда́ктор: — Нет, почему́...

Мау́рина: — Потому́ что пото́м вы его́ напеча́тали! И тогда́ я поду́мала... Мо́жет быть, э́то была́ не о́чень хоро́шая иде́я... У меня́ была́ сосе́дка, молода́я де́вушка без рабо́ты, о́чень краси́вая. Э́то её вы ви́дели, и... э́то её тала́нт вас так интересова́л. У неё то́же не́ было де́нег, и мы реши́ли: я бу́ду писа́ть, а она́ — предлага́ть мои́ расска́зы от своего́ и́мени. Вы зна́ете, портре́т а́втора всегда́ интересу́ет пу́блику. Осо́бенно тако́й портре́т! И коне́чно, вас интересова́ла её психоло́гия! Когда́ она́ предложи́ла мои́ расска́зы, вы отве́тили че́рез три дня! И напеча́тали расска́зы! Коне́чно: молода́я краси́вая же́нщина пи́шет, и вас интересу́ет, о чём она́ ду́мает. Она́ всегда́ расска́зывала все дета́ли визи́тов. Вы говори́ли: «Вы така́я молода́я, — отку́да вы всё э́то зна́ете? Отку́да у вас така́я филосо́фия?» Извини́те, это ва́ши слова́. Вы зна́ете, я давно́ не оптими́стка, а она́ молода́я краси́вая же́нщина, и от моего́ пессими́зма «её» расска́зы бы́ли ещё интере́снее. Всё бы́ло хорошо́, мы зараба́тывали 200 рубле́й в ме́сяц, я брала́ сто. Но на про́шлой неде́ле её пригласи́ли рабо́тать в кабаре́, там ве́село и мно́го пла́тят. А я уже́ написа́ла расска́з и хочу́ его́ напеча́тать. Что де́лать? Я не могу́ взять другу́ю де́вушку... И сейча́с, извини́те, когда́ вы прочита́ли расска́зы, я ду́маю, я могу́ сказа́ть, что я их написа́ла. Ещё раз извини́те... Вы мо́жете прочита́ть э́ту вещь? Мо́жет быть, че́рез неде́лю?

Реда́ктор: — Почему́ че́рез неде́лю? Я прочита́ю за три дня!

Мау́рина: — Мо́жет быть, лу́чше че́рез неде́лю...

Реда́ктор: — Нет, повторя́ю: я прочита́ю за три дня.

Че́рез три дня она́ написа́ла: «Я говори́ла, что лу́чше че́рез неде́лю. Мау́рина». Да, я забы́л прочита́ть её расска́з! Пото́м... не по́мню: газе́тная рабо́та, поли́тика, не было вре́мени... Пото́м я потеря́л расска́з.

Неда́вно я прочита́л её расска́з в но́вом журна́ле. Вчера́ я встре́тил реда́ктора.

Реда́ктор: — Как пи́шет Мау́рина?

2-й реда́ктор: — Я ду́маю, прекра́сно! Вы её не ви́дели? Кака́я краси́вая блонди́нка!

Реда́ктор: — Блонди́нка? Нет, ещё не ви́дел.

(По В. Дорошевичу)

**Отвеча́ем на вопро́сы:**

1) Почему́ реда́ктор не узна́л Мау́рину?

2) Кто на са́мом де́ле писа́л расска́зы?

3) Почему́ реда́ктор ду́мал, что а́втор расска́зов — краси́вая брюне́тка?

4) Как вы ду́маете, план Мау́риной — э́то была́ хоро́шая иде́я?

5) Почему́ расска́зы «Мау́риной» интересова́ли реда́кторов?

6) Почему́ реда́ктор не прочита́л но́вый расска́з Мау́риной?

7) Где реда́ктор сно́ва увı́дел и́мя Мау́риной?

8) Что рассказа́л реда́ктор друго́го журна́ла?

**Кому́ вы звони́ли? — Я звони́л дру́гу.**
**К кому́ вы ходи́ли? — Я ходи́ла к подру́ге.**
**Ско́лько вам лет?**
**Мне не хо́лодно.**

**Кому́? Чему́?**

писа́ть — написа́ть
пока́зывать — показа́ть
посыла́ть — посла́ть
говори́ть — сказа́ть
расска́зывать — рассказа́ть
дава́ть — дать
дари́ть — подари́ть
отвеча́ть — отве́тить
ве́рить — пове́рить

продава́ть — прода́ть
сове́товать — посове́товать
помога́ть — помо́чь
меша́ть — помеша́ть
звони́ть — позвони́ть
обеща́ть — пообеща́ть
разреша́ть — разреши́ть
объясня́ть — объясни́ть

| m. | n. | f. | pl. |
|---|---|---|---|
| **-ому/-ему**<br>**-у/-ю** | **-ому/-ему**<br>**-у/-ю** | **-ой/-ей**<br>**-е/-и** | **-ым/-им**<br>**-ам/-ям** |

но́вому дру́гу    но́вому письму́    но́вой подру́ге    но́вым друзья́м
но́вым подру́гам

## Задание 265

1) Анто́н рассказа́л (брат), как он ходи́л в го́ры.
2) Я помогу́ (Татья́на) написа́ть письмо́.
3) Ты сове́туешь (Ви́ктор) изуча́ть санскри́т?
4) Я не хочу́ меша́ть (Оле́г) игра́ть.
5) Он дал (ма́ма) сло́во, что бо́льше не бу́дет так де́лать.
6) Мы пода́рим (И́горь) соба́ку.
7) Я позвоню́ (И́ра) за́втра.
8) Андре́й сказа́л (Ната́ша), что лю́бит её.
9) Мы обеща́ли (преподава́тель) говори́ть по-ру́сски.
10) Мы разреша́ем (сын) гуля́ть, где он хо́чет.
11) Я хочу́ показа́ть (инспе́ктор), что они́ сде́лали.

## Задание 266

1) Они́ продаю́т э́ти маши́ны (клие́нты).
2) Сейча́с я покажу́ (го́сти) фотогра́фии из И́ндии.
3) Я пошлю́ факс (партнёры).
4) Я дал фотоаппара́т (друзья́).
5) Ты хо́чешь позвони́ть (роди́тели)?
6) Мы купи́ли э́ти игру́шки (де́ти).
7) Почему́ они́ разреша́ют (соба́ки) бе́гать здесь?
8) Преподава́тель рассказа́л (студе́нты) трагикоми́ческую исто́рию.

## Задание 267

1) Кому́ вы звони́ли ве́чером? (подру́га)
2) Кому́ ты уже́ рассказа́л но́вости? (роди́тели)
3) Кому́ Анто́н подари́л цветы́? (А́нна)
4) Кому́ И́ра обеща́ла написа́ть? (друзья́)
5) Кому́ фи́рма продаёт дома́? (клие́нты)
6) Кому́ вы говори́те «До́брое у́тро»? (колле́ги)
7) Кому́ роди́тели разреши́ли гуля́ть? (сын)
8) Кому́ друзья́ не да́рят кни́ги? (писа́тель)

| | |
|---|---|
| **мне** | **нам** |
| **тебé** | **вам** |
| **емý** | **им** |
| **ей** | |

### Задание 268

1) Тебé звони́ла А́нна. А ты звони́л ... ? 2) Ты меня́ понимáешь? Э́то всё, что я могý ... сказáть! 3) Я понимáю всё, что ты ... объясня́ешь. 4) Почемý вы не вéрите? Мы обещáем ... , что всё сдéлаем. 5) Мы вас слýшаем. Что вы хотéли ... показáть? 6) У меня́ был день рождéния, и ... подари́ли велосипéд. 7) Он не знáет, что дéлать. Что ты ... посовéтуешь?

| **дать** | |
|---|---|
| **я дам** | **мы дади́м** |
| **ты дашь** | **вы дади́те** |
| **он/онá даст** | **они́ дадýт** |

### Задание 269

1) Ты ... мне рýку? 2) Я не дýмаю, что он ... вам креди́т. 3) Когдá вы ... нам отвéт? 4) Что нам ... э́тот контрáкт? 5) Е́сли я ... тебé слóво, ты мне повéришь? 6) Мы не ... вам гарáнтию, потомý что не мóжем её дать. 7) Е́сли вы ... нам информáцию, мы мóжем ... вам прогнóз.

### Задание 270

1) Какóму худóжнику вы покáзывали карти́ны? (извéстный)

2) Какóй дéвушке Андрéй подари́л цветы́? (симпати́чная)

3) Каки́м друзья́м вы показáли лéтние фотогрáфии? (нóвые)

4) Какóму дрýгу вы написáли письмó? (немéцкий)

5) Какóй подрýге вы посовéтовали прочитáть ромáн «А́нна Карéнина»? (нóвая)

6) Каки́м студе́нтам про́дали биле́ты на «Лебеди́ное о́зеро»? (иностра́нные)

7) Каки́м колле́гам вы обеща́ли помо́чь? (ста́рые)

8) Како́й подру́ге вы прочита́ли соне́ты Шекспи́ра? (англи́йская)

9) Како́му компаньо́ну вы посла́ли контра́кт? (шве́дский)

10) Како́му бра́ту вы помога́ете написа́ть расска́з? (мла́дший)

11) Како́й сестре́ вы написа́ли откры́тку ? (ста́ршая)

## Задание 271

**Мы, купи́ть, Ви́ктор, биле́т. — Мы купи́ли Ви́ктору биле́т.**

1) Ты, купи́ть, Ле́на, краси́вые цветы́.
2) Я, подари́ть, больша́я соба́ка, ма́ленький ма́льчик.
3) Мы, дать, ко́шка, вку́сная ры́ба.
4) Я, подари́ть, сестра́, но́вый компью́тер.
5) Ты, показа́л, друг, но́вая подру́га.
6) Психо́лог, объясни́ть, пацие́нт, пробле́ма.
7) Она́, подари́ть, попуга́й, ма́ма.
8) Жена́, обеща́ть, муж, сын.

**Dat. + ... -о**

| | | |
|---|---|---|
| **Мне** | **хо́лодно** | |
| **Тебе́** | **жа́рко** | |
| **Ему́** | **хорошо́** | |
| **Ей** | **пло́хо** | |
| **Нам** | **интере́сно** | **+ inf.** |
| **Вам** | **ску́чно** | |
| **Им** | **легко́** | |
| **Анто́ну** | **тру́дно** | |
| **А́нне** | **ве́село** | |
| **Колле́гам** | **гру́стно** | **+ когда́ ... (ухо́дят го́сти)** |
| **Друзья́м** | **(не)удо́бно** | |

## Задание 272

1) (Я) интере́сно знать, что вы ду́маете.
2) (Вы) здесь удо́бно?
3) (Она́) ску́чно нас слу́шать?
4) (Они́) тру́дно говори́ть по-ру́сски.
5) (Ты) сего́дня гру́стно?
6) (Он) там бы́ло пло́хо?
7) (Мы) в э́том клу́бе ве́село.
8) (Ива́н) легко́ э́то сде́лать.
9) (Тури́сты) в декабре́ бы́ло хо́лодно.
10) (О́льга) жа́рко в э́той ко́мнате.

## Задание 273

Нам хо́лодно. — **Нам бу́дет хо́лодно. Нам бы́ло хо́лодно.**

1) Мне неприя́тно говори́ть об э́том. 2) Я ду́маю, вам интере́сно. 3) Ей ску́чно вас слу́шать. 4) Тебе́ здесь удо́бно? 5) Им тру́дно рабо́тать вме́сте? 6) Серге́ю гру́стно. 7) Ему́ на экза́мене тру́дно. 8) И́ре в гостя́х ве́село. 9) Нам в ба́не жа́рко. 10) Профессиона́лам легко́ э́то сде́лать.

## Задание 274

**Ско́лько вам лет? — Мне 24 го́да.**

1) Ско́лько лет (Ка́тя)? — (Ка́тя) 28 лет. 2) Ско́лько лет (О́льга)? — (О́льга) 32 го́да. 3) Ско́лько лет (Свен)? — (Он) 36 лет. 4) Ско́лько лет (ваш де́душка)? — (Мой де́душка) 90 лет. 5) Ско́лько лет (твой сын)? — (Ди́ма) 12 лет. 6) Ско́лько лет (твоя́ жена́)? — Я не зна́ю, ско́лько (она́) лет. 7) Ско́лько лет (его́ мла́дший брат)? — (Его́ мла́дший брат) 38 лет. 8) Ско́лько лет (Влади́мир)? — (Он) 42 го́да.

В гру́ппе: Ско́лько вам / ему́ / ей лет?

Мне ПОНРА́ВИЛСЯ э́тот фильм.
Мне НРА́ВИТСЯ э́тот фильм.
Мне ПОНРА́ВИТСЯ э́тот фильм.

## Задание 275

Она́ лю́бит гуля́ть здесь. — **Ей нра́вится гуля́ть здесь.**

1) Вы лю́бите Петербу́рг.
2) Сла́ва о́чень лю́бит слу́шать о́перу «Па́рсифаль».
3) Я ду́маю, вам бу́дет интере́сно чита́ть э́ту кни́гу.
4) А́лла не лю́бит жить в большо́м го́роде.
5) Людми́ла говори́т, что э́то прекра́сный спекта́кль.
6) Мы ходи́ли на вы́ставку. Вы́ставка о́чень интере́сная.
7) Я ду́маю, что изуча́ть ру́сскую грамма́тику о́чень интере́сно.
8) За́втра они́ иду́т в ба́ню. Мне ка́жется, там им бу́дет о́чень хорошо́.
9) Я не понима́ю, почему́ ты лю́бишь смотре́ть телеви́зор.
10) Я про́бовал э́то блю́до. Оно́ о́чень вку́сное.

| | | |
|---|---|---|
| **Dat. +** | **на́до**<br>**ну́жно**<br>**мо́жно**<br>**нельзя́** | **+ inf.** |

За́втра у нас экза́мен. Нам на́до всё вы́учить.
Я о́чень хочу́ есть. Мне ну́жно пообе́дать.
Мо́жно мне позвони́ть? Где у вас телефо́н?
Он спортсме́н. Ему́ нельзя́ кури́ть.

| | Проце́сс | Результа́т |
|---|---|---|
| На́до<br>Ну́жно<br>Хочу́ | писа́ть<br>+ | написа́ть<br>+ |
| Не на́до<br>Не ну́жно<br>Не хочу́ | писа́ть<br>— | — |

«Е́сли я не хочу́, я не хочу́ да́же начина́ть проце́сс».

### Задание 276

На́до откры́ть окно́. — **Не на́до открыва́ть окно́.**

1) На́до написа́ть письмо́. 2) На́до закры́ть дверь. 3) Ну́жно позвони́ть Ната́ше. 4) Я о́чень хочу́ посмотре́ть э́тот фильм. 5) На́до прода́ть ме́бель. 6) Ну́жно прочита́ть э́ту кни́гу. 7) На́до купи́ть телеви́зор. 8) На́до сказа́ть пра́вду. 9) Я хочу́ дать им де́ньги. 10) Ну́жно объясни́ть, что мы де́лаем. 11) Я хочу́ вы́ключить свет. 12) На́до рассказа́ть э́ту исто́рию. 13) За́втра на́до встать в 6 часо́в. 14) Нам на́до встре́титься.

**Мне ну́жен телефо́н.**
**Мне нужна́ маши́на.**
**Мне ну́жно пиани́но.**
**Мне нужны́ де́ньги.**

### Задание 277

Он хо́чет рабо́тать. У него́ нет рабо́ты. — **Ему́ нужна́ рабо́та.**

1) Я хочу́ позвони́ть. У меня́ нет телефо́на.
2) Ты хо́чешь игра́ть. У тебя́ нет пиани́но.

3) Он хо́чет пить чай. У него́ нет ча́шки.
4) Она́ хо́чет откры́ть дверь. У неё нет ключа́.
5) Мы хоти́м е́хать на мо́ре. У нас нет маши́ны.
6) Вы хоти́те е́хать на по́езде. У вас нет биле́та.
7) Они́ хотя́т купи́ть дом. У них нет де́нег.
8) Анто́н хо́чет знать вре́мя. У него́ нет часо́в.
9) А́нна хо́чет гуля́ть зимо́й. У неё нет шу́бы.
10) Писа́тель хо́чет писа́ть. У него́ нет ру́чки.
11) Я хочу́ есть. У меня́ нет ви́лки.
12) Они́ хотя́т посмотре́ть но́вости. У них нет телеви́зора.

| **Куда́?** | **Где?** | **Отку́да?** |
|---|---|---|
| **В / НА + Accus.** | **В / НА + Prep.** | **ИЗ / С + Gen.** |
| **К кому́?** | **У кого́?** | **От кого́?** |
| **К + Dat.** | **У + Gen.** | **От + Gen.** |

**Куда́? К кому́?**
**в Жене́ву**
**к дру́гу**

**Где? У кого́?**
**в Жене́ве**
**у дру́га**

**Отку́да? От кого́?**
**из Жене́вы**
**от дру́га**

## Задание 278

Куда́ и к кому́ вы е́здили? Где и у кого́ вы бы́ли? Отку́да и от кого́ вы е́дете?

Столи́ца, шеф; Му́рманск, сестра́; Во́логда, брат; Вашингто́н, президе́нт; Рим, па́па; Цю́рих, врач; Ло́ндон, короле́ва; Москва́, подру́га; Стокго́льм, дире́ктор; Герма́ния, фило́соф; Тибе́т, ла́ма; Антаркти́да, пингви́н.

## День рожде́ния

И́горь: — Приве́т! Дорога́я, что ты де́лаешь в суббо́ту ве́чером?
О́льга: — Ты что, не по́мнишь? Мы идём на день рожде́ния к твоему́ ста́ршему бра́ту.
И́горь: — И́менно э́то я и хоте́л тебе́ сказа́ть. Да, к ста́ршему... Во́ве бу́дет уже́ 42 го́да! То́лько нам ещё на́до купи́ть пода́рок.
О́льга: — А ему́ нра́вится класси́ческая му́зыка? Я вчера́ ви́дела прекра́сные ди́ски.
И́горь: — Не ду́маю. Мне ка́жется, он никогда́ не слу́шал кла́ссику.
О́льга: — А мо́жет, подари́ть ему́ краси́вую руба́шку?
И́горь: — Мы уже́ дари́ли ему́ руба́шку. Э́то бу́дет ску́чно.
О́льга: — Ну, тогда́ соба́ку. Ему́ бу́дет ве́село.
И́горь: — А ей бу́дет гру́стно. Он же всё вре́мя е́здит из го́рода в го́род.
О́льга: — Тогда́ пода́рим ему́ фотоаппара́т. И́ли кни́гу...
И́горь: — Нет, кни́га у него́ уже́ есть.
О́льга: — Я зна́ю! Пода́рим ему́ краси́вые ша́хматы! Как тебе́ нра́вится така́я иде́я?
И́горь: — Отли́чно! Краси́вые ша́хматы из натура́льного ка́мня!

**В суббо́ту**
И́горь: — Идём? Нас уже́ ждут. Нам ещё на́до купи́ть цветы́ его́ жене́.
О́льга: — Сейча́с, мину́тку.
И́горь: — Тогда́ я позвоню́ им и скажу́, что мы опа́здываем.
О́льга: — Всё, я иду́.

**На у́лице**

О́льга: — Куда́ нам тепе́рь идти́? Я уже́ давно́ к ним не ходи́ла.
И́горь: — Сейча́с нам напра́во, а пото́м че́рез парк пря́мо к их до́му.
О́льга: — Ну вот, мы на ме́сте.

**У Влади́мира**

И́горь: — Здра́вствуй! По-здрав-ля-ем! Мы жела́ем тебе́ мно́го ра́дости, здоро́вья, успе́хов! А э́то наш скро́мный пода́рок.
Влади́мир: — Спаси́бо! Но сего́дня нам игра́ть нельзя́: мне нельзя́ выи́грывать, потому́ что ты гость, а тебе́ — потому́ что у меня́ день рожде́ния! Прошу́ к столу́!

**Отвеча́ем на вопро́сы:**

1) К кому́ иду́т в суббо́ту И́горь и О́льга?
2) Ско́лько Влади́миру лет?
3) Ему́ нра́вится класси́ческая му́зыка?
4) Почему́ И́горь не хо́чет дари́ть руба́шку?
5) Почему́ они́ не да́рят Влади́миру соба́ку?
6) Что они́ ему́ да́рят?
7) Почему́ Влади́миру и И́горю сего́дня нельзя́ игра́ть в ша́хматы?

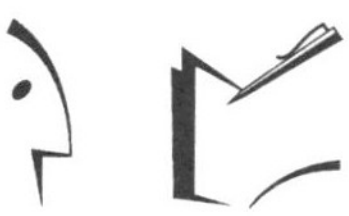

Каки́е пода́рки вы де́лаете друзья́м? Каки́е пода́рки да́рят у вас в семье́? Каки́е пода́рки вам бо́льше нра́вятся: поле́зные и́ли интере́сные? Что вам обы́чно да́рят друзья́ и родны́е? Како́й пода́рок вам осо́бенно понра́вился / не понра́вился?

**Скажи́те, что вы де́лаете?!**
**Ой, не спра́шивайте!**
**Я хочу́, что́бы вы говори́ли по-ру́сски.**
**Дава́йте потанцу́ем!**
**Пусть они́ рабо́тают!**

## ИМПЕРАТИ́В:

Рабо́тать — я рабо́та-ю — рабо́та+й — рабо́тай!, -те!
Говори́ть — я говор-ю́ — говор+и́ — говори́!, -те!
Встать — я вста́н-у — встан+ь — встань!, -те!

**Ме́ньше говори́, бо́льше де́лай!**

| **Спроси́ть** | | **Сказа́ть** | |
|---|---|---|---|
| **я спрошу́** | **мы спро́сим** | **я скажу́** | **мы ска́жем** |
| **ты спро́сишь** | **вы спро́сите** | **ты ска́жешь** | **вы ска́жете** |
| **он/она́ спро́сит** | **они́ спро́сят** | **он/она́ ска́жет** | **они́ ска́жут** |

**Спроси́!; Спроси́те!** **Скажи́!; Скажи́те!**

! Дава́ть — (я даю́) — Дава́й!; Дава́йте!;
! Встава́ть — (я встаю́) — Встава́й!; Встава́йте!
! Дать — (я дам) — Дай!; Да́йте!

**Скажи́ мне, кто твой друг, и я скажу́ тебе́, кто ты!**

## Зада́ние 279

**Попроси́те Са́шу позвони́ть.** — Са́ша, позвони́!

1) Попроси́те Анто́на показа́ть вам го́род.
2) Попроси́те Алекса́ндра Петро́вича не расска́зывать э́ту исто́рию.
3) Попроси́те А́ню говори́ть по-ру́сски.
4) Попроси́те Ди́му подожда́ть.
5) Посове́туйте Ни́не Алекса́ндровне прочита́ть статью́.
6) Попроси́те О́лю не открыва́ть дверь.
7) Посове́туйте Андре́ю и Ю́ле погуля́ть в па́рке.
8) Попроси́те Ната́шу сыгра́ть на пиани́но.
9) Попроси́те Никола́я Алекса́ндровича подписа́ть бума́ги.
10) Попроси́те Оле́га купи́ть биле́ты.
11) Посове́туйте И́горю пригласи́ть Ка́тю.
12) Попроси́те Са́шу переда́ть приве́т жене́.

## Зада́ние 280

Помоги́ ему́! — **Не помога́й ему́!**

1) Включи́те свет!
2) Закро́йте дверь!
3) Напиши́те ей письмо́!
4) Позвони́те за́втра!
5) Расскажи́те всю пра́вду!
6) Посмотри́те э́тот фильм!
7) Пригласи́те госте́й!
8) Отве́тьте на вопро́с!
9) Покажи́те фотогра́фию!
10) Купи́те биле́ты!
11) Откро́йте окно́!
12) Да́йте ему́ ключ!
13) Спроси́те её, что она́ ду́мает!
14) Возьми́те де́ньги!

## Свен и́щет свой па́спорт

Свен: — Алло́! До́брый день, э́то Свен. Влади́мира мо́жно?
Ка́тя: — Его́ нет до́ма. Что ему́ переда́ть?
Свен: — Переда́йте, что звони́л Свен и что я ищу́ свой па́спорт. Я не мог оста́вить его́ у вас?
Ка́тя: — Я могу́ посмотре́ть. Куда́ вам позвони́ть?
Свен: — Вы не мо́жете мне позвони́ть. Я в аэропорту́. До свида́ния.

Свен: — Алло́, здра́вствуйте, позови́те, пожа́луйста, Игоря Петро́вича!
Секрета́рь: — Он в о́тпуске. Позвони́те че́рез ме́сяц.
Свен: — Спаси́бо, извини́те. До свида́ния.

Свен: — Алло́, э́то О́льга? Э́то Свен. Как хорошо́, что ты до́ма. А Игорь до́ма? Нет?! Я уже́ звони́л ему́ на рабо́ту, я забы́л, что он в о́тпуске.
О́льга: — Что ему́ переда́ть?
Свен: — Скажи́, что мне де́лать? Я не зна́ю, где мой па́спорт. Мо́жет быть, он у вас?
О́льга: — Ты не звони́л в мили́цию?
Свен: — Звони́л. Они́ говоря́т, что бу́дут иска́ть, а я пока́ бу́ду жить в Росси́и.
О́льга: — Так ты всю жизнь бу́дешь жить в Росси́и. Игорь бу́дет до́ма че́рез полчаса́ и пои́щет.
Свен: — Да, пожа́луйста, пусть пои́щет! Я перезвоню́ че́рез час.

И́горь: — Алло́! Приве́т, О́ля!
О́льга: — Приве́т, ты где? Тебя́ и́щет Свен, он в аэропорту́ без па́спорта. Бои́тся, что всю жизнь бу́дет жить здесь.
И́горь: — Всё в поря́дке, я то́же в аэропорту́, Свен сейча́с лети́т домо́й и передаёт тебе́ большо́й приве́т. Я дал ему́ па́спорт.
О́льга: — Как э́то? Како́й па́спорт? Свой?!
И́горь: — Почему́ свой? Его́ па́спорт. Он был у меня́ в шу́бе, в карма́не. По́мнишь, он надева́л шу́бу, когда́ мы ходи́ли в ба́ню. А я сего́дня смотрю́: что э́то у меня́ в карма́не? Ну, я е́ду в аэропо́рт, ви́жу — де́ло пло́хо: сиди́т наш друг на чемода́не, гру́стный. Вокру́г милиционе́ры хо́дят, спра́шивают. Ну, я бегу́ к нему́, говорю́: «Э́то не вы в ру́сской ба́не шве́дский па́спорт забы́ли?» Милиционе́ры смо́трят на меня́, как на идио́та, а Свен глаза́м свои́м не ве́рит. В о́бщем, всё хорошо́, пусть лети́т в Стокго́льм, а я е́ду домо́й. Жди!

**Отвеча́ем на вопро́сы:**

1) Почему́ Свен не мо́жет лете́ть домо́й? 2) Кому́ он звони́т? 3) Как вы ду́маете, что ещё он мо́жет сде́лать в э́той ситуа́ции? 4) И́горь на рабо́те? 5) Чего́ бои́тся Свен? А чего́ бои́тесь вы? 6) Где па́спорт Све́на? 7) Почему́ его́ па́спорт там? 8) Что де́лает Игорь? 9) Вы ча́сто забыва́ете и́ли теря́ете ве́щи? 10) Как вы ду́маете, почему́ лю́ди теря́ют ве́щи?

## Задание 281

### Совéты инострáнцам в Россúи

1) Не свистúте в дóме: рýсские считáют, что éсли свистéть, то в дóме не бýдет дéнег!

2) Не меня́йте дéньги на ýлице: у вас не бýдет дéнег, и э́то ужé не мúстика!

3) Не покупáйте на ýлице «антиквариáт»!

4) Снимáйте ýличную óбувь в дóме!

5) Не говорúте мнóго о погóде: рýсские считáют, что э́то глýпо.

6) Не дарúте ножú и платкú, а éсли хотúте подарúть, то возьмúте за них мáленькую символúческую плáту.

7) Éсли вы хотúте подарúть цветы́, не дарúте 2, 4, 6, ... штук, подарúте лýчше 1, 3, 5, ... , потомý что 2, 4 и т.д. принóсят на клáдбище.

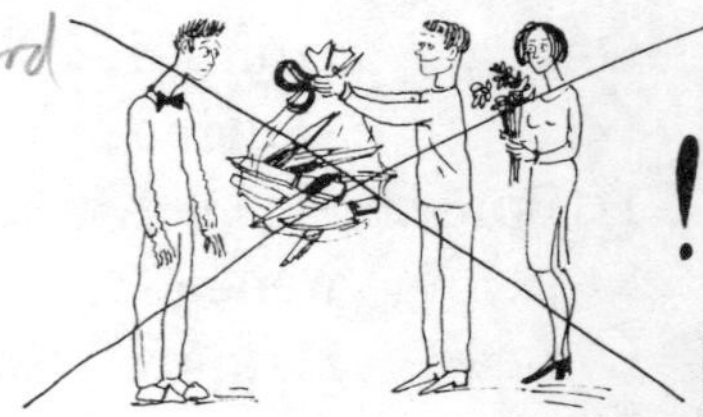

8) Éсли хотúте сказáть тост, то говорúте «За здорóвье!», а не «На здорóвье!» — э́то не по-рýсски.

9) Не пéйте пúво пóсле вóдки: бýдет болéть головá.

10) Не оставля́йте пусты́е буты́лки на столé: стол бýдет пустóй.

11) Не пéйте вóду из крáна!

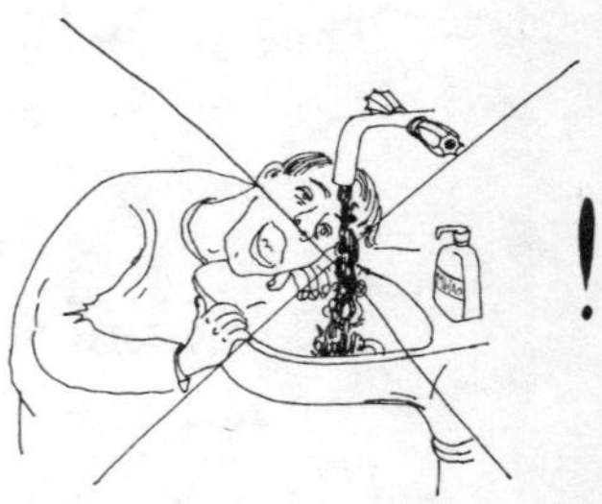

12) Не éшьте хот-дóги, лýчше попрóбуйте рýсскую кýхню.

13) Не éшьте морóженое на ýлице зимóй, вы не рýсские.

14) Не курúте в трáнспорте!

15) Не опáздывайте в теáтр: вас не пýстят на вáши местá.

16) Не игрáйте в «рýсскую рулéтку»!

**А какúе совéты вы мóжете дать инострáнцам в Россúи и турúстам в вáшей странé (в другúх стрáнах)?**

| | |
|---|---|
| Дава́й, -те + | учи́ть грамма́тику! Imperf. inf.<br>поговори́м о любви́! Perf. 1st pers. pl. («мы») |

### Задание 282

Я предлага́ю вы́пить ко́фе. — **Дава́йте вы́пьем ко́фе!**

1) Я предлага́ю потанцева́ть. 2) Я предлага́ю сего́дня отдыха́ть. 3) Я предлага́ю сде́лать переры́в. 4) Я предла́гаю пригото́вить шашлы́к. 5) Я предлага́ю гуля́ть в лесу́. 6) Я предлага́ю показа́ть на́ши фотогра́фии. 7) Я предлага́ю рассказа́ть, где мы бы́ли. 8) Я предлага́ю посмотре́ть, что они́ де́лают. 9) Я предлага́ю бе́гать в па́рке. 10) Я предлага́ю изуча́ть инди́йские та́нцы. 11) Я предлага́ю заказа́ть моро́женое. 12) Я предлага́ю поигра́ть в футбо́л. 13) Я предлага́ю расска́зывать анекдо́ты. 14) Я предлага́ю говори́ть по-ру́сски.

### Задание 283

Оле́г хо́чет игра́ть. — **Пусть (он) игра́ет!**

1) Она́ хо́чет позвони́ть тебе́ сего́дня ве́чером. 2) Они́ хотя́т рассказа́ть всю пра́вду. 3) Серге́й хо́чет дать интервью́. 4) А́ня хо́чет купи́ть соба́ку. 5) Он хо́чет организова́ть встре́чу. 6) Дире́ктор хо́чет пригласи́ть вас. 7) Ва́ся хо́чет показа́ть вам прое́кт. 8) Ваш партнёр хо́чет всегда́ выи́грывать. 9) Ка́тя хо́чет помога́ть вам в рабо́те. 10) Он не хо́чет продава́ть карти́ну. 11) Они́ хотя́т дать вам шанс. 12) Кри́тик хо́чет послу́шать ва́шу му́зыку.

**Я хочу́ говори́ть по-ру́сски. — Я то́же хочу́, что́бы вы говори́ли по-ру́сски.**
**Он говори́т, что вы взя́ли де́ньги. ≠ Он говори́т, что́бы вы взя́ли де́ньги.**
**(= уже́ взя́ли, де́нег бо́льше нет) ( = ещё на́до взять)**

## Задание 284

Он хо́чет мно́го рабо́тать. — **Я то́же хочу́, что́бы он мно́го рабо́тал.**

1) Они́ хотя́т дать нам сове́т. 2) Он хо́чет посмотре́ть наш прое́кт. 3) Татья́на хо́чет написа́ть письмо́. 4) Они́ хотя́т показа́ть нам го́род. 5) Я хочу́ рассказа́ть пра́вду. 4) Он хо́чет вам помога́ть. 5) Она́ хо́чет танцева́ть. 6) Я хочу́ игра́ть на пиани́но. 7) Он хо́чет отве́тить на вопро́с. 8) Они́ хотя́т пригласи́ть нас в го́сти. 9) Она́ хо́чет пригото́вить торт. 10) Они́ хотя́т купи́ть биле́ты. 11) Он хо́чет нарисова́ть ваш портре́т. 12) Они́ хотя́т позвони́ть за́втра.

## Задание 285

Пётр Вели́кий сказа́л: «Стро́йте го́род здесь!»

**Пётр Вели́кий сказа́л, что́бы го́род стро́или здесь.**

1) Друг сказа́л Исаа́ку Нью́тону: «Дай мне я́блоко!»

2) Ива́н Гро́зный сказа́л го́стю: «Будь как до́ма!»

3) Акаде́мик Па́влов сказа́л соба́кам: «Смотри́те внима́тельно на ла́мпу!»

4) Толсто́й говори́л нам: «Чита́йте мои́ кни́ги!»

5) Сокра́т попроси́л жену́: «Не меша́й мне ду́мать!»

6) Христо́с сказа́л: «Ве́рьте мне!»

7) Зарату́стра сказа́л лю́дям: «Люби́те жизнь!»

8) Марк Авре́лий говори́л: «Челове́к, смотри́ в себя́!»

9) Поэ́т сказа́л: «Люби́те любо́вь!»

10) Пётр Пе́рвый сказа́л: «Го́род стро́йте здесь!»

**Век живи́, век учи́сь!**

**Кем вы хоте́ли стать, когда́ бы́ли ребёнком?**
**Мы занима́емся спо́ртом с мои́ми друзья́ми.**

**КЕМ? ЧЕМ?**

| m. | n. | f. | pl. |
|---|---|---|---|
| -ЫМ/-ИМ<br>-ОМ/-ЕМ | -ЫМ/-ИМ<br>-ОМ/-ЕМ | -ОЙ / -ЕЙ<br>-ОЙ / -ЕЙ<br>(Ь → ЬЮ) | -ЫМИ / -ИМИ<br>-АМИ / -ЯМИ |

| | | | |
|---|---|---|---|
| но́вым | но́вым | но́вой | но́выми |
| дру́гом | сло́вом | подру́гой | друзья́ми |
| | | (жи́знью) | подру́гами |

Я пишу́ ру́чкой.
С + кем? чем?      Он гуля́ет с подру́гой.
(у́тром, ве́чером, но́чью, весно́й, ле́том, пешко́м)
(Он смотре́л на меня́ во́лком = «как волк»)
Быть, рабо́тать, станови́ться — стать + кем? чем?:
Она́ ста́ла балери́ной, а он хо́чет быть космона́втом.

Пасси́в: Дире́ктор реша́ет пробле́му → Пробле́ма реша́ется дире́ктором.

Интересова́ться, увлека́ться, занима́ться + кем? чем?:

Она́ увлека́ется бале́том. Он интересу́ется поли́тикой и занима́ется спо́ртом.

## Задание 286

1) С кем вы встреча́ли Но́вый Год? (ма́ма, па́па, брат и сестра́)
2) Чем увлека́ется ва́ша дочь? (му́зыка и литерату́ра)
3) Кем хо́чет стать ваш сын? (режиссёр)
4) Чем занима́ются в ва́шем институ́те? (эконо́мика)
5) Чем интересу́ется Бори́с? (поли́тика)
6) Кем мечта́ли стать, когда бы́ли ребёнком? (космона́вт)
7) Чем увлека́ется ваш брат? (футбо́л)
8) С кем он не хо́чет встреча́ться? (журнали́сты)

## Задание 287

1) Чем он сейча́с интересу́ется? (анти́чное иску́сство)
2) Кем стал ваш шко́льный друг? (фина́нсовый дире́ктор)
3) С кем обе́дает режиссёр? (молода́я актри́са)
4) С чем вы меня́ поздравля́ете? (Но́вый Год)
5) С кем встреча́ется дире́ктор? (ва́жный клие́нт)
6) Чем увлека́ется твой друг? (класси́ческая му́зыка)
7) Кем рабо́тает его́ ма́ма? (гла́вный бухга́лтер)
8) С кем вы ходи́ли в музе́й? (на́ши неме́цкие го́сти)
9) С кем вы хоти́те поговори́ть? (ваш но́вый рабо́тник)
10) С кем ты встре́тился в о́пере? (твой люби́мый актёр)
11) Чем ты занима́лся в суббо́ту? (моя́ ста́рая маши́на)
12) С кем вы говори́ли в па́рке? (на́ши сосе́ди)

| | |
|---|---|
| **мной** | **на́ми** |
| **тобо́й** | **ва́ми** |
| **(н)им** | **(н)и́ми** |
| **(н)ей** | |

## Задание 288

1) Э́то Бори́с. Мы с ... вме́сте рабо́таем. 2) Я вас жду. Я хочу́ поговори́ть с ... . 3) Они́ иду́т сюда́! Я не хочу́ встреча́ться с ... . 4) Моя́ мла́дшая сестра́ то́же хо́чет идти́ танцева́ть. Что мне с ... де́лать? 5) Мы идём на пляж. Вы идёте с ... ? 6) Я люблю́ тебя́. Я хочу́ всегда́ быть с ... . 7) Ты мне друг и́ли нет? Почему́ ты не хо́чешь игра́ть со ... ? 8) Что с ... ? Вы не хоти́те говори́ть об э́том? 9) Ты не хо́чешь нам помога́ть? Ну, Бог с ... !

**Под, над, пе́ред, за, ря́дом (с), ме́жду + Instrum.**

## Задание 289

Мы живём на второ́м этаже́, над кни́жным магази́ном. Ря́дом с на́шим до́мом есть небольшо́й парк с о́зером, а за па́рком — но́вый райо́н с больши́ми дома́ми и широ́кими у́лицами. Хорошо́, что ме́жду на́шим до́мом и э́тим но́вым райо́ном есть парк! Под на́шими о́кнами — ти́хая у́лица, за э́той ти́хой у́лицей — о́зеро ме́жду дере́вьями, где мы лю́бим гуля́ть с детьми́ пе́ред вече́рним ча́ем.

1) Самолёт лети́т ... Атланти́ческим океа́ном.
2) На́ша маши́на стои́т в гараже́ ... до́мом.
3) Я ви́жу ... столо́м большу́ю соба́ку.
4) Мы живём ... Москво́й и Петербу́ргом.
5) ... на́шими о́кнами всю ночь крича́ли ко́шки.
6) Как ты ду́маешь, кто стои́т ... две́рью?
7) Вы лю́бите стоя́ть ... зе́ркалом?
8) На́до мыть ру́ки ... обе́дом.
9) Магази́н недалеко́, ... с на́шим до́мом.
10) Вы не спа́ли ночь ... экза́меном?
11) У нас есть кры́ша ... голово́й.
12) Он и́щет ме́сто ... со́лнцем.

## Встре́ча однокла́ссников

Та́ня: — Приве́т, Сла́ва!

Сла́ва: — Э́то ты, Та́ня? Ско́лько лет, ско́лько зим!

Та́ня: — Как ты живёшь, чем занима́ешься?

Сла́ва: — Я пишу́ кни́ги для дете́й.

Та́ня: — Да что ты! Ты всегда́ был больши́м оригина́лом.

Сла́ва: — Почему́ оригина́лом? Э́то логи́чно: Булга́ков был врачо́м и писа́л о доктора́х; Ле́рмонтов был офице́ром и писа́л о геро́ях, а я был ребёнком и тепе́рь пишу́ кни́ги о де́тях и для дете́й. Всегда́ хорошо́, когда́ пи́шет специали́ст. А кем ты рабо́таешь? Я по́мню, ты всегда́ интересова́лась исто́рией. Но, ка́жется, ты хоте́ла стать врачо́м?

Та́ня: — Я ста́ла психо́логом. Ты зна́ешь, мне о́чень нра́вится моя́ рабо́та. Я ча́сто встреча́юсь с интере́сными людьми́...

Сла́ва: — Ты за́мужем?

Та́ня: — Да, за прекра́сным челове́ком. Он поэ́т.

Сла́ва: — Ну и как, не тру́дно жить с поэ́том?

Та́ня: — О́чень интере́сно, то́лько спит он о́чень до́лго, а но́чью сиди́т пи́шет. А ты жена́т?

Сла́ва: — Да, и у меня́ два сы́на. А моя́ жена́ то́же но́чью не спит: на не́бо смо́трит. Она́ увлека́ется астроло́гией.

Та́ня: — Пра́вда? А чем вы ещё занима́етесь?

Сла́ва: — Спо́ртом. Зимо́й — го́рными лы́жами, а ле́том — альпини́змом. А что с други́ми на́шими однокла́ссниками?

Та́ня: — Я иногда́ встреча́юсь с И́горем. Он стал био́логом и рабо́тает в зоопа́рке.

Сла́ва: — А кем ста́ла А́ня Покро́вская? Она́, ка́жется, хоте́ла стать балери́ной?

Та́ня: — Она́ рабо́тает стюарде́ссой. Лета́ет в ра́зные стра́ны, я ду́маю, ей о́чень нра́вится. Ещё я встреча́лась с Рома́ном. Он стал литерату́рным кри́тиком.

Сла́ва: — Да, он ещё в шко́ле не люби́л литерату́ру! А я ви́делся с Анто́ном. Он рабо́тает фото́графом в спорти́вном журна́ле. Ты по́мнишь, в шко́ле он занима́лся снача́ла футбо́лом, пото́м бо́ксом.

Та́ня: — Да, мы все ду́мали, что он бу́дет спортсме́ном. Ой, извини́, мне пора́ идти́, на́до занима́ться дела́ми.

Сла́ва: — Мне то́же пора́, я иду́ в магази́н за хле́бом. Я живу́ сейча́с здесь недалеко́, вот за э́тим до́мом. Звони́, мо́жем встре́титься, наприме́р, в суббо́ту ве́чером.

Та́ня: — Пока́!

**Отвеча́ем на вопро́сы:**

1) Где познако́мились Та́ня и Сла́ва? 2) Кем стал Сла́ва? Как он э́то объясня́ет? 3) Кем хоте́ла стать Та́ня? Чем она́ интересова́лась? 4) Кем она́ ста́ла? Чем ей нра́вится рабо́та? 5) Чем увлека́ется жена́ Сла́вы? Они́ занима́ются спо́ртом? 6) Кем хоте́ла стать А́ня и кем она́ рабо́тает? 7) Чем занима́лся Анто́н? Кем он стал? 8) Кем вы хоте́ли стать в де́тстве? 9) Вы занима́лись спо́ртом? 10) Чем вы интересу́етесь? Чем увлека́ются ва́ши друзья́?

### Михаи́л Васи́льевич Ломоно́сов

Михаи́л Васи́льевич Ломоно́сов был удиви́тельным челове́ком: сын рыбака́, он стал пе́рвым ру́сским акаде́миком, занима́лся нау́кой и литерату́рой, исто́рией и иску́сством.

Ломоно́сов роди́лся 19 (девятна́дцатого) ноября́ 1711 (ты́сяча семьсо́т оди́ннадцатого) го́да на се́вере Росси́и, у берего́в Бе́лого мо́ря. Его́ оте́ц был рыбако́м, и уже́ в де́вять лет ма́льчик ходи́л с ним в мо́ре. Но Михаи́л хоте́л учи́ться, а де́нег в семье́ не́ было, и он реши́л идти́ в Москву́ пешко́м; в доро́гу взял 2 кни́ги и 3 рубля́. В Москве́ он учи́лся

в Славя́но-гре́ко-лати́нской акаде́мии, где занима́лся древнеру́сской и анти́чной культу́рой, лати́нским и древнегре́ческим языка́ми. Ломоно́сову бы́ло уже́ 19 лет, а учи́лся он вме́сте с ма́ленькими ма́льчиками, кото́рые смея́лись над ним.

В январе́ 1736 (ты́сяча семьсо́т три́дцать шесто́го) го́да Ломоно́сов стал студе́нтом Санкт-Петербу́ргской акаде́мии. Из Петербу́рга он и ещё два студе́нта е́дут учи́ться в Герма́нию, в Ма́рбург. Там ру́сские студе́нты снача́ла занима́ются неме́цким языко́м и матема́тикой, пото́м — меха́никой, теорети́ческой и эксперимента́льной фи́зикой, метафи́зикой (филосо́фией), ло́гикой и да́же та́нцами и рисова́нием. В Герма́нии Ломоно́сов интересова́лся не то́лько нау́ками: там он встре́тился с Елизаве́той-Кристи́ной Цильх, кото́рая ста́ла его́ жено́й. Там он стал поэ́том: написа́л пе́рвую «О́ду на побе́ду над ту́рками и тата́рами...», на́чал рабо́тать над стилисти́ческой тео́рией. По́зже литерату́рные кри́тики называ́ли Ломоно́сова «Петро́м Вели́ким ру́сской литерату́ры».

В 1741 (ты́сяча семьсо́т со́рок пе́рвом) году́ Ломоно́сов верну́лся в Петербу́рг и на́чал рабо́тать в Акаде́мии, а уже́ в 1745 (ты́сяча семьсо́т со́рок пя́том) стал профе́ссором. Он интересу́ется фи́зикой, астроно́мией и хи́мией, исто́рией и геоло́гией. Он занима́ется экспериме́нтами с атмосфе́рным электри́чеством вме́сте с акаде́миком Ри́хманом и продолжа́ет рабо́ту да́же по́сле того́, как Ри́хман был уби́т мо́лнией в хо́де экспериме́нтов. Он увлека́ется моза́икой: прово́дит 4000 экспериме́нтов в хими́ческой лаборато́рии, а пото́м рабо́тает над моза́ичными карти́нами.

В 1755 (ты́сяча семьсо́т пятьдеся́т пя́том) году́ Ломоно́сов публику́ет «Грамма́тику», зака́нчивает рабо́ту над «Исто́рией» и занима́ется организа́цией Моско́вского университе́та. Он интересу́ется не то́лько ле́кциями и програ́ммами, но да́же обе́дами для студе́нтов.

С пе́рвым ру́сским энциклопеди́стом случа́лись удиви́тельные ве́щи. Наприме́р, оди́н раз он уви́дел во сне своего́ отца́, кото́рый лежа́л мёртвым на ма́леньком о́строве в Бе́лом мо́ре. У Ломоно́сова бы́ло мно́го рабо́ты, и он написа́л письмо́ бра́ту на се́вер и рассказа́л в письме́, что он ви́дел и где э́тот о́стров. И те́ло отца́ бы́ло на э́том о́строве!

Мо́жно ещё мно́го расска́зывать об э́том необы́чном челове́ке, но мы хоти́м зако́нчить расска́з слова́ми Пу́шкина, кото́рый назва́л Ломоно́сова «пе́рвым на́шим университе́том».

**Отвеча́ем на вопро́сы:**

1) Где и когда́ роди́лся Михаи́л Ломоно́сов?

2) Кем был его́ оте́ц?

3) Чем занима́лся Ломоно́сов в Москве́?

4) Где он учи́лся пото́м?

5) Чем занима́лись ру́сские студе́нты в Герма́нии?

6) Что вы зна́ете о жи́зни Ломоно́сова в Герма́нии? Чем он интересова́лся?

7) Когда́ он стал профе́ссором?

8) Что вы зна́ете о нау́чных интере́сах Ломоно́сова?

9) Чем занима́лся Ломоно́сов в 1755 году́?

10) Почему́ мы говори́м, что Ломоно́сов был удиви́тельным челове́ком?

**Я зна́ю бо́льше, чем вы.**
**Вы зна́ете ме́ньше меня́.**

**Comparativ**

Э́то краси́вый дом.

**Э́тот дом бо́лее краси́вый, чем тот.**

**Э́тот дом краси́вее, чем тот.**

**БО́ЛЕЕ + краси́вый, -ая, -ое, -ые**
**БО́ЛЕЕ + краси́во**

**краси́в- + -ЕЕ**
**(-ый, -ая, -ое, -ые; -о)**

**Э́тот дом бо́лее краси́вый /**
**краси́вее, чем тот дом.**
**Compar. + ЧЕМ + NOM.**

**Э́тот дом краси́вее того́ до́ма.**

**Compar. + GEN.**

**Петербу́рг краси́вее, чем Москва́. = Петербу́рг краси́вее Москвы́.**

## Задание 290

1) Э́то холо́дная ко́мната, а эта́ ещё … .
2) Э́то вку́сные я́блоки, а эти́ ещё … .
3) О́льга поёт краси́во, а Татья́на ещё … .
4) Э́тот мотоци́кл е́дет бы́стро, а э́та маши́на ещё … .
5) Э́то тру́дный вопро́с, а сле́дующий бу́дет ещё … .
6) Э́то ва́жное де́ло, но моё де́ло ещё … .
7) У вас симпати́чная учи́тельница, но у нас ещё … .
8) Толсто́й написа́л дли́нный рома́н, а я напишу́ ещё … .
9) У вас му́дрый президе́нт, а у нас ещё … .
10) Да, мы рабо́таем ме́дленно, но вы рабо́таете ещё … .

дорого́й — доро́же (г / ж)
дешёвый — деше́вле (в+л)
жа́рко — жа́рче (к / ч)
лёгкий — ле́гче (г / ч)
молодо́й — моло́же (д / ж)
то́лстый — то́лще (ст / щ)
ча́сто — ча́ще (ст / щ)
чи́стый — чи́ще (ст /щ)
гро́мко — гро́мче (к / ч)
ти́хо — ти́ше (х / ш)

бли́зко — бли́же
большо́й / мно́го — бо́льше
далеко́ — да́льше
высо́кий — вы́ше
ни́зкий — ни́же
ма́ленький / ма́ло — ме́ньше
хоро́ший — лу́чше
плохо́й — ху́же
ра́но — ра́ньше
по́здно — по́зже
ста́рый — ста́рше
коро́ткий — коро́че
то́нкий — то́ньше
ре́дко — ре́же
широ́кий — ши́ре
у́зкий — у́же

**В гостя́х хорошо́, а до́ма лу́чше!**

**Лу́чше по́здно, чем никогда́!**

**Догово́р доро́же де́нег!**

## Задание 291

Москва́ бо́льше, чем Петербу́рг. А Петербу́рг?
**Петербу́рг ме́ньше, чем Москва́.**

1) Росси́я ... , чем Австра́лия. А Австра́лия? (большо́й / ма́ленький)

2) Москва́ ... Петербу́рга на 556 лет. А Петербу́рг? (молодо́й / ста́рый)

3) Говори́ть по-ру́сски ... , чем молча́ть. А молча́ть? (легко́ / тру́дно)

4) Килогра́мм бриллиа́нтов ... , чем килогра́мм шокола́да. А килогра́мм шокола́да? (дорого́й / дешёвый)

5) Хаба́ровск ... от Москвы́, чем Ду́блин. А Ду́блин? (далеко́ / бли́зко)

6) Ле́том на Чёрном мо́ре ... , чем на Бе́лом мо́ре. А на Бе́лом мо́ре? (жа́рко / хо́лодно)

7) Я хожу́ на рабо́ту ... , чем в теа́тр. А в те́атр? (ча́сто / ре́дко)

8) Енисе́й ... , чем Нева́. А Нева́? (дли́нный / коро́ткий)

9) Ле́том мы встаём ... , чем со́лнце. А зимо́й? (ра́но / по́здно)

11) О́перный певе́ц поёт ... , чем мой сосе́д. А сосе́д? (хорошо́ / пло́хо)

11) На́ша у́лица ... , чем наш коридо́р. А коридо́р? (у́зкий / широ́кий)

12) Наш ребёнок игра́ет ... , чем орке́стр. А орке́стр? (гро́мко / ти́хо)

**Росси́я — са́мая больша́я страна́.**

## Зада́ние 292

1) Верхоя́нск — ... холо́дный го́род Сиби́ри. 2) Что вы зна́ете о Толсто́м, о ... изве́стном ру́сском писа́теле? 3) Э́то ры́ба из Байка́ла, ... глубо́кого в ми́ре о́зера. 4) Будди́йский храм в Петербу́рге — ... се́верный в ми́ре и ... большо́й в Евро́пе. 5) Я могу́ отве́тить на ... сло́жный вопро́с. 6) Ка́жется, мы купи́ли ... дорогу́ю маши́ну! 7) Ты рассказа́л ... интере́сную исто́рию. 8) Я говори́л с ... больши́м специали́стом. 9) Она́ бу́дет ... изве́стной балери́ной. 10) Ты говори́шь с ... у́мным челове́ком!

Кто са́мый изве́стный актёр? Како́й фильм са́мый популя́рный? Како́й о́тдых са́мый лу́чший? Како́й го́род са́мый краси́вый? Кто са́мый лу́чший писа́тель?

### Царь и руба́шка

Оди́н царь заболе́л. Ка́ждый день ему́ бы́ло всё ху́же и ху́же, и он сказа́л:

— Са́мый дорого́й пода́рок дам тому́, кто мне помо́жет!

До́лго все са́мые лу́чшие врачи́ ду́мали, что де́лать. Са́мый ста́рый врач сказа́л:

— На́до взять руба́шку са́мого счастли́вого челове́ка и дать царю́ — э́то ему́ помо́жет.

До́лго иска́ли са́мого счастли́вого челове́ка и нигде́ его́ не могли́ найти́. Оди́н бога́че всех, но боле́ет. Друго́й здорове́е всех, но бе́дный. У одного́ дом лу́чше всех, — но говори́т, что ста́рый. Друго́й моло́же — но дом ему́ не нра́вится. Нет ничего́ трудне́е, чем иска́ть счастли́вого челове́ка!

Но оди́н раз сы́ну царя́ сказа́ли, что есть оди́н челове́к, кото́рый ка́ждый ве́чер говори́т: «Сего́дня порабо́тал, поу́жинал — бу́ду спать. Что мне ещё ну́жно? Счастли́вый я челове́к!»

Сказа́л сын царя́, что на́до идти́ к э́тому челове́ку, дать ему́ са́мый дорого́й пода́рок и взять его́ руба́шку для царя́, — она́ царю́ помо́жет. Хоте́ли они́ так сде́лать, но не могли́: са́мый счастли́вый челове́к был тако́й бе́дный, что у него́ не́ было руба́шки. Так он не получи́л от царя́ са́мый дорого́й пода́рок — да он ему́ и не ну́жен...

По Л. Толсто́му

## Разгово́р в шко́ле

Мо́жно ска́зать, что в э́тот день в кла́ссе бы́ло две а́рмии. Нет, э́то бы́ли не враги́. Про́сто они́ не понима́ли друг дру́га. В одно́й а́рмии была́ высо́кая и бле́дная учи́тельница «шко́лы для де́вочек и ма́льчиков». Друга́я а́рмия была́ бо́льше. В друго́й а́рмии бы́ло о́коло двадцати́ голо́в э́тих ма́льчиков и де́вочек. Они́ сиде́ли и писа́ли. А на у́лице был жа́ркий день, свети́ло со́лнце, в реке́ пла́вали де́ти, и шко́льники слы́шали, как они́ ве́село крича́ли. Как там бы́ло хорошо́!

Как они́ хоте́ли бежа́ть на у́лицу, крича́ть, игра́ть, пла́вать в реке́! Но нельзя́. На́до учи́ться. В кла́ссе ти́хо. И вдруг Кру́гликов спра́шивает:

— А для чего́ мы у́чимся? — и смо́трит на учи́тельницу, и глаза́ у него́ кру́глые от стра́ха.

— Стра́нный ты челове́к! — отвеча́ет учи́тельница. — Е́сли не учи́ться, не бу́дет культу́ры...

— Э́то како́й культу́ры?

— Ну, э́то так тру́дно сказа́ть ... Наприме́р, кто из вас был в Нью-Йо́рке?

— Я была́, — говори́т одна́ де́вочка. Наве́рное, в ка́ждой шко́ле живёт чёртик, кото́рый «помога́ет» так отвеча́ть.

— Сты́дно лгать, Ната́ша Пашко́ва... Когда́ же ты была́ в Нью-Йо́рке?

— Была́... Позавчера́!

Все зна́ли, что э́то ложь, что позавчера́ она́ была́, как и сего́дня, в шко́ле и до Нью-Йо́рка е́хать три неде́ли.

— Так вот, де́ти, в Нью-Йо́рке больши́е-больши́е многоэта́жные дома́, трамва́и, электри́чество, маши́ны, — и всё э́то культу́ра. Потому́ что лю́ди учи́лись! А вы зна́ете, что э́то молодо́й го́род: 100 — 150 лет!

— А что там бы́ло ра́ньше?

— Ра́ньше? Ра́ньше был тёмный лес, в лесу́ жи́ли ди́кие зве́ри: панте́ры, во́лки ... Оле́ни, бизо́ны, ди́кие ло́шади .... А ещё там жи́ли инде́йцы, — они́ убива́ли друг дру́га и бе́лых. Что же лу́чше: ди́кие поля́ и ле́са, где гуля́ют зве́ри и инде́йцы и нет домо́в и электри́чества, или широ́кие у́лицы, где есть трамва́и и электри́чество и нет ди́ких инде́йцев? Вот ви́дите, что лу́чше — культу́ра и́ли така́я ди́кая жизнь?

— Тогда́ бы́ло лу́чше.

— Что!? Ты смотри́, чуда́к: ра́ньше бы́ло пло́хо, не́ было электри́чества, везде́ бы́ли ди́кие зве́ри и инде́йцы, а тепе́рь дома́, трамва́и, маши́ны... Когда́ же лу́чше: тогда́ или сейча́с?

— Тогда́.

— Ах ты, Го́споди! Ну вот ты, Полтора́цкий, говори́ ты, — когда́ бы́ло лу́чше: тогда́ или сейча́с?

А Полтора́цкий смо́трит на учи́тельницу и уве́ренно говори́т:

— Ра́ньше лу́чше бы́ло.

— О, Бог мой!!! Слизняко́в, Гаври́ил!

— Лу́чше бы́ло. Раньше́е.

— Не раньше́е, а ра́ньше! Да что вы, господа́, — чёрт зна́ет, что у вас в голове́... Сейча́с и дома́, и электри́чество...

— А для чего́ дома́? — цини́чно спра́шивает то́лстый Фитюко́в.

— Как для чего́? А где же спать?

— А о́коло огня́? Тепло́ — спи ско́лько хо́чешь! И для чего́ э́ти дома́!

И он смо́трит на учи́тельницу как победи́тель.

— Но электри́чества нет, темно́, стра́шно...

Семён Заволда́ев спра́шивает:

— Темно́? А ого́нь для чего́? А днём всегда́ светло́.

— А е́сли зве́ри?

— А е́сли у меня́ есть пистоле́т?!

— А е́сли инде́йцы?

— А мы мо́жем дружи́ть. Есть хоро́шие инде́йцы. Наприме́р, делава́ры, я чита́л, бе́лых лю́бят.

— А ещё есть муста́нги, они́ бы́стро бе́гают.

И уже́ все ма́льчики и де́вочки говори́ли:

— А у вас в го́роде одного́ челове́ка в ли́фте уби́ло!

— А ещё одного́ неде́лю наза́д трамва́й!

— Про́сто в го́роде у вас ску́чно — вот и всё!

— Ужа́сные вы де́ти — про́сто вы никогда́ не́ были в лесу́, где ди́кие зве́ри — вот и всё.

— А я была́, — говори́т Ната́лья Пашко́ва, кото́рой «помога́ет» шко́льный чёртик.

— Врёт она́, — говори́ли вокру́г. — Что ты всё вре́мя врёшь и врёшь?!

— Я ви́жу, что вы меня́ не понима́ете. Как вы мо́жете говори́ть, что ра́ньше бы́ло лу́чше, е́сли сейча́с есть и са́хар, и хлеб, и ма́сло, и пиро́жное, а ра́ньше ничего́ э́того не́ было.

— Пиро́жное!!!

Э́то был о́чень си́льный уда́р, но у Капито́на Кру́гликова был отве́т:

— А бы́ли ра́зные фру́кты: анана́сы, бана́ны — вы их не счита́ете? Их да́же не покупа́ли, а е́ли, ско́лько хоте́ли. А ещё бы́ли бизо́ны, их то́же е́ли.

— А ещё ре́ки бы́ли, и там ры́бы — ско́лько хо́чешь!

Учи́тельница бе́гала, крича́ла, опи́сывала комфо́рт безопа́сной городско́й жи́зни, но де́ти не слу́шали её. Э́ти две а́рмии абсолю́тно не понима́ли друг дру́га. Культу́ру атакова́ли инде́йцы, панте́ры и баоба́бы…

— Про́сто все плохи́е ма́льчики, — говори́ла бе́дная учи́тельница, — лю́бят ди́кие и́гры, вот и всё. А сейча́с я спра́шиваю де́вочек… Кла́вдия Ко́шкина, как ты ду́маешь, когда́ бы́ло лу́чше — тогда́ или сейча́с?

Отве́т звучи́т, как уда́р гро́ма.

— Тогда́, — отвеча́ет бле́дная Ко́шкина.

— Ну, почему́? Говори́ — почему́, почему́?...

— Трава́ тогда́ была́... Я люблю́ траву́... Цветы́ бы́ли.

— Да, — э́то Кру́гликов говори́т, как специали́ст, — цвето́в бы́ло, ско́лько хо́чешь, и огро́мные, тропи́ческие.

— А в го́роде цвето́в нет. Са́мая плоха́я ро́за рубль сто́ит.

— Ну, Ка́тя, а как ты ду́маешь, когда́ бы́ло лу́чше?

— Тогда́.

— Почему́?!!

— Бизо́нчики бы́ли, — ти́хо говори́т ма́ленькая де́вочка.

— Каки́е бизо́нчики?... Ты их ви́дела?

— «Ви́дела!» — помога́ют Пашко́ва и её чёртик.

— Я их не ви́дела, — про́сто говори́т Ка́тя Иване́нко. — А они́, я ду́маю, хоро́шенькие... Я их люблю́...

Специали́ст Кру́гликов дипломати́чно ничего́ не говори́т о мечте́ сентимента́льной Иване́нко, а учи́тельница отвеча́ет:

— Ну, хорошо́! Е́сли вы таки́е — не хочу́ бо́льше разгова́ривать. Вы сейча́с реша́ете зада́чу.

И все сиде́ли и реша́ли, а ма́ленькая Ка́тя Иване́нко всё вре́мя ду́мала о бизо́не и поэ́тому реша́ла до ве́чера.

(По А. Аве́рченко)

**А как вы ду́маете, тогда́ бы́ло лу́чше и́ли сейча́с? Почему́?**

**Что есть сейча́с и чего́ не́ было тогда́? Что бы́ло тогда́ и чего́ нет сейча́с?**

**12 плю́сов и ми́нусов:**

**Куда́ она́ пошла́?**
**Отку́да вы прие́хали?**
**Куда́ он улете́л?**

Идти́ — пойти́ (пошёл, пошла́, пошло́, пошли́)
Е́хать — пое́хать (пое́хал, пое́хала, пое́хало, пое́хали)

## Задание 293

Андре́й до́ма? — **Нет, он пошёл на конце́рт.**

1) Вы не зна́ете, где О́ля? (вы́ставка) 2) Ди́ма до́ма? (шко́ла) 3) Где сейча́с Бори́с? (Москва́) 4) Ната́ша здесь? (бассе́йн) 5) Алло́! Позови́те, пожа́луйста, Алекса́ндра! (рабо́та) 6) Вы не зна́ете, А́ня сего́дня до́ма? (Но́вгород) 7) Где сего́дня Ива́н? (университе́т) 8) Где ва́ши друзья́? (бале́т) 9) Вы не зна́ете, где на́ши де́ти? (сад) 10) А где ва́ши сосе́ди? (Аме́рика) 12) Где на́ша пти́чка? (лес) 13) Где кора́бль? (Австра́лия) 14) И́горь и О́ля до́ма? (дере́вня)

| **PERF. →** ←!→ | **IMPERF. ⇄** |
|---|---|
| **при + йти́ (← идти́)** | **при + ходи́ть** |
| **Когда́ ты придёшь?** | **Я всегда́ прихожу́ в 7.** |
| **при + е́хать** | **при + езжа́ть (← е́здить)** |
| **Кто вчера́ прие́хал?** | **Мой брат. Он приезжа́ет ка́ждое воскресе́нье.** |
| **при + плыть** | **при + плыва́ть (← пла́вать)** |
| **Вчера́ приплы́л большо́й кора́бль.** | **Они́ приплыва́ют ча́сто.** |
| **К нам пришёл Дед Моро́з.** | **Он прихо́дит ка́ждый год.** |

ПРИ — Ка́ждый год на день рожде́ния ко мне **при**хо́дят го́сти.

Arrive

У — Мы **у**шли́ из до́ма и забы́ли взять зо́нтик.

leave

В(о) — **В**ходи́те, мы давно́ вас ждём!

in

ВЫ — Вы **вы**хо́дите на сле́дующей остано́вке?

out

ПЕРЕ — Здесь мо́жно **пере**йти́ у́лицу?

Cross

from one to another

ПРО — Мы **про**бежа́ли 5 киломе́тров и о́чень уста́ли.

Мы **про**шли́ ми́мо ры́нка и поверну́ли напра́во.

## Задание 294

Глаго́лы с пре́фиксом **при-**

Мы вчера́ ... домо́й в 8 часо́в.
**Мы вчера́ пришли́ домо́й в 8 часо́в.**

1) Моя́ сестра́ живёт недалеко́ от го́рода и ка́ждую суббо́ту ... к нам. 2) Я обы́чно ... на рабо́ту в 9 часо́в. 3) Андре́й хорошо́ бе́гает и всегда́ ... пе́рвым. 4) Я жду самолёт из Ки́ева. Когда́ он ... ? 5) Это Ди́тер. Он вчера́ ... к нам из Герма́нии. 6) Она́ прекра́сно пла́вает! Вчера́ она́ то́же ... пе́рвой. 7) Я жду тебя́ за́втра ве́чером. Ты ... ? 8) Тури́сты обы́чно ... в Петербу́рг на «бе́лые но́чи».

## Задание 295

Глаго́лы с пре́фиксом **у-**

Вчера́ я ... с рабо́ты по́здно.
**Вчера́ я ушёл с рабо́ты по́здно.**

1) Вчера́ у нас бы́ли го́сти. Они́ ... в по́лночь. 2) Ива́на Серге́евича на рабо́те нет. Он ... домо́й. 3) На́ши сосе́ди на неде́лю ... из го́рода. 4) О́сенью пти́цы ... на юг. 5) Я не могу́ быть здесь. Я ... . 6) Почему́ ты ... ? Я хочу́ поговори́ть с тобо́й. 7) Ты хорошо́ бе́гаешь, но ты не мо́жешь ... от меня́! 8) Где маши́на? — Анто́н ... на маши́не.

## Задание 296

Глаго́лы с пре́фиксом **в-**

Я откры́л дверь и ... в ко́мнату.
**Я откры́л дверь и вошёл в ко́мнату.**

1) Я ... в кварти́ру и вклю́чил свет. 2) Го́сти ... в ко́мнату и сказа́ли «До́брый день!» 3) Пти́ца ... в окно́ и не мо́жет вы́лететь. 4) Анто́н ... в кафе́ и уви́дел А́нну. 5) Я ви́дел, как маши́на ... в гара́ж. 6) Мы не могли́ ... в авто́бус. 7) Ты всегда́ ... так ти́хо? 8) Я о́чень спеши́л и не ..., а ... в кабине́т.

## Задание 297

Глаго́лы с пре́фиксом **вы-**

Вы сейча́с ... ?
**Вы сейча́с выхо́дите?**

1) Кто ... на э́той остано́вке? 2) Тури́сты сейча́с ... из самолёта. 3) Я не могу́ ... из до́ма. 4) Маши́на ... из гаража́ че́рез 10 мину́т. 5) Ди́ма ... из ко́мнаты и побежа́л на у́лицу. 6) Когда́ вы обы́чно ... из до́ма? 7) Мы хоти́м ... из поезда! 8) Вчера́ вы ... из до́ма по́здно.

## Задание 298

Глаго́лы с пре́фиксом **пе́ре-**

Где мо́жно ... у́лицу?
**Где мо́жно перейти́ у́лицу?**

1) Здесь мо́жно ... Не́вский проспе́кт? 2) Здесь нельзя́ ... у́лицу! 3) Э́то пра́вда, что ты мо́жешь ... Во́лгу? 4) Мои́ друзья́ ... в друго́й го́род. 5) Пти́цы ... с де́рева на де́рево. 6) Ты о́чень бы́стро ... доро́гу! 7) Я обы́чно ... доро́гу здесь. 8) В како́й го́род ... ваш брат?

## Задание 299

Глаго́лы с пре́фиксом **про-**

Мы ... ми́мо магази́на и вошли́ в кафе́.
**Мы прошли́ ми́мо магази́на и вошли́ в кафе́.**

1) Я бы́стро ... 3 киломе́тра и уста́л. 2) Я ка́ждый день ... ми́мо э́того магази́на. 3) Маши́на ... ми́мо нас и пое́хала нале́во. 4) Самолёт ... над дере́вней и ле́сом. 5) Я сего́дня ... 500 киломе́тров. 6) Мы лю́бим бе́гать. Ка́ждое у́тро мы ... 5 киломе́тров. 7) Вы хорошо́ пла́ваете? Вы мо́жете ... 4 киломе́тра? 8) Почему́ он ... ми́мо и не посмотре́л на нас?

## Зада́ние 300

Оле́г вбежа́л в ко́мнату. — **Оле́г вы́бежал из ко́мнаты.**

1) Мы вы́шли из ле́са. 2) Мы прие́хали в Ки́ев. 3) Вы приплы́ли на о́стров. 4) Он не вы́йдет из до́ма. 5) Мы уе́хали на Ура́л. 6) Колу́мб приплы́л в Аме́рику. 7) Гага́рин улете́л в ко́смос. 8) Волк прибежа́л в дере́вню. 9) Го́сти пришли́ ве́чером. 10) Я прибежа́л на конце́рт. 11) Ты приплы́л из А́рктики. 12) Пти́цы улете́ли из са́да.

## Зада́ние 301

1) Мы ... на сле́дующей остано́вке. 2) 10 (Деся́того) января́ мы ... из Москвы́, а 15 (пятна́дцатого) ... в Ирку́тск. 3) Мы хоти́м ... в Петербу́рг. 4) Спортсме́ны ... 5 киломе́тров и уста́ли. 5) Э́то пра́вда, что ты ... Байка́л? 6) Вы не зна́ете, где здесь мо́жно ... у́лицу? 7) Почему́ вы так ра́но ... с рабо́ты? 8) Не ..., я хочу́ ещё поговори́ть с тобо́й! 9) Когда́ мы ... на о́стров, мы уви́дели, что там никого́ нет. 10) Куда́ ... наш попуга́й? 11) С ю́га ... пти́цы, — зна́чит, ... весна́. 12) Ка́ждое у́тро я ... из до́ма и смотрю́ на не́бо. 13) ... о́сень, и пти́цы ... . 14) Мы ... в бассе́йн в 6 часо́в. 15) Они́ ... из И́ндии и рассказа́ли мно́го интере́сного. 16) Мы ... четы́ре кварта́ла и ... в большо́й ста́рый дом. 17) В это вре́мя мно́гие ру́сские писа́тели ... из Росси́и. 18) Она́ ... из маши́ны и ... на другу́ю сто́рону у́лицы. 19) Открыва́йте дверь, го́сти ...!

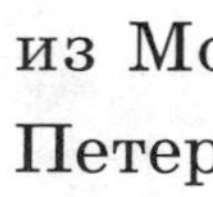

## Зада́ние 302

**Вы в па́рке.**

**— Как пройти́ в теа́тр?**

**— Выходи́те из па́рка и иди́те напра́во... Пото́м сно́ва напра́во. Пото́м пройди́те ми́мо ба́ра, перейди́те у́лицу и там уви́дите теа́тр.**

## Задание 303

**Поста́вьте ча́сти ру́сской ска́зки в пра́вильном поря́дке.**

### Ма́шенька* и Медве́дь

А А дом у медве́дя был большо́й: больши́е о́кна, больши́е столы́, больши́е сту́лья. Что де́лать! Жила́ Ма́ша у медве́дя, обе́д ему́ гото́вила, ко́мнаты убира́ла, во́ду носи́ла, стира́ла, а ве́чером ска́зки расска́зывала. А домо́й уйти́ не могла́!

Б До́лго Ма́ша ходи́ла в лесу́, пла́кала, крича́ла... Уже́ ве́чер, стра́шно Ма́ше в лесу́. И вдруг ви́дит она́ — идёт медве́дь. Говори́т медве́дь: «Вот кто бу́дет мне до́ма помога́ть!» И пришли́ они́ к медве́дю в дом.

Урок 30

* Ма́шенька = Ма́ша, Мари́я

[В] Давны́м-давно́* в одно́й дере́вне жи́ли-бы́ли де́душка и ба́бушка. И была́ у них вну́чка Ма́ша — у́мная и хоро́шая, и все сосе́ди её люби́ли.

[Г] Пришёл медве́дь в дере́вню. Вдруг прибежа́ли соба́ки. Медве́дь их уви́дел, испуга́лся и убежа́л в лес! А корзи́ну с Ма́шей и пирожка́ми оста́вил. Прибежа́ла Ма́ша домо́й, встре́тилась с ба́бушкой и де́душкой и рассказа́ла им э́ту исто́рию.

[Д] Идёт он по ле́су и не зна́ет, что несёт не то́лько пирожки́. Ма́ша то́же в корзи́не спря́талась! Обошёл он вокру́г о́зера. Хо́чет он останови́ться и попро́бовать пирожо́к, а Ма́ша ему́ кричи́т: «Не ешь пирожо́к, я всё ви́жу!» Перешёл он че́рез ре́ку. Хо́чет он останови́ться и попро́бовать пирожо́к, а Ма́ша ему́ кричи́т: «Не ешь пирожо́к, я всё ви́жу!» Прошёл он че́рез лес, вы́шел из ле́са. Хо́чет он останови́ться и попро́бовать пирожо́к, а Ма́ша ему́ кричи́т: «Не ешь пирожо́к, я всё ви́жу!»

[Е] Хорошо́ медве́дю, а Ма́ша домо́й уйти́ хо́чет, но медве́дь ей не разреша́ет. Нра́вится ему́ Ма́ша! Ка́ждый день медве́дь ухо́дит в лес, а Ма́ша до́ма ждёт. Ве́чером прихо́дит медве́дь — а Ма́ша уже́ у́жин пригото́вила.

[Ё] Одна́жды сосе́дские де́вушки пригласи́ли Ма́шу в лес. Пошла́ она́ в лес, ходи́ла она́, ходи́ла, смо́трит — а де́вушек нет. Перешла́ она́ че́рез ре́ку, обошла́ вокру́г о́зера — нет. Звала́ она́ де́вушек, звала́ — никто́ не отвеча́ет. Потеря́ла она́ доро́гу домо́й и не мо́жет вы́йти из ле́са!

[Ж] Ду́мает она́ о де́душке и ба́бушке, скуча́ет, и гру́стно ей. Ду́мала она́, ду́мала, и одна́жды пригото́вила она́ вку́сные пирожки́ и говори́т медве́дю: «Е́сли ты не хо́чешь, что́бы я уходи́ла, неси́ э́ти пирожки́ дедушке и ба́бушке, а я до́ма бу́ду ждать. Ты пото́м прихо́ди — я у́жин пригото́влю. «Хорошо́!», — отвеча́ет медве́дь.

* Давны́м-давно́ = о́чень давно́

## Фёдор Шаля́пин
## Из кни́ги «Страни́цы из мое́й жи́зни»
## (Лето 1914)

Из Ло́ндона я перее́хал в Пари́ж, что́бы пото́м пое́хать в Карлсба́д — отдыха́ть и лечи́ться. Э́то бы́ло 25 ию́ля, и лю́ди на у́лицах уже́ чита́ли телегра́ммы в газе́тах. Говори́ли о войне́. В э́тот же день я обе́дал с изве́стным банки́ром и спроси́л его́, что он об э́том ду́мает. Он уве́ренно сказа́л:

— Войны́ не бу́дет!

Так вот, говоря́т, что междунаро́дную поли́тику де́лают банки́ры и они́ то́чно зна́ют, бу́дут лю́ди дра́ться и́ли нет. По́сле э́того разгово́ра я купи́л биле́ты и пое́хал в Герма́нию. Но часа́ че́рез два-три наш по́езд останови́лся. Да́льше он не шёл — война́ начала́сь. В Пари́ж поезда́ то́же не шли́, и я оста́лся с мои́ми чемода́нами на како́й-то ма́ленькой ста́нции. Что́бы бы́ло ле́гче верну́ться в Пари́ж, я откры́л чемода́ны и отда́л все ве́щи, оде́жду и поку́пки бе́дным лю́дям.

Мелки́х де́нег почему́-то бо́льше нигде́ не́ было. У меня́ в карма́не бы́ли то́лько банкно́ты по сто и по пятьдеся́т фра́нков, но их никто́ не меня́л. В рестора́не, куда́ я зашёл пое́сть, меня́ сра́зу спроси́ли:

— Каки́е у вас де́ньги?

— Францу́зские. Вот!

— Извини́те, мы не мо́жем дать сда́чи.

Но я о́чень хоте́л есть, и предложи́л:

— Да́йте кусо́к мя́са, буты́лку вина́ и возьми́те 50 фра́нков за э́то!

Так я обе́дал ещё не раз на обра́тном пути́ в Пари́ж, куда́ я ме́дленно шёл пешко́м и́ли е́хал на лошадя́х. Пото́м я реши́л, что э́то глу́по, и стал приглаша́ть на мои́ за́втраки и обе́ды люде́й с у́лицы. Я знако́мился с ке́м-нибудь, кто, как мне каза́лось, хоте́л есть, и говори́л с ним мину́т пять-де́сять о войне́, а пото́м приглаша́л в рестора́н. А так как на сто фра́нков в ма́леньком городке́ Фра́нции могу́т пое́сть и де́сять челове́к, то предлага́л но́вому знако́мому пригласи́ть на за́втрак друзе́й. Так мы могли́ «съесть» всю банкно́ту.



В Пари́же не́рвничали. Неме́цкие аэропла́ны уже́ броса́ли бо́мбы и проклама́ции: «Вели́кая неме́цкая а́рмия у двере́й Пари́жа!»

— Войди́те! — отвеча́ли францу́зы.

Я реши́л переплы́ть че́рез Ла-Ма́нш в А́нглию. Но в Кале́, в англи́йском бюро́, где продава́ли биле́ты, меня́ спроси́ли о мое́й национа́льности, и когда́ я сказа́л — ру́сский, извини́лись и сказа́ли, что не мо́гут прода́ть мне биле́т, — э́то ли́ния для гра́ждан Великобрита́нии.

Я обрати́лся к англи́йскому ко́нсулу с про́сьбой дать мне про́пуск — и получи́л от него́ тако́й же отве́т, как в бюро́:

— Не могу́. Снача́ла нас интересу́ют гра́ждане А́нглии, а пото́м мы бу́дем рабо́тать для сою́зных на́ций!

Я поду́мал:

«О́чень удо́бно быть граждани́ном госуда́рства, кото́рое так внима́тельно к свои́м лю́дям!»

И то́лько по́сле про́сьбы англи́йского посла́ я получи́л про́пуск.

Мой поe᷈зд был после́дним.

В А́нглии меня́ встре́тили о́чень хорошо́, задава́ли мно́го вопро́сов, но я ещё не чита́л газе́т и ничего́ не мог сказа́ть. Знако́мые англича́не предлага́ли мне оста́ться в А́нглии, потому́ что доро́га была́ опа́сная, но я реши́л е́хать в Росси́ю.

Когда́ я получа́л де́ньги в англи́йском ба́нке, меня́ спроси́ли:

— Вам — зо́лотом?

Я удиви́лся — во Фра́нции зо́лота давно́ уже́ не́ было.

— Да́йте немно́го зо́лотом, — неуве́ренно попроси́л я.

— Мо́жете взять всю су́мму.

Како́й удиви́тельный наро́д э́ти англича́не!

В сентябре́ я приплы́л на парохо́де в Христиа́нию*. Осмотре́л теа́тр, о́чень краси́вый, кото́рый постро́или в честь И́бсена и Бье́рнсона. Их ста́туи стоя́ли в саду́ о́коло теа́тра.

Я подума́л:

«Они́ неда́вно у́мерли, а памя́тники уже́ стоя́т, хотя́ норве́жцы споко́йный наро́д! А мы, ру́сские, — беспоко́йные, но у нас ещё нет па́мятников Турге́неву, Достое́вскому, Толсто́му...»

Бы́ло ви́дно, что э́та ма́ленькая Норве́гия — страна́ большо́й культу́ры.

А в Торне́о меня́ удиви́ла весёлая де́вушка-фи́нка. Она́ подава́ла чай в кафе́ и всё вре́мя ти́хо пе́ла стра́нную пе́сню, в кото́рой ча́сто повторя́ла сло́во « аури́нка». Я спроси́л: что тако́е «аури́нка»?

— Со́лнце, — сказа́ли мне.

* Так ра́ньше называ́лся го́род О́сло, столи́ца Норве́гии.

День был се́рый, шёл дождь, а де́вушка пе́ла о со́лнце. Э́то понра́вилось мне, и я ду́мал о ней, когда́ е́хал в Петербу́рг, кото́рый уже́ называ́ли Петрогра́д.

**Отвеча́ем на вопро́сы:**

1) Отку́да и куда́ е́хал Шаля́пин? 2) Когда́ э́то бы́ло? 3) О чём говори́ли лю́ди? 4) Почему́ Шаля́пин реши́л е́хать в Герма́нию? 5) Расскажи́те, как он е́хал в Пари́ж. 6) Почему́ было тру́дно уе́хать из Фра́нции в А́нглию? 7) Что удиви́ло Шаля́пина в А́нглии? 8) Куда́ он пое́хал из А́нглии? 9) Что он ду́мает о Норве́гии и почему́? 10) О чём пе́ла де́вушка в кафе́? 11) Что ждало́ Шаля́пина в Петербу́рге?

## Задание 304

Я ... из Ло́ндона в Пари́ж. Из Пари́жа я хоте́л ... отдыха́ть в Карлсба́д. Я ... из Пари́жа, но по́езд останови́лся. Я ... в Пари́ж пешко́м. Мне бы́ло тру́дно ... из Пари́жа в Кале́. Я ... че́рез Ла-Ма́нш на корабле́. В сентябре́ я ... из А́нглии в Норве́гию, а из Норве́гии на по́езде ... в Петрогра́д.

## ПОВТОРЕ́НИЕ

### Зада́ние 305

де́лать — сде́лать

1) Что ты де́лал вчера́? — Я ... откры́тки. Я ... 20 откры́ток. (писа́ть — написа́ть)

2) Что но́вого? — Я ... откры́тку от Кристо́фа. Я ча́сто ... откры́тки. (получа́ть — получи́ть)

3) Ты уме́ешь ... шашлы́к? — Я всегда́ хорошо́ ... шашлы́к. Неде́лю наза́д я ... прекра́сный шашлы́к. (гото́вить — пригото́вить)

4) Я полчаса́ ... твоё письмо́. Когда́ я ... его́, я написа́л отве́т. (чита́ть — прочита́ть)

5) Мы ... э́тот дом уже́ два го́да. Когда́ мы ... его́, мы бу́дем здесь жить. (стро́ить — постро́ить)

6) Ты о́чень ча́сто ... : «Э́то не моё де́ло». Я не понима́ю, что ты хо́чешь ... ! (говори́ть — сказа́ть)

7) Ты лю́бишь ... сюрпри́зы? — Да, за́втра я ... тебе́ сюрпри́з! (де́лать — сде́лать)

8) Вы хорошо́ ... ? — Да, я уже́ ... ваш портре́т! (рисова́ть — нарисова́ть)

9) Вы ча́сто ... анекдо́ты? — Да, сейча́с я ... но́вый анекдо́т. (расска́зывать — рассказа́ть)

10) Мне на́до ... в Аме́рику! — Ты ка́ждую неде́лю ... в Аме́рику! (звони́ть — позвони́ть)

11) Почему́ вы никогда́ не ... ? — Хорошо́, че́рез 5 мину́т ... . (отвеча́ть — отве́тить)

12) Сего́дня они́ ... в по́лдень, но обы́чно они́ ... ра́но. (за́втракать — поза́втракать)

13) В де́тстве я ча́сто ... фи́льмы. Когда́ я ... э́тот фи́льм, я реши́л быть актёром. (смотре́ть — посмотре́ть)

14) У нас есть фру́кты? — Да, я ... фру́кты. Я всегда́ ... фру́кты на ры́нке. (покупа́ть — ку́пить)

15) Мы ... в Петербу́рг сего́дня у́тром. Мы обы́чно ... в ию́не. Че́рез год мы хоти́м ... ещё раз. (приезжа́ть — прие́хать)

## Задание 306

Че́рез, наза́д, на, за

1) Мы прие́хали в Росси́ю ... два ме́сяца.
2) Э́тот дом постро́или ... три го́да.
3) Я бу́ду до́ма ... полчаса́.
4) Она́ вы́шла из до́ма два часа́ ... и пришла́ домо́й ... час.
5) Как вы всё сде́лали ... де́сять мину́т?
6) Ты мо́жешь дать мне ру́чку ... мину́ту? ... мину́ту я дам её тебе́.

## Задание 307

Кому́? Чему́?

1) Что вы обы́чно да́рите и кому́? Кто и что вам обы́чно да́рит?
2) Кому́ вы звони́те ча́сто / ре́дко / нико́гда не звони́те? Кто вам звони́т?
3) Кому́ вы пи́шете? Кто пи́шет вам?
4) Кто и́ли что вам помога́ет изуча́ть язы́к?
5) Кто и́ли что вам меша́ет рабо́тать / отдыха́ть?
6) Каки́е лю́ди вам нра́вятся? А что вам не нра́вится?
7) Что обеща́ют де́ти роди́телям? А роди́тели де́тям?
8) Как вы ду́маете, что на́до разреша́ть де́тям? А что разреша́ть нельзя́?
9) Что вам легко́, а что — тру́дно? Когда́ вам ве́село, а когда́ — гру́стно?

## Задание 308

Прошу́ вас, (дать) мне шанс! — **Прошу́ вас, да́йте мне шанс!**

1) Пожа́луйста, (позвони́ть) мне ве́чером!
2) (Лета́ть) самолётами «Аэрофло́та»!
3) Обяза́тельно (посмотре́ть) сего́дня но́вости!

4) (Послу́шать), что я расскажу́!

5) Не (покупа́ть) эту карти́ну! — Нет, (купи́ть) её!

6) (Приходи́ть) за́втра ве́чером!

7) До свида́ния, (приезжа́ть) ещё!

8) (Пригото́вить), пожа́луйста, у́жин!

9) (Уходи́ть), я не хочу́ тебя́ ви́деть!

10) (Подари́ть) мне соба́ку, пожа́луйста!

### Задание 309

Кем? Чем?

1) С кем вы изуча́ете ру́сский язы́к?

2) С кем вы рабо́таете?

3) С кем вы обы́чно отдыха́ете?

4) С кем вы лю́бите говори́ть?

5) С кем вы гуля́ете?

6) Чем вы интересу́етесь?

7) Чем увлека́ются ва́ши друзья́?

8) Кем вы рабо́таете?

9) Кем вы хоте́ли стать в де́тстве?

10) Чем вы занима́лись в шко́ле?

11) Вы занима́етесь спо́ртом? Каки́м?

12) Каки́м вы хоти́те стать?

### Задание 310

1) ... бо́льше, чем ... .

2) ... доро́же, чем ... .

3) Я ... ча́ще, чем ... .

4) Мне ле́гче ... , чем ... .

5) ... ме́ньше, чем ... .

6) ... деше́вле, чем ... .

7) ... лу́чше, чем ... .

8) ... ху́же, чем ... .

## Задание 311

при-, у-, в-, вы-, пере-, про-

1) За день мы ... е́хали 500 киломе́тров.
2) Когда́ вы обы́чно ... хо́дите на рабо́ту?
3) Я не зна́ю, кто ... ходи́л в ко́мнату.
4) Мне гру́стно, потому́ что ты ... хо́дишь!
5) Э́то пра́вда, что вы ... плы́ли Ла-Ма́нш?
6) Он вчера́ не ... ходи́л на у́лицу.
7) Мы жи́ли в Та́ллине, а пото́м ... е́хали в Петербу́рг.
8) Маши́на не мо́жет ... е́хать из гаража́.
9) Го́сти уже́ у вас? — Да, они́ ... хо́дят в кварти́ру.
10) Вы мо́жете ... е́хать из го́рода на неде́лю?
11) Пе́рвые пти́цы ... лета́ют с ю́га.
12) Сейча́с мы ... езжа́ем ми́мо ста́рого го́рода.

## Задание 312

Расскажи́те биогра́фию интере́сного челове́ка (мо́жно свою́, вы — то́же интере́сный челове́к!)

## Словарь

| Русский | Английский | Немецкий | Французский |
|---|---|---|---|
| **А** | | | |
| **а́вгуст** | August | August | août |
| **австрали́ец** | Australian | Australier | Australien |
| **авто́бус** | bus | Bus | autobus |
| **авто́граф** | autograph | Autogramm | autographe |
| **а́втор** | author | Autor | auteur |
| **адвока́т** | lawyer, solicitor | Anwalt | avocat |
| **администра́тор** | administraitor | Verwalter | administrateur |
| **администра́ция** | administration | Administration | administration |
| **акаде́мия** | academy | Akademie | académie |
| **акроба́т, -ка** | acrobat | Akrobat | acrobate |
| **акт** | act | Akt | acte |
| **актёр** | actor | Schauspieler | acteur |
| **актри́са** | actress | Schauspielerin | actrice |
| **альбо́м** | album | Album | album |
| **анана́с** | pineapple | Ananase | ananas |
| **англи́йский** | English | englisch | anglais |
| **англича́нин** | English | Engländer | Anglais |
| **анса́мбль** | ensemble | Ensemble | ensemble |
| **антиквариа́т** | antiques | Antiquariat | antiquités |
| **анти́чный** | antique | antik | antique |
| **апельси́н** | orange | Apfelsine | orange |
| **апока́липсис** | Apocalypse | Apokalypse | Apocalypse |
| **апре́ль** | April | April | avril |
| **апте́ка** | chemist's; drugstore | Apotheke | pharmacie |
| **ара́бский** | Arabic | arabisch | arabe |
| **аргенти́нец** | Argentinean | Argentinier | Argentin |
| **а́рмия** | army | Armee | armée |
| **архитекту́рный** | architectural | architektonisch | architectural |
| **астроно́мия** | astronomy | Astronomie | astronomie |
| **атмосфе́ра** | atmosphere | Atmosphäre | atmosphère |
| **аэропо́рт** | airport | Flughafen | aéroport |
| **Б** | | | |
| **ба́бушка** | grandmother | Grossmutter | grand-mère |
| **бага́ж** | luggage | Gepäck | bagage |
| **балери́на** | ballet-dancer | Ballerina | ballerine |
| **бале́т** | ballet | Ballett | ballet |
| **балко́н** | balcony | Balkon | balcon |
| **бана́н** | banana | Banane | banane |
| **банк** | bank | Bank | banque |
| **банке́т** | banquet | Bankett | banquet |
| **банки́р** | banker | Bankier | banquier |
| **ба́ня** | bath house | Badehaus | bains (publics) |
| **бараба́н** | drum | Trommel | tambour |
| **бара́нина** | lamb | Hammelfleisch | (du) mouton |

| Русский | Английский | Немецкий | Французский |
|---|---|---|---|
| **баскетбо́л** | basketball | Basketball | basket-ball |
| **бассе́йн** | swimming pool | Schwimmbad | piscine |
| **батаре́йка** | battery | Batterie | pile; batterie |
| **бе́дный** | poor | arm | pauvre |
| **бежа́ть/бе́гать** | to run | laufen | courir |
| **без** | without | ohne | sans |
| **безопа́сный** | safe | gefahrlos | sûr |
| **белору́с** | Byelorussian | Belorusse | Biélorusse |
| **бе́лый** | white | weiss | blanc |
| **бельги́ец** | Belgian | Belgier | Belge |
| **бензи́н** | petrol; gas | Benzin | essence |
| **бе́рег** | shore, bank | Ufer, Strand | bord, côte |
| **беспла́тно** | free (of charge) | gratis | gratuitement |
| **беспоко́йный** | anxious | unruhig | inquet |
| **библиоте́ка** | library | Bibliothek | bibliothèque |
| **биле́т** | ticket | Fahrkarte | billet |
| **биогра́фия** | biography | Biographie | biographie |
| **био́лог** | biologist | Biologe | biologue |
| **биоло́гия** | biology | Biologie | biologie |
| **бифште́кс** | steak | Beefsteak | bifteck |
| **бланк** | (fill-in) form | Formular | formulaire |
| **бле́дный** | pale | blaß | pâle |
| **бли́зко** | near | in der Nähe | tout près |
| **блин** | pancake | Plinse | crêpe |
| **блонди́нка** | blond, -e | Blonde; Blondine | blond, -e |
| **блю́до** | dish | Gericht | plat |
| **Бог** | God | Gott | Dieu |
| **бога́тый** | rich | reich | riche |
| **боле́ть/заболе́ть** | to be / fall ill | krank sein / werden | être/tomber malade |
| **бо́льше** | more; bigger | mehr; grosser | plus; plus grand |
| **большо́й** | big | gross | grand |
| **борт** | board | Bord | bord |
| **ботани́ческий** | botanical | botanisch | botanique |
| **боти́нки** | boots | Schuhe | souliers |
| **боя́ться** | to be afraid | fürchten | avoir peur |
| **брат** | brother | Bruder | frère |
| **брать/взять** | to take | nehmen | prendre |
| **бриллиа́нт** | brilliant | Brilliant | brillant |
| **брю́ки** | trouses | Hose | pantalon |
| **брюне́т, -ка** | brunet, -te | Brünette | brun, -e |
| **бу́ква** | letter | Buchstabe | lettre |
| **бу́лочная** | baker's | Bäckerei | boulangerie |
| **бульва́р** | boulevard | Boulevard | boulevard |
| **буты́лка** | bottle | Flasche | bouteille |
| **бухга́лтер** | accountant | Buchhalter | comptable |
| **бы́стро** | fast, quickly | schnell | vite, rapidement |
| **бы́стрый** | quick, rapid, fast | schnell | rapide |
| **быть** | to be | sein | être |

| Русский | Английский | Немецкий | Французский |
|---|---|---|---|
| **В** | | | |
| **ва́за** | vase | Vase | vase |
| **ва́нна** | bath | Badewanne | baignoire, bain |
| **ва́нная** | bathroom | Bad, Badezimmer | salle de bains |
| **ваш** | your | euer, ihr | votre |
| **вдруг** | suddenly | plötzlich | soudain |
| **век** | century | Jahrhundert | siècle |
| **вели́кий** | great | gross | grand |
| **велосипе́д** | bicycle | Fahrrad | vélo |
| **ве́рить/пове́рить** | believe | glauben | croire |
| **верну́ться** | to come back | zurückkommen | revenir |
| **верхо́м** | on horseback | zu Pferd | à cheval |
| **ве́село** | funny, jolly | lustig | gaiement |
| **весёлый** | funny, jolly | lustig | gai, joyeux |
| **весна́** | spring | Frühling | printemps |
| **весно́й** | in spring | im Frühling | au printemps |
| **весь** | all | ganz | entier |
| **ве́тер** | wind | Wind | vent |
| **ве́чер** | evening | Abend | soir |
| **вечери́нка** | party | geselliger Abend | soirée |
| **ве́чером** | in the evening | am Abend | le soir |
| **вещь (f.)** | thing | Sache; Ding | chose |
| **ви́деть** | to see | sehen | voir |
| **ви́лка** | fork | Gabel | fourchette |
| **вино́** | wine | Wein | vin |
| **виногра́д** | grapes | Weintrauben | raisin |
| **включа́ть/-и́ть** | to turn on | einschalten | allumer; brancher |
| **вкус** | taste | Geschmack | goût |
| **вку́сный** | tasty | wohlgeschmeckend | de bon goût |
| **вме́сте** | together | zusammen | ensemble |
| **вме́сто** | instead | statt | au lieu de |
| **вниз/внизу́** | down | nach unten / unten | en bas |
| **внима́тельно** | attentively | aufmerksam | attentivement |
| **внук** | grandson | Enkel | petit-fils |
| **вну́чка** | granddaughter | Enkelin | petite-fille |
| **вид** | view | Aussicht | vue |
| **вода́** | water | Wasser | eau |
| **води́тель** | driver | fahrer | chauffeur |
| **во́дка** | vodka | Wodka | vodka |
| **война** | war | Krieg | guerre |
| **вокза́л** | station | Bahnhof | gare |
| **волейбо́л** | volley-ball | Volleyball | volley-ball |
| **волк** | wolf | Wolf | loup |
| **во́лосы** | hair | Haare | cheveux |
| **вопро́с** | question | Frage | question |
| **вор** | thief | Dieb | voleur |
| **восемна́дцать** | eighteen | achtzehn | dix-huit |
| **во́семь** | eight | acht | huit |
| **во́семьдесят** | eighty | achtzig | quatre-vingt |

| **Русский** | **Английский** | **Немецкий** | **Французский** |
|---|---|---|---|
| **воскресéнье** | Sunday | Sonntag | dimanche |
| **востóк** | east | Ost | est |
| **восьмóй** | eighth | der achte | huitième |
| **враг** | enemy | Feind | ennemi |
| **врать** | to tell a lie | lügen | mentir |
| **врач** | doctor | Arzt | docteur |
| **врéмя** | time | Zeit | temps |
| **всегдá** | always | immer | toujours |
| **всё** | all; everything | alles | tout |
| **вставáть/встать** | to get up | aufstehen | se lever |
| **встрéча** | meeting | Zusammentreffen | rencontre |
| **встречáться/ встрéтиться** | to meet | sich treffen | se rencontrer |
| **втóрник** | Tuesday | Dienstag | mardi |
| **вторóй** | second | der zweite | deuxième |
| **входи́ть/войти́** | to come in | hereinkommen | entrer |
| **вчерá** | yesterday | gestern | hier |
| **выбирáть** | to choose | auswählen | choisir |
| **вы́бор** | choice | Auswahl | choix |
| **выи́грывать/ вы́играть** | to win | gewinnen | gagner |
| **выключáть/-ить** | to turn off | ausschalten | débrancher; éteindre |
| **высóкий** | high, higher, above | hoch | haut |
| **вы́ставка** | exhibition | Ausstellung | exposition |
| **выходны́е** | week-end | Ausgehtage, Wochenende | jours de repos |
| **Г** | | | |
| **газéта** | newspaper | Zeitung | journal |
| **гáзовый** | gas | Gas- | à gaz |
| **гарáж** | garage | Garage | garage |
| **гаранти́ровать** | guarantee | garantieren | garantir |
| **геогрáфия** | geography | Geographie | géographie |
| **геологи́ческий** | geological | Geologisch | géologique |
| **герои́ческий** | heroic | heldenmütig | heroïque |
| **герóй** | hero | Held | héros |
| **гид** | guide | Fremdenführer | guide |
| **гитáра** | guitar | Gitarre | guitare |
| **глáвный** | main | haupt- | principal |
| **глаз** | eye | Auge | oeil |
| **глубинá** | depth | Tiefe | profondeur |
| **глубóкий** | deep | tief | profond |
| **глýпость** | stupid thing | Dummheit | bêtise |
| **говори́ть/скáзать** | to speak; to say | sprechen; sagen | parler; dire |
| **год** | year | Jahre | an, année |
| **голлáндец** | Dutchman | Holländer | Hollandais |
| **голлáндский** | Dutch | Holländisch | hollandais |
| **головá** | head | Kopf | tête |
| **голубóй** | blue | blau | bleu |
| **горá** | mountain | Berg | montagne |

| Русский | Английский | Немецкий | Французский |
|---|---|---|---|
| **го́рный** | mountain- | Berg- | de montagne |
| **го́род** | city | Stadt | ville |
| **городско́й** | city; urban | Stadt-; städtisch | municipal; de ville |
| **горя́чий** | hot | heiss | chaud |
| **господи́н** | mister | Herr | monsieur |
| **госпожа́** | missis | Frau | madame |
| **гости́ная** | living-room | Wohnzimmer | salon |
| **гости́ница** | hotel | Hotel | hôtel |
| **гость** | guest | Gast | invité |
| **гото́вить/ пригото́вить** | to prepare; to cook | vorbereiten; kochen | préparer |
| **гриб** | mushroom | Pilz | champignon |
| **гром** | thunder | Donner | tonnaire |
| **гро́мкий** | loud | laut | fort (son) |
| **гро́мко** | loudly, aloud | laut, lauthals | fort (son) |
| **гру́ппа** | group | Gruppe | groupe |
| **гру́стный** | sad | traurig | triste |
| **гру́ша** | pear | Birne | poire |
| **губерна́тор** | governor | Gouverneur | gouverneur |
| **гуля́ть/погуля́ть** | to go for a walk | spazierengehen | se promener |
| **Д** | | | |
| **да** | yes | ja | oui |
| **дава́ть/дать** | to give | geben | donner |
| **давно́** | long time ago | seit langer Zeit | il y a longtemps |
| **далеко́** | far | weit | loin |
| **дари́ть/подари́ть** | to give, to present | schenken | offrir, faire cadeau |
| **да́та** | date | Datum | date |
| **да́тский** | Danish | dänish | danois |
| **датча́нин** | Dane | Däne | Danois |
| **два** | two | zwei | deux |
| **два́дцать** | twenty | zwanzig | vingt |
| **двена́дцать** | twelwe | zwölf | douze |
| **дверь (f.)** | door | Tür | porte |
| **дворе́ц** | palace | Palast | palais |
| **де́вушка** | girl | mädchen | jeune fille |
| **девяно́сто** | ninety | neunzig | quatre-vingt-dix |
| **девятна́дцать** | nineteen | neunzehn | dix-neuf |
| **девя́тый** | ninth | der neunte | neuvième |
| **де́вять** | nine | neun | neuf |
| **де́душка** | grandfather | Grossvater | grand-père |
| **дека́брь** | December | Dezember | décembre |
| **де́лать/сде́лать** | to do, to make | machen | faire |
| **делика́тный** | delicate | delikat | delicat |
| **делово́й** | business | geschäftig | d'affaires |
| **демонстра́ция** | demonstration | Demonstrazion | démonstration |
| **день** | day | Tag | jour, journée |
| **день рожде́ния** | birthday | Geburtstag | anniversaire |
| **де́ньги** | money | Geld | argent |

| Русский | Английский | Немецкий | Французский |
|---|---|---|---|
| **де́рево** | tree | Baum | arbre |
| **дере́вня** | village | Dorf | village |
| **деся́тый** | tenth | der zehnte | dixième |
| **де́сять** | ten | zehn | dix |
| **детекти́в** | detective story | Krimi | roman policier |
| **де́ти** | children | Kinder | des enfants |
| **де́тская** | nursery | Kinderzimmer | chambre d'enfants |
| **дешёвый** | cheap | billig | bon marché |
| **джаз** | jazz | Jazz | jazz |
| **дива́н** | sofa | Sofa | canapé |
| **дие́та** | diet | Diät | diète |
| **ди́кий** | wild | wild | sauvage |
| **диплома́т** | diplomat | Diplomat | diplomate |
| **дире́ктор** | director | Direktor | directeur |
| **диск** | disc | Disk, Platte | disque |
| **диску́ссия** | discussion | Diskussion | discussion |
| **длина́** | length | Länge | longeur |
| **дли́нный** | long | lang | long |
| **для** | for | für | pour |
| **днём** | during the daytime | am Tag, tagsüber | le jour |
| **до** | till | bis | jusqu'à |
| **Добро́ пожа́ловать!** | Welcome! | Willkommen! | Soyez le bienvenus! |
| **дождь (m.)** | rain | Regen | pluie |
| **докуме́нт** | document | Dokument | document |
| **до́лго** | for a long time | lange | longtemps |
| **до́ма** | at home | zu Hause | à la maison |
| **дом** | house | Haus | maison |
| **дома́шний** | domestic | häuslich | domestique |
| **доро́га** | road | Weg | chemin |
| **дорого́й** | dear; expensive | teuer | cher |
| **До свида́ния!** | Good bye! | Auf Wiedersehen! | Au revoir! |
| **дочь** | daughter | Tochter | fille |
| **дре́вний** | ancient | alt | ancien |
| **друг** | friend | Freund | ami |
| **друго́й** | other; different | andere | autre |
| **дру́жба** | friendship | Freundschaft | amitié |
| **дружи́ть** | to be friends | befreundet sein | être amis |
| **дру́жный** | amicable | einig | uni, conjugués |
| **ду́мать/поду́мать** | to think | denken | penser |
| **душ** | shower | Dusche | douche |
| **дя́дя** | uncle | Onkel | oncle |
| **Е** | | | |
| **европе́ец** | European | Europäer | Européen |
| **ежедне́вный** | daily | täglich | quotidien |
| **есть/съесть** | to eat | essen | manger |
| **е́хать/е́здить** | to go by transport | fahren | aller (par transport) |
| **ещё** | still; also | noch | encore; aussi |

| Русский | Английский | Немецкий | Французский |
|---|---|---|---|
| **Ж** | | | |
| **жа́рко** | hot | heiss | chaud |
| **ждать** | to wait | warten | attendre |
| **жена́** | wife | Frau | femme |
| **же́нщина** | woman | Frau | femme |
| **жёлтый** | yellow | gelb | jaune |
| **жизнь (f.)** | life | Leben | vie |
| **жи́тель** | inhabitant | Bewohner | habitant |
| **жить** | to live | wohnen; leben | habiter, vivre |
| **журна́л** | magazine | Zeitschrift | revue |
| **журнали́ст** | journalist (m.) | Journalist (m.) | journaliste (m.) |
| **журнали́стка** | journalist (f.) | Journalist (f.) | journaliste (f.) |
| **З** | | | |
| **забыва́ть/забы́ть** | to forget | vergessen | oublier |
| **заво́д** | factory | Werk | usine |
| **за́втра** | tomorrow | morgen | demain |
| **за́втрак** | breakfast | Frühstück | petit déjeuner |
| **за́втракать/ поза́втракать** | to have breakfast | frühstücken | pr. son petit déjeuner |
| **загора́ть** | to sunbath | sich sonnen | se hâler |
| **зака́зывать/ заказа́ть** | to order; to book | bestellen | commander; réserver |
| **зака́нчивать/ зако́нчить** | to finish | beenden | finir |
| **закрыва́ть/закры́ть** | to close | zumachen | fermer |
| **заку́ска** | starter | Vorspeise | hors d'heuvre |
| **зал** | hall | Halle | salle |
| **занаве́ска** | curtain | Gardine | rideau |
| **занима́ться** | to take up; to do | treiben; machen | s'occuper; pratiquer |
| **за́пад** | west | West | ouest |
| **зараба́тывать** | earn | verdienen | qagner |
| **звать** | to call | nennen, heissen | appeler |
| **звони́ть/позвони́ть** | to phone | anrufen | téléphoner |
| **зда́ние** | building | Gebäude | édifice |
| **здесь** | here | hier | ici |
| **здоро́вье** | health | Gesundheit | santé |
| **Здра́вствуйте!** | Hello! | Guten Tag! | Bonjour! |
| **зелёный** | green | grün | vert |
| **зе́ркало** | mirror | Spiegel | miroir |
| **зима́** | winter | Winter | hiver |
| **зимо́й** | in winter | im Winter | en hiver |
| **знако́миться** | to make the acquaintance | kennenlernen | faire connaissance |
| **знако́мый** | familiar | bekannt | connu |
| **знать** | to know | wissen, kennen | savoir, connaître |
| **зна́чить** | to mean | bedeuten | signifier |
| **золото́й** | golden | golden | d'or |
| **зо́нтик** | umbrella | Schirm | parapluie |

| Русский | Английский | Немецкий | Французский |
|---|---|---|---|
| **зоопа́рк** | zoo | Zoo | zoo |
| **И** | | | |
| **игра́ть/сыгра́ть** | to play | spielen | jouer |
| **идеа́льный** | ideal | ideal | idéal |
| **иде́я** | idea | Idee | idée |
| **идти́/ходи́ть** | to go; to walk | gehen | aller; marcher |
| **изве́стный** | well-known | bekannt | connu |
| **Извини́те!** | Excuse me!; Sorry! | Entschuldigung! | Excusez-moi!; Pardon! |
| **изуча́ть/изучи́ть** | to study / to learn | studieren, lernen | étudier |
| **ико́на** | icon | Ikone | icône |
| **икра́** | caviar | Kaviar | caviar |
| **и́мя** | (first) name | Vorame | prénom |
| **инвести́ровать** | to invest | investieren | investir |
| **инде́ец** | Native American | Indianer | Indien |
| **инжене́р** | engineer | Ingenieur | ingénieur |
| **иногда́** | foreign | manchmal | parfois |
| **иностра́нец** | foreigner | Ausländer | étranger |
| **иностра́нный** | sometimes | ausländisch | étranger |
| **институ́т** | institute | Institut; Hochschule | institut |
| **интервью́** | interview | Interview | interview |
| **интере́с** | interest | Interesse | intérêt |
| **интере́сно** | interestingly | interessant | intéressant |
| **интере́сный** | interesting | interessant | intéressant |
| **интересова́ть** | to interest | interessieren | interesser |
| **интересова́ться** | to be interesting | sich interessieren | s'intéresser |
| **иска́ть** | look for | suchen | chercher |
| **иску́сство** | art | Kunst | art |
| **испа́нский** | Spanish | spanish | espagnol |
| **истори́ческий** | historical | historisch | historique |
| **исто́рия** | history | Geschichte | histoire |
| **исправля́ть/ испра́вить** | to correct | korrigieren | corriger |
| **италья́нка** | Italian | Italienerin | Italienne |
| **италья́нский** | Italian | italienisch | italien |
| **ию́ль** | July | Juli | juillet |
| **ию́нь** | June | Juni | juin |
| **Й** | | | |
| **йо́гурт** | yogurt | Joghurt | yaourt |
| **К** | | | |
| **ка́ждый** | every; each | jeder | chaque |
| **ка́жется** | it seems | es scheint | il semble |
| **как** | how, like, as | wie, als | comment, comme |
| **ка́менный** | stone; stony | steinern; Stein- | de pierre, en pierre |
| **ка́мень** | stone | Stein | pierre |
| **ка́мера хране́ния** | cloakroom | Gepäckaufbewahrung | consigne |
| **кана́л** | channel | Kanal | canal |

| Русский | Английский | Немецкий | Французский |
|---|---|---|---|
| **кандида́т** | candidate | Kandidat | candidat |
| **кани́кулы** | vacation | Ferien | vacances |
| **капита́н** | captain | Kapitän | capitaine |
| **капу́ста** | cabbage | Kohl | choux |
| **карма́н** | pocket | Tasche | poche |
| **карнава́л** | carnival | Karneval | carnaval |
| **ка́рта** | card; map | Karte | carte |
| **карти́на** | painting | Bild | tableau |
| **карто́шка** | potatoes | Kartoffeln | pommes de terre |
| **ка́сса** | cash-desk | Kasse | caisse |
| **кастрю́ля** | pan | Kochtopf | casserole |
| **катастро́фа** | catastrophe | Katastrophe | catastrophe |
| **ката́ться** | to go for a ride | spazierenfahren | se promener à ... |
| **кафе́** | café | Café | café |
| **ка́ша** | porridge | Grütze, Brei | bouillie |
| **кварта́л** | block | Häuserblock | quartier |
| **кварти́ра** | flat | Wohnung | appartement |
| **кенгуру́** | kangaroo | Känguruh | kangourou |
| **килогра́мм** | kilogram | Kilogramm | kilogramme |
| **кино́** | cinema | Kino | cinéma |
| **кио́ск** | kiosk | Kiosk | kiosque |
| **кита́йский** | Cinese (she) | chinesisch | chinois |
| **кла́дбище** | cemetery | Friedhof | cimetière |
| **класс** | class | Klasse | classe |
| **класси́ческий** | classical | klassisch | classique |
| **клие́нт** | client | Kunde | client |
| **кли́ника** | clinic | Klinik | clinique |
| **кло́ун** | clown | Clown | clown |
| **клуб** | club | Klub | club |
| **ключ** | key | Schlüssel | clé |
| **кни́га** | book | Buch | livre |
| **кни́жный** | book- | Bücher- | de livres |
| **ковёр** | carpet | Teppich | tapis |
| **когда́** | when | wann | quand |
| **колбаса́** | sausage | Wurst | saucisson |
| **колле́га** | colleague | Kollege, Kollegin | collègue |
| **колле́кция** | collection | Sammlung | collection |
| **колесо́** | wheel | Rad | roue |
| **коло́нна** | column | Säule | colonne |
| **кома́нда** | team; command | Mannschaft; Befehl | équipe, ordre |
| **команди́р** | commander | Kommandeur | commandant |
| **коме́дия** | comedy | Komödie | comedie |
| **ко́мната** | room | Zimmer | pièce |
| **компа́ния** | company | Gesellschaft | companie |
| **компете́нция** | competence | Kompetenz | compétence |
| **компози́тор** | composer | Komponist | compositeur |
| **компью́тер** | computer | Computer | ordinateur |
| **контроли́ровать** | to control | kontrollieren | contrôler |
| **коне́ц** | end | Ende | fin |

| Русский | Английский | Немецкий | Французский |
|---|---|---|---|
| **конéчно** | certainly | natürlich | certainement |
| **конкурéнт** | competitor | Konkurrent | concurrent |
| **контрáкт** | contract | Kontrakt | contrat |
| **конферéнция** | conference | Konferenz | conférence |
| **конфéта** | bon-bon, candy | Konfekt | bonbon |
| **концéрт** | concert | Konzert | concert |
| **кончáться/ кóнчиться** | to end | enden | finir; s'achever |
| **конь (m.)** | horse | Pferd | cheval |
| **коньки́** | skates | Schlittschuhe | patins |
| **копéйка** | copeck | Kopeke | kopeck |
| **корáбль** | ship | Schiff | bateau |
| **коридóр** | corridor | Korridor | corridor |
| **кори́чневый** | brown | braun | marron, brun |
| **королéва** | queen | Königin | reine |
| **корóткий** | short | kurz | court |
| **космонáвт** | astronaut | Kosmonaut | cosmonaute |
| **кóсмос** | space, cosmos | Kosmos, Weltall | cosmos |
| **костю́м** | suit | Kostüm | costume |
| **котлéта** | cutlet; rissole | Kotelett; Bulette | côtelette; boulette |
| **кóфе (m.)** | coffee | Kaffee | café |
| **кóшка** | cat | Katze | chat |
| **кошмáр** | nightmare | Alpdruck | cauchemar |
| **кран** | tap, faucet | Hahn | robinet |
| **краси́во** | beautifully | schön | joliment |
| **краси́вый** | beautiful | schön | beau, joli |
| **крáсный** | red | rot | rouge |
| **креди́т** | credit | Kredit | crédit |
| **креди́тная кáрта** | credit card | Kreditkarte | carte de crédit |
| **крéсло** | arm-chair | Sessel | fauteuil |
| **кри́зис** | crisis | Krise | crise |
| **кри́тик** | critic | Kritiker | (un) critique |
| **кричáть** | shout | schreien | crier |
| **кровáть (f.)** | bed | Bett | lit |
| **крóме** | except; besides | außer | sauf |
| **крýглый** | round | rund | rond |
| **кто** | who | wer | qui |
| **культýра** | culture | Kultur | culture |
| **купé** | compartment | Abteil (im Zug) | compartiment |
| **кури́ть** | smoke | rauchen | fumer |
| **кýрица** | hen; chicken | Huhn | poule |
| **курóрт** | resort | Kurort | station balnéaire |
| **кýрсы** | course | Kurse | cours |
| **кýртка** | jacket | Jacke | veste |
| **кýхня** | kitchen; cuisine | Küche | cuisine |
| **Л** | | | |
| **лабораторíя** | laboratory | Labor | laboratoire |
| **лáдно** | all right!; agreed! | gut!; einverstanden! | d'accord! |

| Русский | Английский | Немецкий | Французский |
|---|---|---|---|
| **ла́мпа** | lamp | Lampe | Lampe |
| **лати́нский** | latin | lateinisch | latin |
| **лгать/солга́ть** | to tell a lie | lügen | mentir |
| **Лебеди́ное о́зеро** | Swan Lake | Schwanensee | Lac de cygnes |
| **леге́нда** | legend | Legende | légende |
| **лёгкий** | light (vs. heavy) | leicht | léger |
| **ле́ктор** | lecturer | Lektor | conférencier |
| **ле́кция** | lecture | Vorlesung | conférence, cours |
| **лес** | forest, wood | Wald | forêt |
| **лете́ть/лета́ть** | to fly | fliegen | voler |
| **ле́тний** | summer | sommerlich | d'été |
| **ле́то** | summer | Sommer | été |
| **ле́том** | in summer | im Sommer | en été |
| **литерату́ра** | literature | Literatur | littérature |
| **литерату́рный** | literary | literarisch | littéraire |
| **лифт** | lift | Fahrstuhl | ascenseur |
| **лицо́** | face | Gesicht | visage |
| **ло́гика** | logic | Logik | logique |
| **логи́чно** | logical | logisch | logique |
| **ло́дка** | boat | Boot | canot |
| **ло́жка** | spoon | Löffel | cuillère |
| **ложь** | lie | Lüge | mensonge |
| **ло́шадь** | horse | Pferd | cheval |
| **лук** | onion | Zwiebel | oignon |
| **лу́чше** | better | besser | mieux |
| **лы́жи** | skis | Schi | skis |
| **люби́мый** | favorite | lieblings | préféré |
| **люби́ть** | to love | lieben | aimer |
| **любо́вь** | love | Lieben | amour |
| **лю́ди** | people | Leute | gens |
| **лю́стра** | lustre | Kronleuchter | lustre |
| | | | |
| **М** | | | |
| **магази́н** | shop | Laden, Geschäft | magasin |
| **май** | May | Mai | mai |
| **ма́ленький** | small, little | klein | petit |
| **ма́ло** | little, few | wenig | peu |
| **ма́ма** | mum | Mama | maman |
| **март** | March | März | mars |
| **ма́сло** | butter | Butter | beurre |
| **матема́тик** | mathematician | Mathematiker | mathématicien |
| **матема́тика** | mathematics | Mathematik | mathématique |
| **матрёшка** | matreshka | Matrjoschka | matriochka |
| **мать** | mother | Mutter | mère |
| **маши́на** | car; machine | Auto; Maschine | voiture; machine |
| **ме́бель** | furniture | Möbel | meuble |
| **ме́бельный** | furniture | Möbel- | de meuble |
| **мёд** | honey | Honig | miel |
| **меда́ль** | medal | Medaille | médaille |

| Русский | Английский | Немецкий | Французский |
|---|---|---|---|
| **медици́на** | medicine | Medizin | médicine |
| **медици́нский** | medical | medizinisch | médical |
| **ме́дленно** | slowly | langsam | lentement |
| **ме́дленный** | slow | langsam | lent |
| **ме́жду** | between | zwichen | entre |
| **междунаро́дный** | international | international | international |
| **ме́ньше** | less; smaller | weniger; kleiner | moins; plus petit |
| **меня́ть/поменя́ть** | to change | tauschen | changer |
| **мёртвый** | dead | tot | mort |
| **ме́стный** | local | örtlich | local |
| **ме́сто** | place; seat | Platz; Ort | place; lieu |
| **ме́сяц** | month | Monat | mois |
| **метро́** | metro, tube | U-Bahn, Metro | métro |
| **мечтать** | to dream | träumen | rêver |
| **меша́ть/помеша́ть** | to hinder; to mix | stören; mischen | empêcher; mélanger |
| **мили́ция** | russian police | Russiche Polizei | police russe |
| **милиционе́р** | policeman | Polizist | agent de police |
| **министе́рство** | ministry | Ministerium | ministère |
| **ми́нус** | minus | Minus | moins |
| **мину́та** | minute | Minute | minute |
| **мир** | world | Welt | monde |
| **мно́го** | much, many | viel | beaucoup |
| **мо́да** | fashion | Mode | la mode |
| **моде́ль (f.)** | model | Modell | modèle |
| **модерни́ст** | modernist | Modernist | moderniste |
| **мо́дный** | fashionable | modisch | à la mode |
| **мо́жно** | may | durfen | il est possible |
| **моза́ика** | mosaic | Mosaik | mosaïque |
| **мой** | my | mein | mon |
| **мо́лния** | lightning | Blitz | éclair |
| **молодо́й** | young | jung | jeune |
| **мо́лодость** | youth | Jugend | jeunesse |
| **молоко́** | milk | Milch | lait |
| **моло́чный** | milk; milky | Milch-; milchig | au lait; de lait |
| **мо́ре** | sea | Meer | mer |
| **морко́вка** | carrot | Möhren, Karotten | carotte |
| **мост** | bridge | Brücke | pont |
| **мотоци́кл** | motorcycle | Motorrad | moto |
| **мочь** | can | können | pouvoir |
| **муж** | husband | Mann | mari |
| **мужско́й** | men's | Männar- | d'homme |
| **мужчи́на** | man | Mann | homme |
| **музе́й** | museam | Museum | musée |
| **му́зыка** | music | Musik | musique |
| **музыка́нт** | musician | Musiker | musicien |
| **мультфи́льм** | cartoon | Trickfilm | dessins animés |
| **му́ха** | fly | Fliege | mouche |
| **мы́ло** | soap | Seife | savon |
| **мя́гкий** | soft | weich | mou; tendre |

| Русский | Английский | Немецкий | Французский |
|---|---|---|---|
| **мясно́й** | meat | Fleisch- | de viande; à la viande |
| **мя́со** | meat | Fleisch | viande |
| **Н** | | | |
| **наве́рх/наверху́** | up | nach oben/oben | en haut |
| **над** | above | über | au-dessus |
| **надева́ть/наде́ть** | to wear, to put on | anziehen | mettre, chausser |
| **на́до** | must; have to | man muss; man braucht | il faut |
| **наказа́ние** | punishment | Strafe | punition; châtiment |
| **напи́ток** | drink | Getränk | boisson |
| **наприме́р** | for example | zum Beispiel | par exemple |
| **настоя́щий** | real; authentic | wahr, wirklich | vrai, véritable |
| **натура́льный** | natural | echt- | naturel |
| **нау́ка** | science | Wissenschaft | science |
| **находи́ться** | to be (situated) | sein, sich befinden | se trouver |
| **нача́ло** | beginning | Anfang | début |
| **начина́ть/нача́ть** | to begin | beginnen | commenser |
| **начина́ться** | to begin | beginnen | commenser |
| **наш** | our | unser | notre |
| **не́бо** | sky | Himmel | ciel |
| **неда́вно** | recently | vor kurzem | récemment |
| **неде́ля** | week | Woche | semaine |
| **нельзя́** | may not | man darf nicht | il ne faut pas |
| **неме́цкий** | German | deutsch | allemand |
| **немно́го** | a little | ein wenig | un peu |
| **ненави́деть** | to hate | hassen | haïr; détester |
| **не́рвный** | nervous | nervos | nerveux |
| **не́сколько** | some | einige | quelques |
| **не** | not | nicht | ne |
| **нет** | no | nein | non |
| **ни́зкий** | low, deep (voice) | niedrig | bas, plus bas |
| **никогда́** | never | nie, niemals | jamais |
| **ничего́** | nothing; not bad | nichts; nisht schlecht | rien; pas mal |
| **но́вость** | news | Neue, Neuheit | nouvelle |
| **но́вый** | new | neue | nouveau; neuf |
| **нога́** | leg, foot | Fuss, Bein | jambe, pied |
| **нож** | knife | Messer | couteau |
| **ноль** | zero | Null | zéro |
| **но́мер** | number; hotel room | Nummer; Zimmer | numéro; chambre |
| **норве́жский** | Norwegian | norwegisch | norvégien |
| **норма́льный** | normal | normal | normal |
| **нос** | nose | Nase | nez |
| **ночева́ть** | spend the night | übernachten | passer la nuit |
| **ночно́й** | night | Nacht- | de nuit |
| **ночь (f.)** | night | Nacht | nuit |
| **но́чью** | at night | in der Nacht | la nuit |
| **ноя́брь** | November | November | novembre |
| **нра́виться/ понра́виться** | to like | gefallen | plaire |

| Русский | Английский | Немецкий | Французский |
|---|---|---|---|
| **ну́жно** | need / have to | man muss / braucht | il faut / on a besoin |
| **О** | | | |
| **обе́д** | lunch | Mittagessen | (le) déjeuner |
| **обе́дать/пообе́дать** | to have lunch | mittagessen | déjeuner |
| **обеща́ть/по-** | to promise | versprechen | promettre |
| **обра́тно** | (to go) back | zurück | de retour |
| **обслу́живание** | service | Service | service |
| **о́бувь** | foot-wear | Schuhe | chaussures |
| **общежи́тие** | hostel | Wohnheim | foyer (d'étudiants) |
| **объясня́ть/-и́ть** | explain | erklären | expliquer |
| **обы́чно** | usually | gewöhnlich | d'habitude |
| **обяза́тельно** | certainly | unbedingt | sans faute |
| **о́вощь (m.)** | vegetable | Gemüse | légume |
| **ого́нь (m.)** | fire | Feuer | feu |
| **огуре́ц** | cucumber | Gurke | concombre |
| **о́да** | ode | Ode | ode |
| **одева́ть/оде́ть** | to dress, to clothe | anziehen | vêtir |
| **оде́жда** | clothes | Kleidung | vêtements |
| **одея́ло** | blanket, quilt | Bettdecke | couverture |
| **оди́н** | one | ein, eins | un |
| **оди́ннадцать** | eleven | elf | onze |
| **однокла́ссник** | classmate | Klassenkamerad | camarade de classe |
| **о́зеро** | lake | See | lac |
| **окно́** | window | Fenster | fenêtre |
| **октя́брь** | October | Oktober | octobre |
| **оле́нь (m.)** | deer | Hirsch | cerf |
| **опа́здывать/ опозда́ть** | to be late | zu spät kommen | être en retard |
| **о́пера** | opera | Oper | opera |
| **оптими́ст** | optimist | Optimist | optimiste |
| **ора́нжевый** | orange | orange | orange |
| **организова́ть** | to organise | organisieren | organiser |
| **орга́нный** | organ | Orgel- | d'orgue |
| **оригина́л** | eccentric person | Original | original |
| **орке́стр** | orchestra | Orchester | orchestre |
| **о́сень** | autumn, fall | Herbst | automne |
| **о́сенью** | in autumn | im Herbst | en automne |
| **осётр** | sturgeon | Stör | esturgeon |
| **оставля́ть/оста́вить** | to leave | lassen | laisser; quitter |
| **остано́вка** | stop | Haltestelle | arrêt |
| **о́стров** | island | Insel | île |
| **отве́т** | answer | Antwort | réponse |
| **отвеча́ть/отве́тить** | to answer | antworten | répondre |
| **отде́л** | department | Abteilung | département; rayon |
| **о́тдых** | rest | Erholung | repos |
| **отдыха́ть/отдохну́ть** | to have rest | sich ausruhen | se reposer |
| **открыва́ть/откры́ть** | to open | öffnen; aufmachen | ouvrir |
| **откры́тка** | postcard | Postkarte | carte postale |

| Русский | Английский | Немецкий | Французский |
|---|---|---|---|
| **отку́да** | where from | woher | d'où |
| **отли́чный** | excellent; perfect | ausgezeichnet | parfait; excellent |
| **о́тпуск** | holidays | Urlaub | congé |
| **о́тчество** | patronymic | Vatersname | patronyme |
| **о́фис** | office | Büro | bureau |
| **офице́р** | officer | Offizier | officier |
| **о́чень** | very | sehr | très |
| **О́чень прия́тно!** | Nice to meet you! | Sehr angenehm! | Enchanté, -e! |
| **ошиба́ться** | to be mistaken | sich irren | se tromper |
| **оши́бка** | mistake | Fehler | faute |
| **ощуще́ние** | sensation | Empfindung | sensation |
| **П** | | | |
| **паке́т** | package, packet | Packet, Tüte | paquet |
| **па́мятник** | monument | Denkmal | monument |
| **панте́ра** | panther | Panther | panthère |
| **па́па** | dad, papa | Papa | papa |
| **парикма́херская** | hairdresser's | Frisiersalon | salon de coiffure |
| **парк** | parc | Park | parc |
| **парте́р** | pit (theater) | Parkett (Theater) | parterre |
| **па́ртия** | party | Partei | parti |
| **партнёр** | partner | Partner | partenaire |
| **па́спорт** | passport | Pass | passeport |
| **пассажи́р** | passenger | Fahrgast, Fluggast | passager, voyageur |
| **пацие́нт** | patient | Patient | patient |
| **певе́ц / певи́ца** | singer | Sänger,-in | chanteur, -euse |
| **пейза́ж** | landscape | Landschaft | paysage |
| **пенсионе́р** | pensionary | Rentner | retraité |
| **пе́рвый** | first | erste | premier |
| **переводи́ть / перевести́** | to translate | übersetzen | traduire |
| **перево́дчик** | translator | übersetzer | traducteur |
| **перепи́сывать/ переписа́ть** | rewrite | umschreiben | recopier |
| **переса́дка** | change (transport) | Umsteigen | changement |
| **переходи́ть / перейти́** | to cross | übergehen | traverser |
| **пе́рец** | pepper | Pfeffer | poivre |
| **пе́сня** | song | Lied | chanson |
| **петь** | to sing | singen | chanter |
| **печата́ть / напеча́тать** | to print; to type | drucken; tippen | imprimer; taper |
| **пешко́м** | on foot | zu Fuß | à pied |
| **пиани́но** | piano | Klavier | piano |
| **пи́во** | beer | Bier | bière |
| **пило́т** | pilot | Pilot | pilote |
| **пингви́н** | penguin | Pinguin | pingouin |
| **пиро́г** | pie | Pirogge; Kuchen | paté; gâteau |
| **пиро́жное** | pastry; fancy cake | Törtchen | (petit) gâteau |

| Русский | Английский | Немецкий | Французский |
|---|---|---|---|
| **писа́тель** | writer | Schriftsteller | ecrivain |
| **писа́ть/написа́ть** | to write | schreiben | écrire |
| **пистоле́т** | pistol | Pistole | pistolet |
| **письмо́** | letter | Brief | lettre |
| **пить/вы́пить** | to drink | trinken | boire |
| **пи́цца** | pizza | Pizza | pizza |
| **план** | plan | Plan | plan |
| **плане́та** | planet | Planet | planète |
| **плани́ровать** | to plan | planen | planifier |
| **пла́та** | payment | Bezahlung | paiement |
| **плати́ть/заплати́ть** | to pay | zahlen | payer |
| **плато́к** | handkerchief | Taschentuch | mouchoir |
| **пла́тье** | dress | Kleid | robe |
| **плита́** | stove | Herd | cuisinière |
| **пло́хо** | bad(ly) | schleht | mal |
| **плохо́й** | bad | schleht | mauvais |
| **пло́щадь** | square | Platz | place |
| **плыть/пла́вать** | to swim; to sail | schwimmen; segeln | nager; naviguer |
| **плюс** | plus | Plus | plus |
| **пляж** | beach | Strand | plage |
| **победи́тель** | winner | Sieger | vainqueur |
| **по́вар** | cook | Koch | cuisinier |
| **повторя́ть/ повтори́ть** | to repeat | wiederholen | répéter |
| **пого́да** | weather | Wetter | temps |
| **под** | under | unter | sous |
| **пода́рок** | gift; present | Gechenk | cadeau |
| **подпи́сывать/ подписа́ть** | to sign | unterschreiben | signer |
| **подру́га** | friend, girlfriend | Freundin | amie |
| **поду́шка** | pillow | Kopfkissen | oreiller |
| **по́езд** | train | Zug | train |
| **Пожа́луйста!** | please; here you are | Bitte!; Bitte sehr! | S'il te plait; je t'en prie |
| **пожела́ние** | wish | Wunsch | souhait |
| **пожило́й** | elderly | bejahrt | âgé |
| **позавчера́** | day before yesterday | vorgestern | avant-hier |
| **по́здно** | late | spät | tard |
| **Пока́!** | Bye! | Tschüss! | A bientôt! |
| **пока́зывать/ показа́ть** | to show | zeigen | montrer |
| **покупа́тель** | buyer | Käufer | acheteur |
| **покупа́ть/купи́ть** | to buy | kaufen | acheter |
| **поку́пка** | purchase | Kauf; Einkauf | achat |
| **пол** | floor | Fussboden | plancher |
| **пол-** | half | halb- | demi- |
| **по́лдень** | midday | Mittag | midi |
| **по́ле** | field | Feld | champ |
| **поле́зно** | useful; healthy | nutzlich; gesund | utile; sain |
| **поликли́ника** | clinic | Poliklinik | policlinique |

| Русский | Английский | Немецкий | Французский |
|---|---|---|---|
| **поли́тика** | policy; politics | Politik | politique |
| **полити́ческий** | political | politisch | politique |
| **по́лночь** | midnight | Mitternacht | minuit |
| **по́лка** | shelf | Regal | étagère |
| **полови́на** | half | Hälfte | demi |
| **полоте́нце** | towel | Handtuch | serviette |
| **полтора́** | one and a half | eineinhalb | un et demie |
| **получа́ть/получи́ть** | to recieve | bekommen | recevoir |
| **по́льский** | Polish | polnisch | polonais |
| **помидо́р** | tomato | Tomate | tomate |
| **по́мнить** | to remember | sich erinnern | se rappeler |
| **помога́ть/помо́чь** | to help | helfen | aider |
| **понеде́льник** | Monday | Montag | lundi |
| **понима́ть/поня́ть** | to understand | verstehen | comprendre |
| **попуга́й** | parrot | Papagei | perroquet |
| **популя́рный** | popular | populär | populaire |
| **порт** | port | Hafen | port |
| **портре́т** | portrait | Porträt | portrait |
| **портфе́ль** | brief case | Aktentasche | serviette |
| **поря́док** | order | Ordnung | ordre |
| **по́сле** | after | nach | après |
| **после́дний** | last | letzte | dernier |
| **послеза́втра** | day after tomorrow | übermorgan | après-demain |
| **посо́льство** | embassy | Botschaft | ambassade |
| **пост (церк.)** | fast | Fasten | carême |
| **посу́да** | kitchenware | Geschirr | vaisselle |
| **посыла́ть/посла́ть** | to send | schicken | envoyer |
| **посы́лка** | sending, parcel, premise | Paket | colis postal |
| **потоло́к** | ceiling | Decke | plafond |
| **пото́м** | then; later | dann; später | ensuite; plus tard |
| **потому́ что** | because | weil | parce que |
| **почему́** | why | warum | pourquoi |
| **по́чта** | post, mail | Post | poste |
| **почти́** | almost; nearly | fast | presque |
| **поэ́зия** | poetry | Poesie | poésie |
| **поэ́т** | poet | Dichter | poète |
| **поэ́тому** | therefore | deshalb | c'est pourquoi |
| **правда** | truth | Wahrheit | vérité |
| **пра́вильно** | correctly | richtig | correctement |
| **предлага́ть/ предложи́ть** | to offer; to suggest | vorschlagen | proposer |
| **пра́здник** | holiday | Feiertag | fête |
| **президе́нт** | president | Präsident | président |
| **прекра́сно** | excellently | wunderschön | très bien |
| **прекра́сный** | excellent; beautiful | wunderschön | excellent |
| **пре́лесть** | charm | Liebreiz | charme |
| **преподава́тель** | teacher; instructor | Lehrer | professeur |
| **преступле́ние** | crime | Verbrechen | crime |
| **Приве́т!** | Hi! | Hallo! | Salut! |

| Русский | Английский | Немецкий | Французский |
|---|---|---|---|
| **приглаша́ть/ пригласи́ть** | to invite | einladen | inviter |
| **приезжа́ть/ прие́хать** | to arrive | kommen | arriver |
| **приключе́ние** | adventure | Abenteuer | aventure |
| **приме́рно** | approximately | ungefähr | à peu près |
| **принима́ть/приня́ть** | to accept; to take | annehmen | accepter, prendre |
| **приро́да** | nature | Natur | nature |
| **приходи́ть/прийти́** | to come | kommen | venir |
| **прихо́жая** | entrance (hall) | Diele | entrée |
| **прия́тный** | pleasant | angenehm | agréable |
| **пробле́ма** | problem | Problem | problème |
| **про́бовать/ попро́бовать** | to try; to taste | probieren | essayer; gouter |
| **прогно́з** | forecast; prognosis | Prognose | prognostic |
| **програ́мма** | program | Programm | programme |
| **программи́ст** | programer | Programmierer | programmeur |
| **прогре́сс** | progress | Fortschritt | progrès |
| **прогу́лка** | a walk | Spaziergang | promenade |
| **продава́ть/прода́ть** | to sell | verkaufen | vendre |
| **продаве́ц** | seller; salesman | Verkäufer | vendeur |
| **проду́кты** | food products | Lebensmittel | produits alimentaires |
| **прое́кт** | project | Projekt | projet |
| **прои́грывать/ проигра́ть** | to lose | verlieren | perdre |
| **про́пуск** | pass | Passierschein | laisser-passer |
| **проси́ть/попроси́ть** | to ask for; to beg | bitten | demander; prier |
| **проспе́кт** | avenue | breite Strasse | avenue |
| **про́сто** | simply | einfach | simplement |
| **просто́й** | simple | einfach | simple |
| **про́сьба** | request | Bitte | demande |
| **профе́ссия** | profession | Beruf | profession |
| **профессиона́л** | professional | Fachmann | professionnel |
| **профе́ссор** | professor | Professor | professeur |
| **про́шлый** | past; last | vergangen; vorige | passé |
| **пря́мо** | straight | direkt | droit |
| **психо́лог** | psychologist | Psychologe | psychologue |
| **психологи́ческий** | psychological | Psychologisch | psychologique |
| **пти́ца** | bird | Vogel | oiseau |
| **публикова́ть/ опубликова́ть** | to publish | publizieren | publier |
| **пуска́ть/пусти́ть** | to let in | hereinlassen | laisser entrer |
| **пусто́й** | empty | leer | vide |
| **путеше́ствовать** | to travel | reisen | voyager |
| **пятна́дцать** | fifteen | fünfzehn | quinze |
| **пя́тница** | Friday | Freitag | vendredi |
| **пя́тый** | fifth | der fünfte | cinquième |
| **пять** | five | fünf | cinq |
| **пятьдеся́т** | fifty | fünfzig | cinquante |

| Русский | Английский | Немецкий | Французский |
|---|---|---|---|
| **Р** | | | |
| **рабо́та** | work; job | Arbeit | travail |
| **рабо́тать/порабо́тать** | to work | arbeiten | travailler |
| **ра́дио** | radio | Radio | radio |
| **ра́дость** | joy | Freude | joie |
| **разгова́ривать** | to talk | reden | parler |
| **разгово́р** | conversation | Gespräch | conversation |
| **разме́р** | size | Größe | taille |
| **ра́зный** | different | verschieden | différent |
| **разреша́ть/ разреши́ть** | to let; to allow | erlauben | permettre |
| **райо́н** | district | Bezirk | quartier |
| **раке́та** | rocket | Rakete | fusée |
| **ра́ковина** | sink; wash-bawl | Wasch-/Spülbecken | évier |
| **ра́но** | early | früh | tôt |
| **ра́ньше** | earlier; before | früher | plus tôt; autrefois |
| **расска́з** | story | Erzählung | recit |
| **расска́зывать/ рассказа́ть** | to tell | erzählen | raconter |
| **реали́ст** | realist | Realist | réaliste |
| **ребёнок** | child | Kind | enfant |
| **револю́ция** | revolution | Revoluzion | révolution |
| **регистра́ция** | registration | Registrierung | enregistrement |
| **регистри́ровать** | to register | registrieren | enregistrer |
| **ре́дко** | seldom, rarely | selten | rarement |
| **режиссёр** | (film) director | Regisseur | réalisateur |
| **результа́т** | result | Resultat | résultat |
| **река́** | river | Fluss | fleuve |
| **рекла́ма** | advertisement | Werbung | publicité |
| **рекомендова́ть** | to recommend | empfehlen | recommander |
| **религио́зный** | religious | religiös | religieux |
| **рели́гия** | religion | Religion | religion |
| **ремо́нт** | repair | Reparatur | réparation |
| **репети́ция** | rehearsal | Probe | répétition |
| **репорта́ж** | report | Reportage | reportage |
| **репортёр** | reporter | Reporter | reporter |
| **рестора́н** | restaurant | Restaurant | restaurant |
| **реце́пт** | recipe | Rezept | recette |
| **реша́ть/реши́ть** | to decide; to solve | beschließen; lösen | décider; résoudre |
| **риск** | risk | Risiko | risque |
| **рисова́ть/ нарисова́ть** | to draw | zeichnen | dessiner |
| **роди́тели** | parents | Eltern | parents |
| **роди́ться** | to be born | geboren werden | naître |
| **родно́й** | own, native | blutsverwandr | natale |
| **ро́дственник** | relative | Verwandte | parent |
| **ро́за** | rose | Rose | rose |
| **ро́зовый** | rose | rosa | rose |
| **рок** | rock (music) | Rock | rock |

| Русский | Английский | Немецкий | Французский |
|---|---|---|---|
| **роль** | role | Rolle | rôle |
| **рома́н** | novel | Roman | roman |
| **романти́ческий** | romantic | romantisch | romantique |
| **рот** | mouth | mund | bouche |
| **руба́шка** | shirt | Hemd | chemise |
| **рубль** | rouble | Rubel | rouble |
| **рука́** | hand, arm | Arm | bras, main |
| **ру́копись** | manuscript | Manuskript | manuscrit |
| **ру́сский** | Russian | russisch | russe |
| **ру́чка** | pen | Kugelschreiber | stylo |
| **ры́ба** | fish | Fisch | poisson |
| **рыба́к** | fisherman | Fischer | pêcheur |
| **ры́нок** | market | Markt | marché |
| **ря́дом** | near | nebeneinander | près |
| **С** | | | |
| **сад** | garden | Garten | jardin |
| **саксофо́н** | saxophone | Saxophon | saxophone |
| **сала́т** | salad | Salat | salade |
| **самолёт** | airplane | Flugzeug | avion |
| **сапоги́** | top-boots | Stiefel | bottes |
| **са́хар** | sugar | Zuker | sucre |
| **сва́дьба** | wedding | Hochzeit | noce; mariage |
| **све́жий** | fresh | frisch | frais |
| **све́тлый** | light | hell | clair |
| **свёкла** | beet | Rüben | betterave |
| **свеча́** | candle | Kerze | bougie |
| **свисте́ть** | to whistle | pfeifen | siffler |
| **свобо́дный** | free | frei | libre |
| **сда́ча** | change | Rest | monnaie |
| **се́вер** | north | Nord | nord |
| **се́верный** | northern | nördlich | du nord |
| **сего́дня** | today | heute | aujourd'hui |
| **седьмо́й** | seventh | der siebente | septième |
| **сейф** | (a) safe | Tresor | coffre-fort |
| **сейча́с** | now | jetzt | maintenant |
| **секре́т** | secret | Geheimnis | secret |
| **секрета́рь (m.)** | secretary | Sekretär, - in | secretaire |
| **секу́нда** | a second | Sekunde | une seconde |
| **семна́дцать** | seventeen | siebzehn | dix-sept |
| **семь** | seven | sieben | sept |
| **се́мьдесят** | seventy | siebzig | soixante-dix |
| **семья́** | family | Familie | famille |
| **сентя́брь** | September | September | septembre |
| **серва́нт** | sideboard | Anrichte | servante |
| **серебро́** | silver | Silber | argent |
| **сериа́л** | serial (film) | Serial | serie télévisée |
| **се́рия** | series | Serie | serie |
| **се́рый** | gray | grau | gris |

| Русский | Английский | Немецкий | Французский |
|---|---|---|---|
| **сестра́** | sister | Schwester | soeur |
| **сигаре́та** | cigarette | Zigarette | cigarette |
| **сиде́ть/сесть** | to sit | sitzen | être assis |
| **символи́ческий** | symbolical | Symbolisch | symbolique |
| **симфо́ния** | symphony | Sinfonie | symphonie |
| **си́ний** | dark blue | blau | bleu foncé |
| **систе́ма** | system | System | système |
| **сказа́ть/говори́ть** | to say; to tell | sagen | dire |
| **сковорода́** | frying-pan | Pfanne | poêle |
| **ско́лько** | how many / much | wieviel | combien |
| **скри́пка** | violin | Geige | violon |
| **скро́мный** | modest, flugal | bescheiden | modeste |
| **ску́чно** | boring | langweilig | ennuyeux |
| **ску́чный** | boring | langweilig | ennuyeux |
| **сла́дкий** | sweet | süss | sucré; doux |
| **сле́ва** | on the left | links | à gauche |
| **сли́шком** | too | zu | trop |
| **слова́рь** | dictionary | Wörterbuch | dictionnaire |
| **сло́во** | word | Wort | mot |
| **сло́жный** | complicated | kompliziert | compliqué |
| **слон** | elephant | Elefant | éléphant |
| **слу́шать/послу́шать** | to listen | hören | écouter |
| **слы́шать** | to hear | hören | entendre |
| **смета́на** | sour cream | saure Sahne | crème fraîche |
| **смея́ться** | to laugh | lachen | rire |
| **смотре́ть/ посмотре́ть** | to look; to watch | schauen; sehen | regarder |
| **снача́ла** | at first | zuerst | d'abord |
| **снег** | snow | Schnee | neige |
| **снима́ть/снять** | to take off; to rent | abnehmen; mieten | ôter; louer |
| **сно́ва** | again | wieder | de nouveau |
| **соба́ка** | dog | Hund | chien |
| **собо́р** | cathedral | Kathedrale, Dom | cathédrale |
| **сове́т** | advice | Ratschlag | conseil |
| **сове́товать/по-** | to advise | raten | conseiller |
| **совреме́нный** | modern | Gegenwärtig | moderne |
| **сок** | juice | Saft | jus |
| **солда́т** | soldier | Soldat | soldat |
| **со́лнце** | sun | Sonne | soleil |
| **соль** | salt | Salz | sel |
| **сон** | sleep; dream | Schlaf; Traum | sommeil; rêve |
| **со́рок** | forty | fierzig | quarante |
| **сосе́д** | neighbor | Nahbar | voisin |
| **сосе́дка** | neighbor | Nachbarin | voisine |
| **соси́ска** | sausage | Würstchen | saucisse |
| **спа́льня** | bedroom | Schlafzimmer | chambre à coucher |
| **Спаси́бо!** | Thank you! | Danke! | Merci! |
| **спать** | to sleep | schlafen | dormir |
| **спекта́кль** | performance | Aufführung | spectacle |

| Русский | Английский | Немецкий | Французский |
|---|---|---|---|
| **специали́ст** | specialist | Fachmann | spécialiste |
| **специа́льный** | special | Spezial-; Sonder- | spécial |
| **спеши́ть** | to hurry | eilen | se dépêcher |
| **споко́йный** | calm; quiet | ruhig | calme |
| **спо́рить** | to dispute | streiten | se disputer |
| **спорт** | sport | Sport | sport |
| **спорти́вный** | sports | sportlich | sportif |
| **спортсме́н** | sportsman | Sportler | (un) sportif |
| **спортсме́нка** | sportswoman | Sportlerin | (une) sportive |
| **спра́ва** | on the right | rechts | à droite |
| **спра́шивать/ спроси́ть** | to ask | fragen | demander |
| **среда́** | Wednesday | Mittwoch | mercredi |
| **сре́дний** | middle; average | Mittel- | moyen |
| **стадио́н** | stadium | Stadion | stade |
| **стака́н** | glass | Glas | verre |
| **ста́нция** | station | Station | station |
| **ста́рый** | old | alt | vieux |
| **статья́** | article | Artikel | article |
| **стена́** | wall | Wand | mur |
| **стиль** | style | Stil | style |
| **стира́льная маши́на** | washing machine | Waschmaschine | machine à laver |
| **стихи́** | verses | Gedichte | vers |
| **сто** | hundred | hundert | cent |
| **сто́ить** | to cost | kosten | coûter |
| **стол** | table | Tisch | table |
| **столи́ца** | capital | Hauptstadt | capitale |
| **стоя́ть** | to stand | stehen | être debout |
| **страна́** | country | Land | pays |
| **стра́нный** | strange | schrullig | étrange |
| **страх** | fear | Angst | peur |
| **строи́тель** | builder | Bauarbeiter | ouvrier du bâtiment |
| **стро́ить/постро́ить** | to build | bauen | construire |
| **студе́нт** | student (m.) | Student | étudiant |
| **студе́нтка** | student (f.) | Studentin | étudiante |
| **стул** | chair | Stuhl | chaise |
| **стюарде́сса** | stewardess | Stewardess | hôtesse (de l'aire) |
| **суббо́та** | Saturday | Samstag | samedi |
| **сувени́р** | souvenir | Souvenir | souvenir |
| **су́мка** | bag | Tasche | sac |
| **суп** | soup | Suppe | soupe |
| **су́тки** | twenty-four hours | veirundzwanzig Dtunde | vingt-quatre heures |
| **сцена́рий** | scenario, script | Drehbuch | scénario |
| **сценари́ст** | script writer | Drehbuchautor | scénariste |
| **счита́ть** | count; consider | zählen; meinen | compter; considerer |
| **сын** | son | Sohn | fils |
| **сыр** | cheese | Käse | fromage |
| **сюрпри́з** | surprise | Überraschung | surprise |

| Русский | Английский | Немецкий | Французский |
|---|---|---|---|
| **Т** | | | |
| **табле́тка** | tablets | Tablette | tablette |
| **так** | so, like this | so | ainsi |
| **так себе** | so-so | soso | comme ci comme ca |
| **такси́** | taxi | Taxi | taxi |
| **такси́ст** | taxi driver | Taxifahrer | chauffeur de taxi |
| **тала́нт** | talent | Talent | talent |
| **тала́нтливый** | telented | talentiert | doué de talent, de talent |
| **там** | there | dort | là |
| **тамо́жня** | custom house | Zollamt | douane |
| **танцева́ть** | to dance | tanzen | danser |
| **таре́лка** | plate | Teller | assiette |
| **твой** | your | dein | ton |
| **творо́г** | cottage cheese | Quark | fromage blanc |
| **теа́тр** | theater | Theater | théâtre |
| **текст** | text | Text | texte |
| **телеви́дение** | television | Fernsehen | télévision |
| **телеви́зор** | TV-set | Fernseher | (poste de) télévision |
| **телекана́л** | TV channel | Fernsehkanal | chaîne (de télé) |
| **телефо́н** | telephone | Telefon | téléphone |
| **тёмный** | dark | dunkel | sombre |
| **те́ннис** | tennis | Tennis | tennis |
| **тепло́** | warm | warm | chaud |
| **тёплый** | warm | warm | chaud |
| **теря́ть/потеря́ть** | lose | verlieren | perdre |
| **тётя** | aunt | Tante | tante |
| **техни́ческий** | technical | technisch | technique |
| **техноло́гия** | technology | Technologie | technologie |
| **тигр** | tiger | Tiger | tigre |
| **типи́чный** | typical | typisch | typique |
| **ти́хий** | quiet | leise | bas; doux |
| **ти́хо** | quietly | leise | doucement |
| **толпа́** | crowd | Menge | foule |
| **то́лстый** | thick; fat | dick | gros |
| **то́лько** | only | nur | seulment |
| **тома́тный** | tomato | Tomaten- | de tomates |
| **торт** | cake | Torte | gâteau; tarte |
| **то́чно** | exactely | genau | exactement |
| **трава́** | grass | Gras | herbe |
| **траге́дия** | tragedy | Tragödie | tragédie |
| **традицио́нный** | traditional | traditionell | traditionnel |
| **трамва́й** | tram | Strassenbahn | tram |
| **тра́нспорт** | transport | Verkehrsmittel | transport |
| **тре́нер** | trainer, coach | Trainer | entraîneur |
| **трениро́вка** | training | Training | entraînement |
| **тре́тий** | third | der dritte | troisième |
| **три** | three | drei | trois |
| **три́дцать** | thirteen | dreizig | trente |
| **трина́дцать** | thirty | dreizehn | treize |

| Русский | Английский | Немецкий | Французский |
|---|---|---|---|
| **тропи́ческий** | tropical | tropisch | tropical |
| **тру́дный** | difficult | schwierig | difficile |
| **туале́т** | w.c. | Toilette | toilette |
| **ту́мбочка** | night-table | Nachttisch | table de nuit |
| **тур** | tour | Tour | tour |
| **тури́ст** | tourist | Tourist | touriste |
| **ту́фли** | shoe | Schuhe | souliers |
| **тяжёлый** | heavy | schwer | lourd |
| **У** | | | |
| **убива́ть/уби́ть** | to kill | töten | tuer |
| **уве́ренно** | confidently | sicher | assuré |
| **увлека́ться** | to be enthusiastic | begeistert sein | se passionner |
| **у́гол** | corner | Ecke | coin |
| **угоща́ть/угости́ть** | to offer food / drinks | bewirten | régaler |
| **уда́р** | blow | Schlag | coup |
| **удиви́тельный** | amazing | erstaunlich | étonnant |
| **удивля́ться/ удиви́ться** | to be surprised | erstaunt sein | s'étonner |
| **удо́бный** | cosy, convenient | bequem; passend | confortable; commode |
| **у́жас** | horror | Entsetzen | horreur |
| **ужа́сно** | horribly | schrecklich | horriblement |
| **ужа́сный** | horrible | schrecklich | horrible |
| **уже́** | already | schon | déjà |
| **у́жин** | dinner | Abendessen | (le) dîner |
| **у́жинать/поу́жинать** | to have dinner | abendessen | diner |
| **узнава́ть/узна́ть** | to know (again) | erkennen | reconnaître, apprendre |
| **у́лица** | street | Strasse | rue |
| **улыба́ться/ улыбну́ться** | to smile | lächeln | sourire |
| **уме́ть** | to be able / know | können | savoir (faire qch) |
| **универма́г** | department store | Warenhaus | grand magasin |
| **универса́м** | supermarket | Kaufhalle | libre-service |
| **университе́т** | university | Universität | université |
| **уника́льный** | unique | einzigartig | unique |
| **упражне́ние** | excercise | Übung | excercise |
| **уро́к** | lesson | Lektion, Stunde | leçon |
| **успе́х** | success | Erfolg | succès |
| **устава́ть/уста́ть** | to get tired | müde sein / werden | se fatiguer |
| **у́тро** | morning | Morgen | matin |
| **у́тром** | in the morning | am Morgen | le matin |
| **уче́бник** | textbook, manual | Lehrbuch | manuel |
| **учи́тель (-ница)** | teacher | Lehrer | professeur |
| **учи́ть/вы́учить** | to learn | lernen | apprendre |
| **учи́ть/научи́ть (-ся)** | to teach | lehren | apprendre |
| **Ф** | | | |
| **фа́брика** | factory | Fabrik | fabrique |
| **фами́лия** | family name | Familienname | nom |

| Русский | Английский | Немецкий | Французский |
|---|---|---|---|
| **февра́ль** | February | Februar | février |
| **фе́рма** | farm | Farm | ferme |
| **фе́рмер** | farmer | Farmer | fermier |
| **фестива́ль** | festival | Festival | festival |
| **фи́зика** | physics | Physik | physique |
| **филармо́ния** | philharmonic | Philharmonie | philharmonie |
| **филосо́фия** | philosophy | Philosophie | philosophie |
| **фильм** | film (movie) | Film | film |
| **фи́нский** | Finnish | finnisch | finnois |
| **финанси́ровать** | to finance | finanzieren | financer |
| **фиоле́товый** | violet | violett | violet |
| **фи́рма** | firm | Firma | firme |
| **фле́йта** | flute | Flöte | flute |
| **фотоаппара́т** | (photo) camera | Fotoapparat | appareil (-photo) |
| **фотографи́ровать/ сфотографи́ровать** | to photograph | fotografieren | photographier |
| **фотогра́фия** | photo; photography | Foto, Fotografie | photo, photographie |
| **францу́женка** | Frenchwoman | Französin | Française |
| **францу́зский** | French | französisch | français |
| **фрукт** | fruit | Frucht | fruits (sing.) |
| **футбо́л** | football | Fussball | football |
| **футболи́ст** | football player | Fussballer | joueur de football |
| **футбо́лка** | t-shirt | T-shirt | tee-shirt |
| **Х** | | | |
| **хи́мик** | chemist | Chemiker | chimiste |
| **хи́мия** | chemistry | Chemie | chimie |
| **хлеб** | bread | Brot | pain |
| **ходи́ть (см. идти)** | to go; to walk | gehen | aller; marcher |
| **хокке́й** | hockey | Hockey | hockey |
| **холоди́льник** | fridge | Kühlschrank | frigo |
| **хо́лодно** | cold | kalt | froid |
| **холо́дный** | cold | kalt | froid |
| **хоро́ший** | good | gut; schön | bon |
| **хорошо́** | well | gut; schön | bien |
| **хоте́ть** | to want | wollen; mögen | vouloir |
| **худо́жник** | artist | Maler | peintre |
| **ху́же** | worse | schlechter; schlimmer | pire |
| **Ц** | | | |
| **царь** | tzar | Zar | tsar |
| **цвет** | color | Farbe | couleur |
| **цветно́й** | colored | farbig | en couleurs |
| **цветы́** | flowers | Blumen | fleurs |
| **целова́ть** | to kiss | küssen | embrasser |
| **цена́** | price | Preis | prix |
| **центр** | center | Zentrum | centre |
| **центра́льный** | central | zentral | central |
| **це́рковь** | church | Kirche | église |

| Русский | Английский | Немецкий | Французский |
|---|---|---|---|
| **цини́чно** | cynically | zynisch | cyniquement |
| **цирк** | circus | Zirkus | cirque |
| **Ч** | | | |
| **чай** | tea | Tee | thé |
| **ча́йник** | teapot; tea-kettle | Teekanne; Teekessel | théière; bouilloire |
| **час** | hour | Stunde; Uhr | heure |
| **ча́сто** | often | oft | souvent |
| **часы́** | watch, clock | Uhr | montre, horloge |
| **ча́шка** | cup | Tasse | tasse |
| **чек** | check | Scheck; Quittung | chèque; ticket |
| **челове́к** | man, person | Mensch | homme, personne |
| **чемода́н** | suitcase | Koffer | valise |
| **чёрный** | black | schwarz | noir |
| **чёрт** | devil | Teufel | diable |
| **чесно́к** | garlic | Knoblauch | ail |
| **честь** | honour | Ehre | honneur |
| **четве́рг** | Thursday | Donnerstag | jeudi |
| **четвёртый** | fourth | der vierte | quatrième |
| **четы́ре** | four | vier | quatre |
| **четы́рнадцать** | fourteen | vierzehn | quatorze |
| **че́шский** | Czech | tschechisch | tchèque |
| **чи́стый** | clean; pure | sauber; rein | propre; pur |
| **чита́ть/прочита́ть** | to read | lesen | lire |
| **что** | what | was | que |
| **чуда́к** | crank | Sonderling | original |
| **Ш** | | | |
| **шампу́нь** | shampoo | Schampun | shampooing |
| **шанс** | chance | Chance | chance |
| **ша́пка** | hat | Mütze | chapeau |
| **ша́хматы** | chess | Schach | échecs |
| **шашлы́к** | shashlik | Schaschlyk | chachlyk |
| **швед** | Swede | Schwede | Suédois |
| **шве́дский** | Swedish | schwedisch | suédois |
| **швейца́рка** | Swiss | Schweizerin | Suisse |
| **шестна́дцать** | sixteen | sechzehn | seize |
| **шесто́й** | sixth | der sechste | sixième |
| **шесть** | six | sechs | six |
| **шестьдеся́т** | sixty | sechzig | soixante |
| **ширина́** | width | Breite | largeur |
| **широ́кий** | to sew | breit | large |
| **шкаф** | cupboard | Schrank | armoire |
| **шко́ла** | school | Schule | école |
| **шко́льник (-ница)** | schoolboy | Schuler | écolier |
| **шокола́д** | chocolate | Schokolade | chocolat |
| **шу́ба** | fur coat | Pelzmantel | manteau de fourrure |
| **шум** | noise | Lärm | bruit |
| **шу́тка** | joke | Scherz | blague |

| Русский | Английский | Немецкий | Французский |
|---|---|---|---|
| **Э** | | | |
| **экза́мен** | exam | Examen | examen |
| **экзоти́ческий** | exotic | exotisch | exotique |
| **эко́лог** | ecologist | Ökologe | écologiste |
| **экологи́ческий** | ecological | ökologisch | écologique |
| **эколо́гия** | ecology | Öklogie | écologie |
| **эконо́мика** | economics | Wirtschaftslehre | économie |
| **экономи́ст** | economist | Wirtschaftsfachmann | économiste |
| **экску́рсия** | excursion | Ausflug | excursion, visite |
| **электри́ческий** | electric | elektrisch | électrique |
| **электри́чество** | electicity | Elektrizität | électricité |
| **электри́чка** | suburban train | Vorortzug | train de banlieu |
| **энциклопе́дия** | encyclopedia | Enzyklopädie | encyclopédie |
| **эта́ж** | floor | Stock | étage |
| **э́то** | this | das | ce; cela, ca |
| **Ю** | | | |
| **юг** | south | Süd | sud |
| **ю́жный** | south; southern | Süd-; südlich | du sud |
| **Я** | | | |
| **я́блоко** | apple | Apfel | pomme |
| **я́года** | berry | Beere | baie |
| **яд** | poison | Gift | poison |
| **язы́к** | language | Sprache | langue |
| **яйцо́** | egg | Ei | oeuf |
| **янва́рь** | January | Januar | janvier |
| **япо́нка** | Japanese | Japanerin | Japonaise |
| **япо́нский** | Japanese | japanisch | japonais |
| **я́хта** | yacht | Jacht | yacht |